童年那些事儿

江致远 著

中国文联出版社

图书在版编目（CIP）数据

童年那些事儿 / 江致远著. -- 北京：中国文联出版社，2018.11（2023.3 重印）

ISBN 978-7-5190-3992-9

Ⅰ.①童… Ⅱ.①江… Ⅲ.①作文—中学—选集 Ⅳ.①H194.5

中国版本图书馆 CIP 数据核字（2018）第 244627 号

著　　者　江致远
责任编辑　邓友女
责任校对　贾文梅
装帧设计　中联华文

出版发行　中国文联出版社有限公司
地　　址　北京市朝阳区农展馆南里 10 号　　邮编　100125
电　　话　010-85923025（发行部）　85923091（总编室）
经　　销　全国新华书店等
印　　刷　三河市华东印刷有限公司

开　　本　710 毫米×1000 毫米　1/16
印　　张　22
字　　数　349 千字
版　　次　2023 年 3 月第 1 版第 2 次印刷
定　　价　89.00 元

江致远参加第十四届“叶圣陶杯”全国中学生新作文大赛颁奖典礼

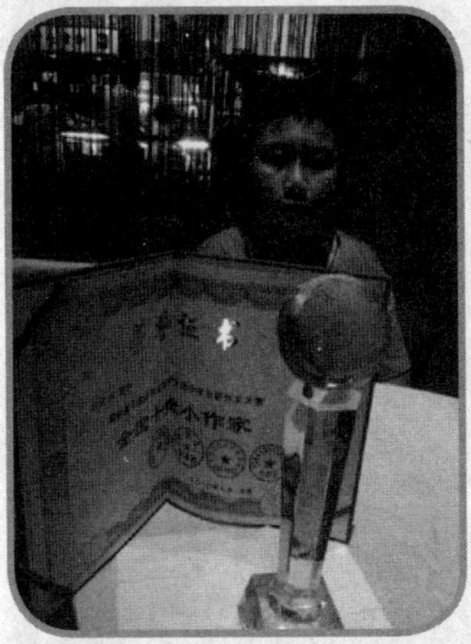

获奖证书

江致远 同学：

你的作品《 爱与恨是一张交错的网 》在第十四届“叶圣陶杯”全国中学生新作文大赛中荣获 决赛一等 奖。

特发此证。

二○一六年七月 北京

江致远参加第四届“北大培文杯”全国青少年创意写作大赛颁奖典礼

获奖证书

江致远 同学：

在2017第四届北大培文杯全国青少年创意写作大赛中，你的作品《“度”的故事》经大赛评委会审定，被评为初中组叁等奖。

特发此证，以资鼓励。

北大培文杯

全国青少年创意写作大赛组委会

2017年8月

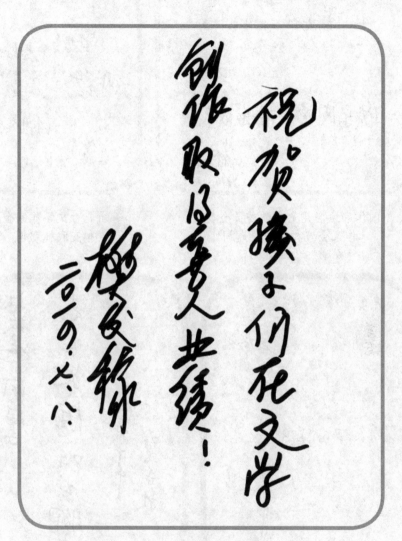

祝贺孩子们在文学
创作取得更大成绩！
樊发稼
二〇一〇.七.八

诗人、作家、文学评论家樊发稼题词

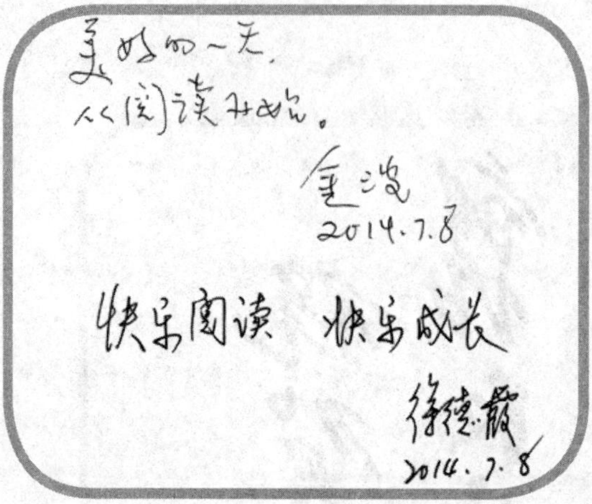
美好的一天，
从阅读开始。
金波
2014.7.8
快乐阅读　快乐成长
徐德霞
2014.7.8

中国作家协会儿童文学委员会委员、
作家金波和徐德霞题词

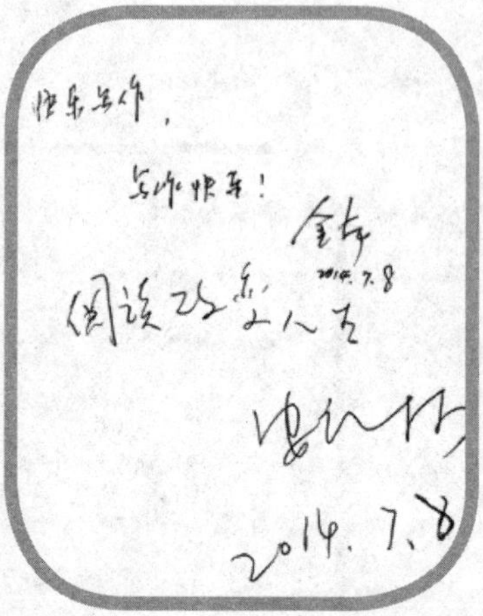
快乐写作，
写作快乐！
金本
2014.7.8
阅读改变人生
2014.7.8

著名儿童文学作家金本
和安武林题词

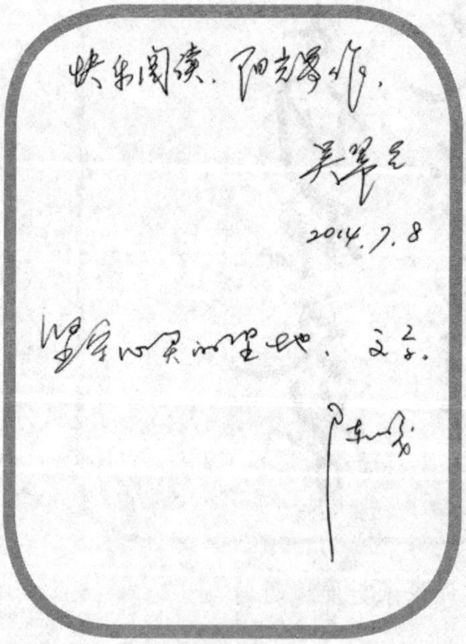
快乐阅读，阳光写作。
吴翠兰
2014.7.8

中国少年儿童新闻出版总社副总编辑
吴翠兰和 90 后作家陈曦题词

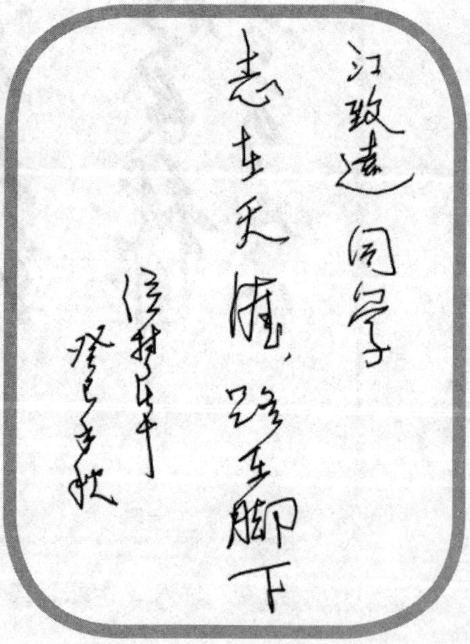
江致远同学
志在天涯，路在脚下

中国科普作家协会会员、中国地震
局地质研究所研究员、教授、地质
学家、科学家位梦华题词

序一：倾听花开的声音

宋秀蕾

时光荏苒，孩子从咿呀学语到今天，能够背起书包自己去上学，转眼间六年小学时光逝去，三年后中考结束，到现在已是一名高一学生了。

从三好学生到优秀班干部，从背诗大王到演讲比赛一等奖，从即墨市优秀少先队员到青岛市爱心小音乐家，从一名优秀小记者到小作家协会小主席团主席，从校园记者到全国十佳小作家，从致远日记第一辑到第十辑的记录到多篇文章发表和获奖……一路走来，孩子看到的是自己阅读和写作之路上的成长，而我更加感慨的是孩子成长之路上的幸福和快乐。

难以忘记，当儿子第一次将投稿信封递进邮筒的那份郑重；难以忘记，当儿子第一次拿回稿费通知单的那份兴奋，我感同身受了他的期盼与惊喜。是呀！他像一只小小的雏鹰，振翅高飞，那是多么艰难的经历！

因为很多原因，儿子小时候被送往乡下姥姥家，那里的小河、小菜园、乡间小路都是他的快乐天地。他眼中的一花一草一木是那么富于生机，小河里的小鱼小虾，水渠中的蚂蟥、蝌蚪，又是那么有趣。也许，正是那个时候，大自然的拥抱和浸润，为致远后来的写作开启了永不枯竭的源泉。

曾几何时，儿子喜欢上了写日记，他用笔记录下自己生活中的点点滴滴，也收藏了自己成长之路上的喜怒哀乐。

也从那时起，儿子喜欢上了爬山，他说："每爬上一座山，我就像是征服了自己。"记得登泰山时，儿子只有九岁，自己背着重重的背包，登上了山顶。要知道，那难以攀登的十八盘一段，我都差一点儿放弃。我想：

他收获的不仅仅是“登泰山而小天下”的教义，更是自己亲身经历后，有了由衷的感悟：坚持到底就是胜利！相信对于儿子本人来说，更具非凡的意义——他在今后的学习、生活中一定会以这一感悟激励自己，战胜一切困难！站在山顶上，儿子小脸冻得通红，当红日从云海中喷薄而出，我觉得儿子也像那初升的太阳，充满生机，充满力量。没有想到泰山顶那瑰丽的美景，大自然的奇观，给致远留下了难以磨灭的印象，下山时，我们仍然没有坐索道，而是一路走着下来。登泰山回来，我几天内上下楼腿都疼得要命，不由得从心底佩服儿子的那份坚强。登武夷山天游峰，致远又一次通过自己的毅力，征服了大山，当俯视水绕山行，山水一体，山水相天成时，那份惬意与自豪涌上心头。其实，我就是要让儿子知道：没有持之以恒的精神，我们很难登到山顶，当然也不能看到美丽的风景，做任何事情都像登山一样。

虽然我身体不是很好，但在以后的日子里，仍尽量争取在有能力、有机会的时候，多带致远出去走走、看看，亲自感知大千世界，认识世界的丰富和自然的美好，从而磨炼孩子的意志，使他的眼界更加开阔，胸怀更加宽广，心情更加快乐。致远是个非常有爱心的人，在旅途中，他总能主动地帮助他人，不仅好吃的、好玩的与小伙伴一起分享，还总不忘提醒大家注意安全，不能掉队。他在开心之旅中学会了如何和别人相处，懂得如何去帮助别人、关爱别人。最让我欣慰的是：儿子总会用手中的笔记录下一路上的所见所闻，所感所悟。

有一次，手捧着致远日记细细地品味，我惊讶地发现儿子写过那么多关于花的文章：从鲜艳欲滴的月季到素洁淡雅的墨兰，从平淡无奇的茉莉到绚丽无比的樱花，从香飘四溢的桂花到玉雪冰清的玉兰花，从沟壑里卑微的小野花到攀满墙壁的四季梅……那些形态万千、品性各异的花朵，自自然然地绽放在儿子爱意拂过的文字里，成为心灵的感动。让我一次次情不自禁地想要告诉人们：把孩子带到大自然，以如花的心情去写作，真好。

后来，儿子参加了《墨城新闻》小记者团和青岛市小作家协会，他在丰富多彩的活动中越发成长。应该说，致远是个幸运的孩子，在小学一年级，他就遇到了兰爱燕老师——一位极有爱心、极爱读书写作的老师，是兰老师的鼓励，激发了孩子写作的兴趣之火；后来在小记者团里孩子一直被孙林老师的文章吸引，立志也要向孙老师学习，成为一名优秀小记者；成为青岛市小作家协会会员后，又深受协会主席张吉宙主席和潘剑剑老师的喜爱，在老师的指导下，一篇《秋风里行走》发表在《中华小作家》上，更加坚定了致远坚持写作的信心……再后来，致远被评为小作家协会小主席团主席和优秀会员，在与小伙伴们参加文学活动和交流写作中，文笔变得更加灵动，感情抒发也多了分细腻……

儿子真的长大了，他一直用爱心包容着一切，快乐如影相随，亦伴他左右。正如记者采访他时所说，致远一直想通过自己的努力帮助更多需要帮助的人，他用自己的行动践行了这一理想和愿望：到敬老院献爱心；义卖报纸捐助脑瘫患儿；参加“手拉手，帮贫困儿童实现微心愿”的献爱心活动；经常关心、帮助邻居老爷爷、老奶奶；多次参加捐款、做义工、爱心义演等献爱心活动，筹集的善款捐助贵州贫困山区的儿童……

致远还是一个热爱生活的孩子，他满怀热情地体验生活，并随时将自己的所感所悟诉诸笔端，真实自然地抒发感情。我默默地陪在儿子身边，一路走来，在弯弯曲曲的成长之路上，留下或浅或深的脚印，汇集而成了致远日记、致远的童话故事和精灵世界，它时常带儿子走进童年的回忆，想起无数快乐的往事；也经常带他走进大自然，看日出日落，看花开花谢，春夏秋冬中记录下一幅幅美丽的图画；儿子亲身体验的酸甜苦辣，让他早早地体味人生，童眼看世界，我手写我心，书写了一个个拨动心弦的故事。

2013年，致远被《全国优秀作文选》评为第一个文曲星，对儿子来讲，这个小小的荣誉却意义重大；2014年“北京文学夏令营”，儿子与那么多著名的大作家们面对面地交流，留下了许多珍贵而又难忘的回忆。北京之行，满载收获和感动，它为致远播下了一粒文学的种子，开启了他的文学梦。

“兴趣是最好的老师。”把兴趣变成爱好，终其一生为其努力，那么爱好又变成了理想，由兴趣到爱好，再到一种理想和追求，激发了孩子内心深处的潜能。它慢慢引领着致远走上了写作之路，一次次地尝试，一天天地成长，浸透着多少老师们的欣赏与鼓励，饱含着他自己点点滴滴的汗水与泪水。默默守望，放飞梦想，当看到自己的文章变成了铅印的文字时，孩子不仅体验到成功的喜悦，也让我看到了教育的无限可能：

教育就是发现、培养孩子的潜能使之成为现实的过程。

正如一株小苗，饱饮阳光雨露后，焕发出勃勃生机，致远在阅读与写作中收获着快乐，收获着幸福。2016年，儿子又荣获“全国十佳小作家”的称号，2018年成为培文之星。我想，他会更加鼓起自信的风帆，驶向文学的海洋，驶向诗意的远方……

我默默地祝愿：愿写作的快乐永远与儿子相伴；愿爱心永远与儿子相随。

作为一名语文教师，我也深知有好多学生发愁甚至惧怕写作文，就连我们自己想写点东西，有时候也有提笔难的经历。俗话说：“巧妇难为无米之炊。”与其让孩子躲在教室里，咬着笔杆冥思苦想，不如让孩子走出室外，走向社会，走向大自然，因为“作文即生活”，“生活即作文”。孩子们将自己的所见所闻、所思所想、所感所悟诉诸笔端，记录自己的成长，反思自己的收获，难道不是热爱生活的一种表现吗？写作的过程其实也是教育自己成长的过程，在生活中写作，在写作中成长，这是一件多么美好的事情啊！

致远从6岁开始写日记，并一直坚持到现在。他喜欢文字、热爱文学，在他的作品中，他将自己的心声、他的自信、他的梦想诉诸笔端，让我欣喜，又让我感动。他用自己的亲身经历告诉同龄的小伙伴们，原来写作文并不那么神秘，原来写作文就是这么简单。

2017年8月，致远进了本地的重点中学——即墨实验高中。学校的校训是“厚德、博学、弘毅、致远”，这是实验学校老师们一直坚持和践行的教育理念。很巧，学校有“致远文学社”，有取名为“致远楼”的教学楼。如今，一位名叫致远、喜爱写作的新生，恰巧来到“致远楼”，开始了他的新的学习生活，是否冥冥之中自有安排？我对自己的孩子充满了期待。

“心中有梦，脚下有路，未来的世界一定很精彩。”致远，向着新的目标出发吧！带着你的文学梦想，带着老师的祝福，带着我们的期待，伴着所有美好的希望扬帆起航！

我从致远日记第一辑到第九辑里选取部分作品整理，打算汇编成一个作品集，作为见证孩子成长的特殊礼物送给孩子，希望他满怀一颗感恩之心，一颗积极向上之心，开启他崭新的高中生活，争取更大的进步；

希望他心存感恩，满怀阳光地走好今后的路。也送给那些“喜欢”写作和“不喜欢”写作的孩子们，如果这本《童年那些事儿》能让孩子们对写作有所感悟和启发，那么我也将深感欣慰。

慢慢成长，等待花开；久久凝望，倾听花开。

是为序。

序二：最爱《墨城新闻》 一起快乐成长

贾广鹏

因作文竞赛结缘《墨城新闻》

提起江致远对报纸的兴趣，很大程度上是受家庭的影响。江致远爸爸的公司下有连锁店，他为店里订了多份报纸。小学三年级的时候，小致远经常到爸爸的公司里玩，看到报纸上有很多新奇有趣的事情，渐渐引发了他对报纸的兴趣。从开始只是看一些图片新闻到后来对各种民生新闻和国际大事都比较关注。回忆起以前看报的收获，江致远觉得通过读报不仅开阔了眼界，增长了见识，还学到了一些平时接触不到的新知识。

随着江致远对报纸的兴趣提高，爸爸开始在回家的时候带一份报纸给儿子看。一次偶然的机会，江爸爸在《半岛都市报·墨城新闻》版块发现了“红纺杯”征文比赛。当他拿给儿子看时，江致远对这次比赛表现出了浓厚的兴趣。经过几天的准备，江致远认真地写完了征文。虽然在征文比赛中折戟，但是他并没有懊恼，在认真总结不足的同时，江致远开始渐渐关注上了《墨城新闻》。

参加活动写新闻

2012年3月10日，《墨城新闻》第一期小记者正式开团，60多名小朋友经过层层选拔，光荣地成为小记者，江致远就是其中的一员。在小记者活动中，江致远总是最积极的。通过义卖报纸，江致远为灾区的孩子募捐善款，虽然很累，但是回家后脸上挂满了开心的笑容；通过参加骊山植树活动体会到劳动的快乐；通过厦门——武夷山之旅锻炼了自己的能力……一路走来，如今，他已经是第三期小记者团中的“老人”了。

“通过参加报社组织的小记者活动，我们明显感觉出江致远成长了许多，增长了见识，提高了动手实践能力，很有意义。”江致远妈妈宋女士告诉记者，“现在的致远变得很有爱心，在楼下碰到一些年纪大的爷爷奶奶的时候，不用我们提醒，致远总是主动去扶一把，给他们开门或者拎东西，邻居们都夸他有礼貌。”在采访中记者还了解到多才多艺的江致远熟悉很多乐器，他一直希望能够有机会去义演，来帮助更多需要帮助的人。

最期待活动后作品见报

从小就对新闻感兴趣的江致远，在参加《墨城新闻》小记者团之后非常高兴，每当参加完一次活动，江致远总是在第一时间内把稿子写好。与很多小记者把写稿子当成负担不同，江致远把写稿子看成是一件很愉快的事情。活动完之后回家把自己经历的事情写下来，在报纸上看到自己的作品成为了江致远最期待、最自豪的事情。勤奋刻苦的努力换来了巨大的进步，江致远的采访稿和写作水平一直都在不断提高。

自孩子参加小记者团后，宋女士就给家里订了《半岛都市报》，这让喜欢新闻的江致远非常高兴。家里的报纸每次都要由他负责拿，不允许爸爸妈妈去拿报纸。有一次因为自己在外面贪玩忘记回家拿报纸，报纸被别人拿走后江致远懊恼了好几天。

第一次见报同学“围观”

回忆起参加小记者团最高兴的事，江致远说最开心的是看到自己写的文章在报纸上刊登。“有一次投了稿子，结果第一天没有发出来，又等了一天还是没发。”江致远说，到了第三天他的文章终于出现在报纸上。拿到报纸看到自己的名字的一刹那，江致远立即蹦蹦跳跳地去通知爸爸妈妈，然后坐在沙发上一口气读了好几遍。

一年之前，江致远的第一篇文章在报纸上刊登的时候，在班里引起了不小的“轰动”。“当时我还不知道自己的文章发表了，是其他同学偶然发现了，把报纸拿到教室里来，然后引来很多同学围观。”江致远说，“从此我成了班里的‘小名人’。”

报道身边的事感到很亲切

自从发现了《墨城新闻》之后，江致远就成了报纸的忠实粉丝，几乎每一期报纸都会认真地读一遍。“我们都身在即墨，《墨城新闻》主要是报道身边的事情，因此我们看起来也非常亲切，平时比较关注。”宋女士告诉记者，“每当报纸上看到一些熟悉的地方时，致远都会第一时间发现，比如前段时间有位记者写过一篇天气的文章，图片拍的就是我们小区街心花园的篮球场和莲花池，致远看到报纸后马上就认出来了，拿着报纸指给我看。我觉得这样的报纸更加贴近我们的生活，感觉就在我们身边，非常亲切。”

由于经常读报，江致远养成了剪报的习惯，每当看到自己喜欢的新闻和文章，他都会把它们小心翼翼地剪下来保存好。

与记者老师感情深厚

提起《墨城新闻》的几位记者，江致远都能很轻易地认出来。其中致远印象最深刻的一件事就是去年小记者团的武夷山之旅，他与当时带队的老师打得火热。孙老师、纪老师、王老师……在采访中江致远向记者历数着他认识的几位老师。

每次在《墨城新闻》上看到自己认识的老师发的稿子，江致远都会兴奋地拿去和同学们分享，然后很自豪地告诉同学这是自己认识的老师写的。“记得有一次致远看到报纸上刊登了五一节旅游动向的照片，然后就跟我说也要去那里玩。”致远妈妈宋女士对记者说，“看报让孩子收获了很多，也成长了很多。”

记者在采访中还了解到，为了成为一名全面的小记者，江致远最近正在努力钻研摄影技术。

（本文曾发表于《半岛都市报·墨城新闻》2013年5月17日专版）
（作者是《半岛都市报》记者贾广鹏老师）

自 序

江致远

北京文学夏令营与金本爷爷合影留念

读过金本爷爷的一首小诗：

快乐

爸爸有爸爸的快乐，
他在眺望远方的景色；
妈妈有妈妈的快乐，
她在享受阳光的抚摸。

我有我的快乐，
它就是我的童车。
童车牵着我的笑声，
骨碌碌滑下山坡。

多好看，童车在不停跳舞，
多好听，童车在高声唱歌。
比起我的快乐，爸爸妈妈，
你们的景色和抚摸能算什么！

在我的记忆里，我的童年就像诗歌里的这童车，也载满了笑声和快乐。

——题记

我的童年是在姥姥家度过的，那是一个普普通通的小山村，我常常想起童年的那些美好的时光，想起自己曾经整天奔跑在乡间那片长满快乐的绿草地上，采野花、追蝴蝶、听鸟鸣、挖野菜、逮知了、捉小鱼……累了，便来到乐园一般的小河边，四脚朝天地躺在那片松软如毡的草海里，嗅着泥土的馨香，仰望蓝天上悠悠的白云，一任阳光活泼地洒满周身，一任无数彩色的梦幻在心中流淌。

如今，回到城里上学的我，早已离开了那个山清水秀的小山村，但那魂牵梦萦的乡间小路，我和小山村的点点滴滴，在我的微笑里，在我的憧憬里，在我的生命里，却越来越清晰。

回忆童年的那些事儿，心里便不由生起一丝暖意，它如一股股暖流沁润我的心田……

有人说：童年是多彩的梦，童年是永恒的梦。我想用甜美的梦，精心织成一张快乐的网，打捞起童年成长中的纯真无邪、开心无限……

第一辑

乡村篇

2008 年 9 月 22 日　　星期一　　晴

可爱的小黑子

姥姥家养了一只小狗，它浑身黑黑的毛，滑溜溜，毛茸茸的，我给它起了个名字叫“小黑子”。

小黑子长着两颗黑珍珠似的眼睛，透出机敏的光。三角形的小耳朵，机警地竖着，显得很精神。虽然全身乌黑一片，油光发亮，它的四只爪子却是雪一样的白。

每次我们回家，它都到门口欢迎，只要我一下车，它就围着我转个不停，两只小眼睛总盯着我，小尾巴不停地左右摇晃，有时像个跳高运动员，蹦得老高。

小黑子可听话了，每当我们吃饭时，它就蹲在门口耐心地等着，眼里流露出期盼的光。每一次，我都会扔一块肉骨头给它，它兴奋地跳起来，一口就接住肉骨头，然后津津有味地吃起来。吃完后它还会“汪汪”地叫两声，好像在说：“谢谢你，小主人。”

我喜欢机灵可爱的小黑子，在姥姥家，它是我的“影子”，是我的好朋友。

（一年级作品）

2008 年 12 月 22 日　　星期一　　雪

雪

腊月的一天，西北风呼呼地刮着，洁白的雪花像蒲公英的种子一样，从空中飘飘洒洒地落下来。雪被风刮得在天空中直打旋儿，霎时间，天地之间迷蒙一片。

雪花片片，有的横飞起来，像银色的蝴蝶翩翩起舞；有的慢条斯理飘飘洒洒。它调皮地撞在行人的衣服、头巾上，有时还乖巧地沾在行人的眉毛上，鼻尖上。

我伸手接住一朵小雪花，因为掌心的温度，它即刻融为一滴小水珠，晶莹剔透，一尘不染，我感到凉丝丝的，舒服极了。雪花亲吻着久别的大地，给大地换上了银白的新装，白茫茫的一片，漫向远方，整整下了一个上午，好大的一场雪啊！

到了下午，天晴了，太阳出来了，屋顶、树上、地上都铺满了厚厚的雪，雪闪着银光白得耀眼。大街小巷的树上落满了晶莹的雪花儿，杨柳的枝条上挂满了毛茸茸、亮晶晶的银条儿，而那些苍松翠柏上挂满了沉甸甸、蓬松松的雪球儿。脚踩在雪地上，发出“咯吱咯吱”的响声，身后就留下了一串清晰的脚印。

我们小朋友最开心了，在雪地上追逐嬉戏，堆雪人、滚雪球儿、打雪仗，阵阵欢笑随风飘去，于是快乐的我们觉得冬天不再寒冷。

（一年级作品）

2009 年 9 月 22 日　　星期日　　晴

种　花　生

今天我真高兴，因为我们要帮姥姥种花生。

清晨，我们就向田间出发了。

雨后的田野真美丽呀！路旁的小树似乎一夜间就长高了，树叶被雨水冲洗得闪闪发亮，青翠欲滴，越发显得绿了。田间的小草在风中摇晃着小手，仿佛在向我们打招呼。一条小河欢快地流过。向远处望去，一块麦田连着一块麦田，绿油油的，就像一块块绿绒地毯，镶嵌在一望无边的田野上。

一路上，姥姥一边让我观察美丽的春天，一边告诉我："这真是一场及时雨，小麦正长花苞，可以饱饱地喝着甘甜的雨水啦！今年一定会大丰收。"麦田间还有一片片的空地，那就是准备种花生的。

开始种花生了，姥爷紧握着镢头走在前，他走过之后，田垄上就留下了一行整齐的土坑。我和姐姐非常兴奋，一个提着小桶，一个挎着小篮子，跟着姥姥学种花生。姥姥告诉我们："一个小坑里种两粒花生，不要撒在小坑外，也不要踩了地垄。"我和姐姐仔细地听，又学姥姥的样子认真地种，看着我们像模像样地种花生，姥姥乐得直夸我俩能干。受到表扬后，我和姐姐干得更起劲了。可是，只干了一会儿，我们就累得腰酸背疼，满头大汗了。

这时，我想起学过的两句诗："谁知盘中餐，粒粒皆辛苦。"

是呀，只有自己亲自下田劳动，亲自体验后，才知道农民伯伯种田有多么辛苦。

（一年级作品）

2009 年 6 月 23 日　　星期二　　晴

夏天来了

夏天来了，太阳公公像个大火球。大树妈妈撑开绿色的大伞，遮住了火辣辣的太阳。

小狗热得伸出长长的舌头，跑到树荫下趴着，再也不愿离开。小朋友来到树荫下，有的拍皮球，有的弹弹珠，有的看老爷爷下棋，还有的安静地坐在姥姥身边听故事。蒲扇摇呀摇，故事一串串，我们都听得入了迷。

美丽的小河更是成了孩子们的乐园。南河岸边，一排柳树慵懒地站在那里，长长的发辫一直垂到水面，为小鱼遮蔽了一个舒适的游戏场所。阳光火辣辣地照射着水面，水面像一面硕大的银镜，反射出耀眼的、粼粼的光。

我们在清清的河水里游泳，像一条条快乐的小鱼。我们最爱打水仗，瞧，一群孩子“开战”了，只见水花四溅，水珠儿在阳光中快乐地跳舞，不时淋到脸上，浇到身上，我们玩得开心极了。

玩累了就到岸边的小树林里，有时躺在地上乘凉，有时捉蜻蜓、捕知了……林子里到处都有我们探险的足迹，河岸边到处都是我们欢乐的笑声。

我喜欢火热而又快乐的夏天。

（一年级作品）

2009 年 7 月 3 日　　星期五　　晴

养 金 鱼

姥爷怕我离开爸爸妈妈生活，会孤单寂寞，就买回一个大水缸，放在院子里，养上了几条活泼又逗人喜爱的小金鱼。

缸里的水清澈见底，有嫩绿的水草和漂亮的鹅卵石，小金鱼在水里自由自在地游来游去。

白天，我经常去看小金鱼。在阳光的照耀下，金鱼鳞片上闪着红的、金色的光彩，一条条摇头摆尾，非常可爱。尤其是那条黑得发亮的小金鱼，它一边摆动着犹如黑纱的大尾巴，一边顽皮地吐着水泡。还有金黄色和大红色的两条小金鱼也很淘气，我分别给它们取了名字：红的叫“大红袍”，金黄色的叫“金豆豆”，黑的叫“黑皮小子”。

我因为喜欢这几条活泼、可爱的小金鱼，早晨一起床，脸都不洗就趴在鱼缸面前，有时候用面包渣喂喂它们，有时候拿着小鱼网追着它们玩儿，当然，想妈妈的时候，就会趴在缸沿儿上，和它们说说悄悄话。

（一年级作品）

2009 年 7 月 7 日　　星期二　　阴转晴

捉蚂蚱

夏天来了，太阳公公像个大火球。

大树妈妈撑开绿色的大伞，遮住了火辣辣的太阳。

妈妈放假了，她回到姥姥家看我。虽然我脸蛋晒得黑黝黝的，还把玩的泥巴抹在脸上一块一块的，像极了一只贪玩的小花猫，但是身体长得更壮、更结实了。有时候妈妈会心疼地、紧紧地抱着我，眼里好像闪着泪花儿。

我很小的时候，奶奶生病了，妈妈要一边工作，还要一边照顾重病的奶奶，实在忙不过来，就把我送到了乡下姥姥家，这青山绿水的小乡村是我长大的地方，更是我成长的乐园。

我和妈妈到村子西边的小山上玩耍。小山上长着许多松树，远远望去，像一个个威武的哨兵。山坡下到处是绿油油的庄稼。草丛中我发现一些可爱的小蚂蚱，有的是棕色的，好似泥巴的颜色，妈妈说她们小时候叫它“土蚂蚱”；有的浑身碧绿，飞入绿油油的草丛中不易被发现，被大家称为“小八路”。妈妈还告诉我，这是昆虫的保护色，在环境和它们的颜色相同的时候可以用来保护自己。

听了妈妈的话，我一边仔细观察，一边认真寻找，很快捉到了许多小蚂蚱，我和妈妈采来狗尾巴草，将它们一枝枝串在一起，高高兴兴地回家了。

（一年级作品）

2009 年 10 月 6 日　　星期二　　晴

姥姥家的小菜园

今天我和姥姥一起去小菜园。

一到菜园子，只见一棵棵大葱身体挺直，足有一米多高，一行行、一垄垄，像列队迎宾的小士兵。姥姥告诉我，这些葱的种子是大姨妈托人从寿光那儿捎来的，所以整个菜园子里，数姥爷的大葱长得最好，听了姥姥的话，看着这些充满生机、个头比我还高的大葱，我心里特别自豪。

那边的菜畦上，绿油油的油菜、韭菜还有芹菜，散发出阵阵清香。紫莹莹的茄子挂满露珠，小灯笼似的青椒藏在绿叶间；四季豆挂满枝头，像长发，像垂帘。扁豆呢，开花的开花，结果的结果，那朵朵小花就像飞舞的蝴蝶，那一串串的豆角更是惹人喜爱。

我挽起袖子，卷起裤腿，兴冲冲地帮姥姥采摘起来：长长的豆角、嫩绿的油菜、胖胖的青椒……

田埂上，留下了祖孙二人的身影。

（二年级作品）

2009 年 12 月 5 日　　星期六　　晴

做客马山生态园

星期六晚上，大姑请客，我们要到“马山生态园”吃饭，我和弟弟、哥哥欢呼雀跃起来。

乘着夜色，我们出发了，我一直在想：马山生态园里面会有什么呢？不一会儿，我们就来到了马山生态园。一下车，我就被眼前的美景吸引住了：只见“青岛马山生态园”几个红红的大字在夜色中熠熠生辉，大门厅上方霓虹灯不停闪烁，五彩缤纷，异常美丽。门口左右两侧，有几棵高大的椰子树，就像站岗的哨兵。

一进门，迎面站着身穿红衣、头戴红帽的圣诞老人，他笑容可掬，和蔼可亲，像是在欢迎我们的到来。灯火通明的大厅里，人来人往，充满欢声笑语。

啊！生态园里真是太美了！我不停地跑来跑去，眼睛都忙不过来了。大厅的正北面，假山、清泉、仿真榕树、木板桥……就像把我们带到了真正的“生态园”。“榕树”枝繁叶茂，伸着长长的胳臂，仿佛一个巨人。咦？哪儿来的“哗哗”的流水声？仔细一看，原来，从假山上冒出一股清水，汩汩流淌，流到脚下的水池里。水池里的水清澈见底，数不清的鱼儿快活地游来游去，有红的、黑的、白的、金黄的……五颜六色，好看极了。妈妈告诉我，那是锦鲤，不仅是美丽的观赏鱼类，还是世界上年产量最大的食用鱼之一。

我一边观赏，一边赞叹。正当看得入神时，突然，一声“你好”打断了我，我左顾右盼，正感到奇怪，“你好！”这又尖又细、怪里怪气的声音又一次响起，我循声望去，哈！原来是一只小八哥，旁边还有一只美丽的鹦鹉和一只可爱的小松鸦。八哥的嘴巴可真俏，我和弟弟惊喜万分，逗它说话，不过，它好像只愿意说“你好”。

最引人注目的要数那各种各样的海鲜了，尤其是水族箱里的那些来自海底的“朋友们”。大龙虾举着大螯，威风地划过来划过去；大螃蟹伸着大钳子，神气地爬来爬去，还不时吐着有趣的泡泡；比目鱼趴在水底，它的眼睛真奇怪啊！都挤到了一边；鳗鱼的身体细长柔软，它游动的样子让我想起了蛇、鲍鱼、象拔蚌、斑马虾、海参、珊瑚蟹……五花八门，数不胜数。

我和弟弟觉得还没有玩够，但夜已深了，我们只好依依不舍地回家了。

（二年级作品）

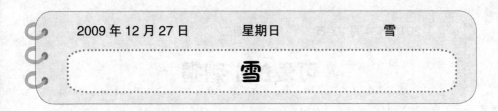

2009年12月27日　　星期日　　雪

雪

星期天早晨，我拉开窗帘往外看，啊！下雪啦！不知什么时候，大地已变成白茫茫的一片，像铺了一层雪白的“毛绒地毯”。

雪仍“簌簌”地下个不停。它像白白的糖，像洁白的盐，像白色的粉末儿。雪落在冬青树上，冬青树对雪花儿说：“谢谢你给我披上棉衣。”雪落在枯黄的小草上，小草对雪花儿说：“谢谢你给我盖上被子。”

不一会儿，雪停了，我很快跑出去，和小朋友们一起玩雪。有的堆雪人，有的扔雪球、打雪仗，雪球的速度可真快呀！它在空中“飞来飞去”，不一会儿，就打在了我的身上，“啪！”雪球“开花”啦，哈！我变成了一个“雪孩子”。

姥姥追着送出手套，一边唠叨：“少玩会儿吧，别冻坏了手。”我们玩得正酣，继续“开战”，男孩子们都加入了打雪仗的队伍。

“嘻嘻……”

“哈哈……”

欢快的笑声荡漾在上空，树上的雪花被震落，雪沫儿在阳光下四处飞扬。

（二年级作品）

2010 年 4 月 27 日　　　星期二　　　晴

可爱的小刺猬

姥爷为我捉回一只小刺猬，这是一种多么有趣的小动物呀！我那么喜欢它，我们俩成了形影不离的好朋友。

小刺猬也许刚出生不久吧，它的身体像老鼠，只是比老鼠大了好些，头尖尖的，眼睛像两颗黑胡椒，圆溜溜的，瞅瞅这儿，瞅瞅那儿，好像很害怕的样子。耳朵也非常小，不仔细看都看不到。别看它个头小，牙齿却很锋利，门牙特别长。小刺猬的四肢很短，跑起来却挺快。它的小爪子粉粉嫩嫩的，用手摸摸软软的。除了腹部，全身长满了又尖又硬的刺，密密麻麻。姥爷说，这是小刺猬的秘密武器，当遇到强敌时，它就把身子蜷成一团，成了一个圆圆的大刺球，就像全身披上盔甲，连野猪都怕它三分呢！

（二年级作品）

2010年5月1日 星期六 晴

捉鱼

春天到了，姥姥家的河岸边，婀娜多姿的柳树姑娘垂着美丽的发辫，一直垂到水面，微风吹来，好像在对着镜子，梳理她那长长的秀发。

我们到姥姥家度五一假，一进家门，我和姐姐就迫不及待地找出小网、小桶，到小河边去捉鱼。

小河里的水清澈见底，一群群鱼儿从河里游过，我们找到一处细长的溪流，找来石块围出一道墙，只留一个小小的缺口，把小网支在那儿，专等小鱼们自己落网。又找到一处水浅的地方，仍然用石块圈起一处，我们挽起裤腿，把小手伸进水里摸呀摸，鱼儿吓得惊慌失措，乱逃乱窜，哈！有一条直接钻到我的手里，被我逮住了。

这时姐姐突然欢呼起来，原来是摸了一个极大的河蚌，我俩高兴极了，继续在水底摸。过了一会儿，小桶里的鱼儿越来越多，河蚌也盖住了桶底。在我们的围剿下，水中的鱼儿都躲到石头底下，不敢出来了。我慢慢地掀起一块石头，果然，几条小鱼儿惊慌失措地跑到另一块石头底下，有一条露出小尾巴，它还以为自己已经安全了，我小心翼翼地双手一捧，哈哈！又提到一条。有的小鱼很聪明，躲到厚厚的青苔下，趁机游走了；有的却拼命地往石头底下钻，因为太用力，身子都翻了，露出白白的肚皮。我俩还提到了一些小蝌蚪和水螺，看到游来游去的小蝌蚪，爬满桶壁的水螺，伸出长舌头的河蚌，别提有多开心了。

虽然我们弄湿了衣服，但收获很大，直到饿得肚子“咕咕”叫，我俩才恋恋不舍地满载而归。

（二年级作品）

2010年8月3日　　星期二　　晴

螃　蟹

今天是姥姥的生日，我们都开心地回到姥姥家，为姥姥庆祝生日。

爸爸和舅舅买来鲜活的大虾和螃蟹，我们兄妹几个兴奋极了，连忙找来一个大盆子，把螃蟹倒进盆里，仔细地观察起来。

螃蟹的背上驮着一个硬邦邦的大壳，上面有一些淡淡的花纹，壳的中央有几条几乎看不清的白色花纹，凑近一看，活像一位老翁慈祥、和蔼的面容。壳的两旁生出三个小尖叉，就像京剧里武将背后插的小旗儿，显得那么威风。大壳底下，两旁除了各伸出一只大钳子外，还各伸出四条小腿儿，每条小腿分四折，最后一折像一只小铁钩儿，把大盆子划得遍体鳞伤——一道道的大白印子清晰可见。螃蟹的眼睛很小，像两颗黑米粒，一碰就缩回去。一只螃蟹悄悄从盆子里爬了出来，伸出尖而有力的腿迅速向门外逃去。

哈哈！真有趣，它是横着走路的，结果离着门口越来越远，怪不得在水生物里，人们称螃蟹"横行霸道"呢！别看螃蟹个儿不大，走起路来，八条腿灵活地抬起、落下，“沙沙沙”有声，一会儿就不见了踪影。

（二年级作品）

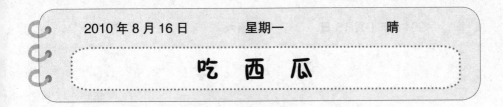

2010年8月16日　星期一　晴

吃西瓜

今天，爸爸妈妈回姥姥家看我，买回了个大西瓜，我一看就乐了。

这个大西瓜呀，实在是太可爱啦！又大又圆，真像个大洋娃娃的脸，它穿了一件绿色带黄道道的衣服，脑瓜儿顶上还长着一个弯弯的把儿，特别像小女孩儿头上的羊角辫儿。

爸爸告诉我，这种西瓜，名叫“地雷”西瓜，个儿大皮薄，绿色的瓜皮上还有几道深绿的花纹，绿得几乎发黑，看上去真叫人喜欢。如果你用刀“杀”开那个大西瓜，随着瓜皮发出“啪”的一声脆响，又大又圆的西瓜一裂两半，水灵灵、红红的瓜瓤儿就会露出来。切下一块儿，咬上一口，甜丝丝的瓜汁儿滋润着喉咙，流进肚里，甜透了心头。这时候，我吐出又黑又亮的瓜籽，伸出舌头舔了舔嘴唇，深深吸完一口气，大声赞美这瓜：“甜！真甜！”看我吃得满脸都是西瓜汁儿，全家人都被逗乐了。

听妈妈说，西瓜甘甜多汁，富含维生素，被称为“水果之王”。吃了它，能消炎利尿，消暑解渴；“地雷瓜”又是瓜中极品，大家都喜欢吃。另外，人们用西瓜皮美容，把瓜籽炒着吃，瓜瓤制成果汁、饮料、西瓜霜中药。

西瓜的作用可真大呀！我更喜欢吃西瓜了。

（二年级作品）

2011 年 1 月 15 日　　星期六　　晴

抓公鸡

快要过年了，我们要到姥姥家抓公鸡，我高兴得一蹦三尺高。

汽车飞快地行驶在马路上，我的心却早已经飞到了姥姥家，恨不得马上就见到亲我爱我的姥姥。

到了，我迫不及待地蹿下车，跑进院子里。只见几只威武的大公鸡正在悠闲地走来走去，其中有一只大公鸡最引人注目：你看它披着色彩鲜艳的外衣，大摇大摆地走着，头上的鸡冠好似一团燃烧的火焰，更像一顶庄严的王冠。它不时地梳理着自己漂亮的羽毛，似乎在向别人展示它那美丽的战袍。它的尾巴高高地向上翘起，墨绿、油亮，大公鸡摆动着它那出色的尾巴毛，昂首挺胸，用最大方的步子踱来踱去，既像一个满身披甲的大将军，又像一个尊贵的国王。别的公鸡都跟在它的后面，似乎都服从于它。

这时，姥爷扔了一根白菜叶，这些大公鸡都“呼啦”一声围了过去，为首的公鸡发起怒来，它用强劲有力的翅膀扑打着别的公鸡，它伸长着脖子，弓着腰，脖子上的毛像扇子一样散开，一双红红的眼睛死死地盯着其他公鸡，猛然高声啼叫，清脆、响亮，满院子震荡。看着它发威的样子，发亮的眼睛闪着挑战的光，公鸡们知趣地退了回去。只能眼巴巴地看着公鸡首领美滋滋地吃菜了。

午饭过后，我们开始抓鸡，姥爷先把公鸡首领逮住了，用绳子把它的双脚绑了起来。公鸡首领气得暴跳如雷，只见它在原地跳来跳去，由于两脚绑在了一起，真的是“金鸡独立”了，折腾了一会儿，它终于没有力气了，像泄了气的皮球，身子歪在一边，大口大口地喘着气。

看着它狼狈的样子，我情不自禁地大笑了起来。

（三年级作品）

2011年3月1日　　星期二　　晴

玩　雪

早晨起床，拉开窗帘一看，哇！整个大地变成了一个粉妆玉砌、银装素裹的世界，白茫茫的一片，像是给大地铺了一层厚厚的棉被，非常美丽。小心翼翼地踏着厚厚的积雪，一路上欣赏着美丽的雪景，我早早就来到了学校，老师一进教室就对我们说："同学们，第二节课我们出去玩雪！"我们欢呼雀跃，个个生龙活虎，就盼望着出去玩雪的那一刻。

"丁零零……"清脆的下课铃声响起，我们欢呼一声，踏着积雪，高高兴兴地来到操场上。啊！原来雪后的校园更美呀！房顶上、草地上、树上全都白了。看！柳枝镶上了毛茸茸、亮晶晶的银条儿；松柏挂上了蓬松松、沉甸甸的雪球儿；冬青树上盖了一层白色的绒被，雪中白杨树也变得更加挺拔。操场上，同学们有的打雪仗，有的堆雪人，还有的推雪球，玩得可开心了！

我和我的小伙伴们一起玩打雪仗，我和闫瑞丰一组。游戏开始了，我迅速准备好一个雪球，刚要向外扔，没想到被一名女生给我来了一个背后偷袭，把我打了个措手不及，雪球在我身上开了花。我不甘心，捏了个更大更硬的雪球，用力一扔，"啪"的一声，击中那名女生，顿时她变成了一个雪人。

我笑着说："这下也让你尝尝雪球的滋味，怎么样？不好受吧？"

"哈哈！哈哈！"校园里充满我们的欢声笑语。

虽然我们的小手冰凉，小脸冻得通红，但是仍然玩得很开心，直到上课铃声响起，我们才依依不舍地回到教室。

（三年级作品）

2011年4月4日　　星期一　　晴

又是一年清明

清明假期，我跟妈妈回家看姥姥，一路上，我和妈妈一起寻找春天：麦苗返青了，柳树发芽了，迎春花开了……

下午，我和姥爷到小河边捉鱼。小河里的冰早已经融化，河水清澈见底，河水缓缓地流淌着，一路欢歌。滋润着河岸边的泥土，小草露出毛茸茸的小脑袋，好奇地打量着这个世界。高大的柳树守卫在河岸两旁，有的粗壮得我都搂不过来。姥爷告诉我：这些柳树已经有五十多岁了。看，它们又吐出鹅黄色的嫩芽，舒枝展叶，生机勃勃，柔软的枝条在春风的吹拂下轻轻飘荡。

河里的鱼儿自由自在地游来游去，它们在水底睡了一个冬天，如今被春姑娘唤醒，有的吹泡泡；有的在水草间追逐、嬉戏；还有的钻进石缝里，仿佛在捉迷藏。哇！这么多鱼，我不禁欢叫起来，没想到，我这一声大叫吓得小鱼四处逃窜，刹那间消失得无影无踪。过了一会儿，见到没有危险，小鱼又从四面八方聚拢来。这时，姥爷仔细观察水面，来到一处水草多的地方，挽起袖子，猛地把水草使劲儿往岸上一拖，哈！好多的小鱼随着水草被拖上了河岸，它们惊慌失措地又蹦又跳，我高兴地跑过去，手忙脚乱地赶紧捉鱼，生怕小鱼又逃回水里，结果，小鱼滑溜得很，我越着急，小手越不听使唤，小鱼总从我的指缝间溜走，已经有好几条小鱼跳进水中，绝处逢生，欢快地游走了。没办法，我双手并用，开始捧鱼，别说，这办法不错，一条条小鱼乖乖地被我捧到了小桶里。告诉你们，最难捉的要数泥鳅了，就算我用小手捧，它们也总钻进水草，很难捉到，幸亏姥爷帮助我，我才把它们制服。一条、两条……看着小桶里的鱼，我开始兴奋地数着，心里有说不出的喜悦。姥爷又瞅准鱼多的地方拖了几次水草，最后，小桶里的鱼已经多得装不下了，姥爷一边帮我把岸上的鱼都捉进小桶，一边教我认识它们：鲫鱼、泥鳅、黄鳝、蝌蚪、麦穗鱼、鲢鱼……你们猜，最后的水草还藏着什么？嘿嘿！是两只大蛤蟆，它们鼓着腮帮，瞪着大眼睛盯着我，把我吓了一大跳，伸出的双手一下子缩了回来，我还以为是条大鱼呢！

姥爷说："别看蛤蟆样子难看，可它们是益虫，放它们走吧！"我正害怕呢，巴不得它们赶紧走开！两只蛤蟆转过身，爬进河里，游走了。姥爷告诉我："惊蛰节气后，很多冬眠的动物醒来了，从洞里爬出来，清明前后，该是蛤蟆、青蛙产卵的时候了。"

我想：很顺会有可爱的小蝌蚪了吧？

（三年级作品）

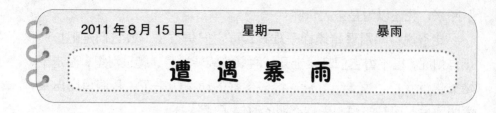

2011 年 8 月 15 日　　星期一　　暴雨

遭遇暴雨

大雨来得好快呀！我们赶紧把窗户关了，小朋友们都停止了打球，透过窗户向外看，只见倾盆大雨从天而降，豆大的雨点“啪啪”地打在窗户上，对面上层水花，雨水从屋檐上流下来，立刻汇成无数个小瀑布。

这时，一个炸雷震耳欲聋，吓了我一跳，闪电也像一只只巨兽，仿佛张着大嘴，向我们扑来，雨越下越大，像瓢泼一样，刹那间织成无比宽大的雨帘，分不清哪里是天，哪里是地，到处灰蒙蒙的一片。这时，二姑开车来接我们，被雷电吓呆的我，捂着头，弓着腰，三步并两步就上了车。我们挤在车上，看着雨点打在窗上，大似硬币，瞬间就形成湍急的水流，飞快地往下淌，弄得我们都看不清路了，只好减慢车速，像蜗牛一样慢慢前行，其他车辆也和我们一样，小心翼翼地行驶在这漫天的雨帘中，马路上一条车的长龙蜿蜒前伸。雨实在太大了，条条闪电从天边蜿蜒而降，照亮天空，天空仿佛被劈成两半，声声霹雳震耳欲聋，震得地动山摇。不一会儿，马路上的积水不断上涨，有的地方厚达 10-20 厘米，这是多么大的一场暴雨呀！

二姑把我们送到楼下，离门口还有一小段路，我们没带伞，雨却是越下越大，车门都无法打开，只好坐在车上避雨，一边聊天，一边欣赏这罕见的狂风暴雨。可是，过了好久，雨仍不见小，反而更急、更猛了，车窗被雨水打得什么也看不清了，雷声震得车的报警器“吱吱”乱响，看雨没有停下的意思，我们便打开车门，以百米冲刺的速度，飞快地冲向家门，只感到地上的积水都没到了脚脖儿，脚底下飞溅起阵阵水花儿。

虽然我们跑得很快，瞬间就到门口，但仍然变成了“落汤鸡”。

（三年级作品）

2011 年 8 月 22 日　　星期一　　晴

赶 海

傍晚，我和姐姐提着小桶、拿着小铲子，全家人高高兴兴地去赶海。

过了温泉，还没到海边，就已经感受到凉爽的海风了。近了近了，我看到了茫茫的大海。这时，太阳还没有落下，夕阳的余晖洒在大海上，海面上波光粼粼，海鸥在海面上飞翔，有时俯冲下来，美丽的翅膀偶尔采摘朵朵浪花。

海水已经退下很远了，露出大片金黄的海滩。为不让蛤喇皮伤到脚，我换上了拖鞋，跑向沙滩，响！沙滩上有好多寄居蟹，它们一个个背着螺壳，跑来跑去，好似一个个会移动的“小房子”。我兴奋地去追那些“小房子”，一边追一边捉，不知不觉踏上了一小块沙滩，这里的沙松松软软的，一只寄居蟹跑了进去，一会儿就消失不见了。我也跟着跑过去，准备寻找刚才的寄居蟹，哎呀！这里不仅松软，一踏上去周围还会冒出一些气泡，我由于追得急，猛地踏上去，不好！我的右脚已经陷了下去，我试图把右脚往上拔，可惜左脚又开始下沉。哟！不会是“沼泽”吧？不能被困在这里，我心里一慌，使劲儿一拽，人倒是出来了，拖鞋却因心慌被挂掉了，一阵泡泡冒出后，拖鞋瞬间不见了踪影，我急得像热锅上的蚂蚁，又赶紧回身去“救”拖鞋，没想到双脚又开始下陷，吓得我赶紧逃回来，再也不敢轻举妄动了。最后还是妈妈换上已经吓呆的姐姐的大头拖鞋（妈妈说过，同样的体重，脚底受力的面积越大，压强就越小，这样就不会下陷了），才把我的拖鞋从淤泥中“救”了出来。原来这个地方是一处泥潭，真是虚惊一场。

我们来到退潮后的礁石丛中，刚退下的潮水，留下了许许多多小鱼、小虾、海螺和小螃蟹。我们悄悄地翻开石块，哈哈！大大小小的螃蟹惊慌失措地四处逃窜，它们是横着跑，真有趣！靠水近的一下子就逃离了，无法捉到，陆地上的，任它怎样逃，终究要束手就擒。我和姐姐开心地捉着、捡着，有时被螃蟹夹疼了手，有时被海蛎子皮划伤了手，但仍到处翻找着，小桶都快要装不下了。

太阳终于落下去了，夜幕降临，已经看不清逃跑的小螃蟹了。“哗哗……”开始涨潮了，海浪拍打着礁石，一会儿就吞没了大片的海滩，海水霎时变得深沉了，朦胧了。我们提着装满海货的小桶，在妈妈的催促下，恋恋不舍地离开了迷人的海滩。

（三年级作品）

2012年1月2日　　星期一　　晴

冰雪小城堡

今天，我、涵琦姐姐和世宁妹妹一起回到了姥姥家。

在街上玩的时候，发现路旁的小水沟里结满了又厚又硬的冰，我们异常高兴，便站在冰上，来回小心翼翼地滑来滑去，玩了好长时间，姐姐说她有些玩腻了，我也点点头，怎么变个花样玩儿好呢？“对了！”姐姐一拍脑瓜儿说：“不如用这些冰做一个冰雪小城堡吧！”

说干就干，我们七手八脚地拿来小铲子、小铁锹、小钩子，然后就开工了。我先拿着小铲子使劲儿朝冰面砸去，可惜这对冻得结实的冰面毫无用处。我仔细观察了一下，发现有的冰面是刚刚泼上的水结成的冰，猜想这应该是弱的地方，便拿着铲子，铆足了劲儿，狠命一敲，啊哈！这招儿果然灵，薄弱处的冰真的被我们击碎了。于是，我们姐弟三个一起动手，团结协作，开始堆砌我们的冰雪小城堡。选冰块，敲敲打打，堆冰块，我小心翼翼的，不一会儿，墙砌好了，姐姐开始选择大的冰块，准备凿房顶。可惜好景不长，刚砌好的城墙被妹妹不小心弄倒了，害得我们重新再筑墙。这会儿，我们有了经验，不仅异常谨慎地行动，还在砌好的城墙边上加防稳固，为防止倒塌，我们加固之后用铲子打了又打，拍了又拍。最后将造好的房顶加了上去，哈！“冰雪小城堡“就这样完工了。

此时，我们姐弟三个的鼻尖已经冻得通红，手也有些麻木了。但是，看着我们的杰作——冰雪小城堡，大家的心里有说不出的快乐。

（四年级作品）

2012年5月1日　　星期三　　晴

遭遇“瞎汉叉”

今年的五一假期，我和姐姐跟着姨妈、妈妈又回到姥姥家。

我和姐姐小时候都是住在姥姥家，是姥姥把我们俩看大的。所以从小我们就特别亲姥姥，也特别喜欢到姥姥家。姥姥家的小院、姥姥家的菜园、姥姥家的小河，哪儿都是我和姐姐的乐园。

刚刚到家，问候了姥姥，我们俩就迫不及待地找出儿时玩过的小桶、捞鱼的小网和挖野菜的小铲子，一溜烟儿来到了熟悉的南河坝。

南河坝的水已经放干，露出干涸的河底，水草都枯萎了，河床也干裂了，我和姐姐很是惋惜，问姥爷是怎么回事？姥爷告诉我们：南河坝是农田的蓄水库，每年靠它灌溉农田，冬天准备把它挖深呢！可是到现在也没有动工。令我俩高兴的是，坝底的深沟里，还有一些渗出的水，再加上最近的雨水，也有不少的浅水洼，我们欢呼雀跃，拿着渔网、小桶，飞奔过去，捉小鱼，这是我俩最喜欢做的事了。

弯着身子，仔仔细细地寻找，果然，睡在泥里或水底的小鱼醒来了，它们吐着泡泡，自由自在地游来游去。我和姐姐齐心合力，开始捞小鱼，因为水不深，小鱼惊慌失措地逃窜起来，但终究没有逃脱，不少的小鱼落进我们的小网，乖乖地进了小桶。

捉到了小鱼，我们又到河岸边菜地里挖野菜。经过河床边上的一条小路时，路边的一些杂草挡住了路，我们俩没有仔细看，硬是大踏步地闯了过去，没想到只一会儿，我们就感觉到腿上有些扎人，弯腰看时，才发现满裤腿都是一些“小叉叉”，扁扁的，每一个顶端又分成两个小叉。叉上的尖刺已经毫不客气地扎进了我们的裤子，“糟糕，这是什么秘密武器？”我们越是往前走，越是感到腿上像无数的小蚂蚁在咬我们。我们只好往回走，想看看究竟是什么东西，竟有如此厉害的武器？当我俩蹲下来，仔细观看那几株植物时，才发现满身的“小叉叉”，像长满全身刺的小刺猬。现在，我和姐姐的腿变得像小刺猬了。随着我们的走动，小刺愈扎愈深，许多尖刺已扎穿裤子，贴到皮肉了，一走就有些刺疼。

我和姐姐顾不得挖野菜了，急急忙忙赶回家。向妈妈求助，妈妈和姨妈费了好大劲儿，帮我俩一点点地清除、拔刺，可惜大都拔断，小刺扎进裤子，得用手仔细地摸，再一点点地清除。我俩趴在炕上，两条腿被按住了，半天不能动一动，不由得连声叫苦。幸亏我穿的是牛仔裤，先自由了。姐姐穿的是运动裤可就惨了。姨妈生气地说："你不知道吗？这种植物叫'瞎汉叉'，我们小时候挖野菜时，唯恐避之不及呢！"当然，这，'瞎汉叉'也和苍耳妈妈一样，它们这是借挂在动物的皮毛上和人的身上来传播种子呢！"妈妈笑着说。接着她们俩又和我们说起了小时候的许多趣事。

我们顾不上疼了，缠着她们给我们多讲讲小时候的事情，听着听着，很是向往姨妈和妈妈小的时候，有那么多的乐趣。

（四年级作品）

2012年7月7日　　星期六　　晴

姥姥家的小鸡

又是一个快乐的周末，我们照例要回姥姥家。

一路上，我和姐姐的心都跟着汽车一起飞驰起来。只见路边的树木、庄稼在两场大雨后，重新焕发生机，长得郁郁葱葱；小草、野花儿散发着淡淡的幽香，一股清新的乡村气息扑面而来。

汽车“吱呀”一声停了，原来到姥姥家了。

“姥姥！姥姥！”我和姐姐欢呼着，争先恐后地跳下车。

“唉！大外孙，可想死姥姥喽……”姥姥答应着，顾不得擦干水淋淋的双手，高兴地迎到大门口。我俩扑到姥姥怀里，给了姥姥一个大大的拥抱，“姥姥，姥姥，可想死你啦！”姥姥乐得嘴巴都合不拢了，“赶紧进屋，姥姥给你俩做了好吃的”。

我和姐姐飞快地跑进小院。哇！好多可爱的小鸡雏！我和姐姐不由得瞪大了双眼。看！它们毛茸茸、圆滚滚，好像一个个蓬松松的小肉球，我和姐姐惊喜地跑过去，“叽叽喳喳”，它们惊叫着，一下子全都吓跑了。我们太喜欢这些小鸡雏了，赶紧跟姥姥要了一些小米，撒在院子里，把它们吸引过来，我俩蹲在一边，一开始远远地，慢慢地靠近一些，趁它们只顾吃米，再靠近一些，开始仔细观察起来：小鸡的眼睛圆圆的，又黑又亮；小鸡的嘴巴尖尖的，啄在地上“笃、笃”地响；小鸡的腿短短的，一摇一摆地走路，仿佛一个个黄绒球在地上滚来滚去，真有意思。最有趣的是它们吃米的样子：头一低一扬，不停地啄着，像个磕头虫，可爱极了。

这时，我和姐姐发现，有两只小鸡不知从哪儿弄来一条蚯蚓，各咬住一头不放，你争我夺，互不相让。两只小脚站成弓步，全身羽毛都竖了起来，小翅膀“扑棱、扑棱”用力拍打着，脖子也使劲儿地歪向一边，像是在拔河。可怜这只蚯蚓痛苦地扭着身体，苦不堪言。僵持了一会儿，只见有只小鸡顶不住了，一个跟头就被拉倒在地，但是它的小嘴却死死地叼住蚯蚓不放，小脑袋使劲儿往后扭。那条可怜的蚯蚓被拉扯得半死不活，最后“嘘”的一声，断成了两截，两只小鸡由于用力过猛，都摔了个“倒栽葱”，又慌忙爬起来，狼吞虎咽地吞食自己的“战利品”，我和姐姐都笑出了眼泪。

吃完蚯蚓后，也许是尝到了新鲜的美味，两只小鸡又匆匆地跑向小水沟边，仔细地寻觅起来，看来也是两只“小贪吃鬼”。

啊，多么可爱而又淘气的小鸡！

（四年级作品）

2012 年 11 月 23 日　　星期五　　晴

星　空

又是一个美丽的夏夜，我们全家来到平台上看星空。

妹妹一会儿数着星星，一会儿唱着《我和星星打电话》的儿歌：“星星满天撒，我和星星打电话，你离我们有多远？你那上面有点啥……”

我却躺着一动不动，仰面望着深蓝的天空，只见繁星闪烁，像无数颗发光的奇异宝石，像一盏盏亮晶晶的银灯，又像一双双忽闪忽闪的眼睛。

仰望星空，有白茫茫、亮闪闪的一片，爸爸说那是银河，静静地躺在湛蓝的夜空中。灿烂的星群在银河里闪动，像是无数漂在河上的航标灯，它在指挥南来北往的客船和“大鼻子”的货轮吗？你看，银河左边的那几颗星，多像一群天真活泼的孩子在河边嬉戏。有的踩浪花，有的摸水草，还有的忽明忽灭，像在玩捉迷藏的游戏呢！玩得多么开心呀！银河里的几颗星，多像就要起飞的雏鹰，正飞向它们的妈妈从来没有飞到过的地方，把希望的种子撒向无边无际的宇宙。那挑着一双儿女的是牛郎星，隔河相望的是织女星。

姥姥给我讲过牛郎织女的故事，我恨王母娘娘，派天兵天将捉回织女，竟然在牛郎快要追上织女时，狠心用头簪一划，把牛郎织女隔在河两岸，每年只有到七夕那天，才能在鹊桥上相会一次。虽是传说，但人们觉得是勤劳、朴实、爱的象征，每当仰望星空时，我不免会为牛郎织女叹息一番。正北方那颗最亮的星是北极星，每个迷路的人，都会把它当成指路明灯。

我边看边想，恨不得马上长出双翼，飞上高高的太空，去探索它的奥秘。星空低垂，夜色朗朗，星星一眨一眨，闪烁着害羞的眸子，也在凝视着我。想着想着，我仿佛坐在飞船上，随着“隆隆”声，飞船疾速上升，朦胧的地球逐渐缩小，最后终于被黑暗所吞没，我们已经飞向烟波浩渺的太空。浓黑的天幕中，无数的星星和我擦肩而过，我打开飞船安全系统和生物反应系统，测试到一个星球表面有生命迹象反应。

飞船缓缓降落，我俯瞰这陌生而新奇的世界。啊！这里有古老的蕨类植物、神奇的生灵，有碧绿的湖水、奇特的山峰、茂密的森林，地形跌宕起伏，山峰状如奔马。飞船安稳着陆了，这是一个原始森林，没有丝毫开拓的痕迹，这不正是一个人梦寐以求的未来生息地吗？

看得正出神时，一个外星人向我们走来，令我们惊叹的是他竟然会说我们的语言，我们如久别的亲人一般，外星人热情地款待我们，还邀请我们经常去做客。

“快看，是流星！”妹妹的一声欢呼，打断了我的思绪。我仿佛从梦中醒来，回到现实。

总有一天，我要驾驶着中国自己的飞船，飞向太空……

（五年级作品）

2013年7月9日　　星期二　　雨

姥姥门前看大戏

我们家乡流传着一支歌谣：拉大锯，扯大锯，姥姥门前看大戏……

暑假，妈妈带我回姥姥家，真的经历了一回姥姥门前看大戏。

傍晚时，因为刚刚下过雨，天气变得凉爽了一些。我们拎着马扎，来到了队委大院，我探头朝里一看，哇！看戏的人还真不少，只见戏台前面密密麻麻地坐满了人，真是人头攒动。我抬头一望高挂的横幅：原来是文广新局“送戏进万家”艺术巡演活动，今天演出的是《梁山伯与祝英台》。

孩子们围着戏台转来转去，兴奋得不得了。戏还没有开场，院子里乌乌压压坐满了人，后面的看不见了，就围着站了一圈。因为姥姥眼神儿不好，我连忙挤了进去，在戏台北侧找到两个座位坐下，等了大半天呢！见戏还是没有开演，我便来到体育器材那儿玩，那里有一个小床，躺在上面，仰望星空，真舒服呀！院墙外，一片玉米已经长高，夜风吹来，“刷刷、沙沙……”像是在低声絮语。

躺着躺着，忽然听到了一阵悠扬的敲击声，喜欢音乐的我立刻翻身起来，转身跑向小巧的戏台。戏台上有五六个人在敲打乐器，响板、大镲、饼鼓无一不有。不一会儿，许多二胡、中阮也开始演奏起来。在悠扬的乐曲中，有一位长得眉清目秀的阿姨开始唱戏，声音时而婉转动听，时而高亢洪亮。她必定是祝英台，我闭上眼睛，享受着这美妙的乐曲，享受着这亲切的民俗。看！这儿有一群忠实的听众——几位红光满面的老人，她们乐呵呵地坐在戏台最前面的小凳子上，以便近距离地享受美妙的戏曲。不一会儿，梁山伯出场了，一看，原来是一个女的——女扮男装，只见她一举手，一投足，模仿得惟妙惟肖，那神态、动作，都表现得淋漓尽致，一下子把我给吸引住了。

还有饰演马文才的丑角，为大家带来许多，快乐，你看他弓着罗锅腰，喊着公鸭嗓，一拐一拐地走了出来，当时那副滑稽样儿，一下子就把我们逗得哈哈大笑，笑得我眼泪都出来了。

夜幕沉沉，星星挂在天上，一闪一闪，仿佛累得眨眼。月色朦胧，氤氲着咿咿呀呀的乐声，远远地飘进我的耳中，似乎越来越远……原来，我已经累得上眼皮和下眼皮打起架来，困得都要睡着了，姥姥说："这小家伙撑不住了，咱们回吧。"

妈妈只好抱起睡眼惺忪的我，和姥姥一起回家了。

（五年级作品）

2013年7月16日　　星期二　　大雨

新来的“小客人”

姥姥家来了新的“小客人”。

它们的毛黄黄的，像一个个滚来滚去的黄色绒球，橙黄色的嘴巴扁扁的，长长的脖子，小小的眼睛和绿豆差不多。我想你已经猜到了，它们就是一群可爱的小鹅。

前几天，我又回姥姥家，刚进家门就听到了一阵阵稚嫩的叫声，一进门，就看见了这几只可爱的小鹅，姥姥在院子的沙堆里用稻草给小鹅铺了一个暖暖的家。

在阳光下，小鹅们不停地叫着，小眼睛直勾勾地看着我手中的菜。我问姥姥：“它们在吵什么？在吵架吗？”姥姥回答：“不是，它们只是饿了，吃点菜叶就行了。”我连忙把手中的菜叶递过去，手刚伸过去，小鹅却都跑到了另一边，怕被我伤害到，一个个睁着惊恐的眼睛看着我，我只好把菜叶扔过去，小鹅们争先恐后地抢吃起来。等我再次拿着青菜喂它们的时候，它们已经不再害怕，到我手里抢吃的了，不知不觉中我们已经成了朋友。

小鹅一天一天长大了，身上的毛有些变白了。我和外婆一起到田里放鹅。四只小鹅大摇大摆地走在前面，我拿着一根竹竿在后面指挥。到了田边，小鹅们迫不及待地扑到田里，伸长脖子，像除草机一样兴高采烈地吃起草来，一边吃一边欢叫着，好像在说：“真好吃，真好吃！”一会儿，小鹅吃饱了，脖子变得好粗好粗，真的是饱得吃到了嗓子眼儿。小鹅一只只眯着眼睛，缩着身子晒起了太阳。

第二次回姥姥家，我看见四只小鹅中只有三只了，便问姥姥另一只小鹅到哪里去了，姥姥惋惜地说：“那一只小鹅淹死了，下雨天时，也许它口渴想喝水，谁知一头栽进水桶里出不来了。”姥爷发现时，它头朝下，脚朝上栽进桶里，身体都变得僵硬了。

真是可惜呀，那可是四只小鹅中长得最好、最大的一只！

（五年级作品）

2013 年 9 月 22 日　　星期日　　晴

夏天的夜晚

在姥姥家，最美的要数夏天的夜晚了。

回忆那美好的夏夜，我每次都在姥姥的小院里，坐着小马扎，抬头仰望，仰望深远的天空，幽蓝而又宁静。月亮好似弯弯的香蕉船，在夜空里游荡，周围的流云飘啊飘，一会儿遮住月亮，一会儿又让它露出脸庞，慢慢地，夜空中出现一条银白色的天河，是流云汇成的吗？看！那星星如同天河中的鹅卵石，一颗又一颗，多得数不胜数，一闪一闪的，像是在眨眼睛。北斗七星拖着一条大尾巴，很像在给远处迷路的人指路。

我把目光从遥远的夜空收回，望向那绿油油的草丛，萤火虫躲在其中，散发出淡淡的光晕，好美啊！小花狗“绵羊”跑过去，好奇地伸出小爪子，往草丛中一探，一连串的光晕飘了出来，惊慌失措地躲进熟睡的牵牛花下。引得小狗“绵羊”又跟到牵牛花丛旁，伸出大嘴巴，鼻子使劲儿地嗅来嗅去。

也许，是只蝈蝈在摆动着豆绿色的须子，唱着动听的歌；石块底下，蟋蟀开始弹奏它的大提琴；蝼蛄用小爪子往下挖洞，发出“沙沙”“窸窸窣窣”的响声，啊！多么美妙的一支交响乐。

夜凉了，星星困得眨眼，我也困得眨眼，只有月亮婆婆笑眯眯地从窗户探进了笑脸，陪伴着我，又度过一个美丽的夜晚。

（六年级作品）

2015年7月21日　　星期二　　雨

捉知了猴

走在乡下小路上，火烈烈的阳光洒在头上，扑面而来的是一阵阵灼热的风，豆大的汗珠顺着我的脸颊滑落。远处不时传来声声聒噪的蝉鸣，让人心烦不已，但我对蝉鸣却有些痴迷，循着蝉鸣，转头仔细寻找，看到池塘边大柳树上，一只蝉正翘着尾巴，扯着嗓子喊着："热啊！热啊！"这时我心里冒出一个令人兴奋的念头。

傍晚，阳光不再发威，我叫上几个儿时的伙伴，拿着手电筒和空矿泉水瓶，全副武装地朝大柳树下进发，实施我的捉知了猴计划。

我们在大柳树下，进行"地毯式"搜索。可惜忙活了一大顿，什么收获也没有。突然，眼尖的我发现一只黑乎乎的东西趴在大柳树干上，似乎是一只知了猴正顺着柳树干往上攀爬。我心中一阵窃喜，于是悄悄放下空瓶子，蹑手蹑脚地靠近大柳树，近了，近了……没错，是一只知了猴，我感到我的小心脏在"怦怦"乱跳，我屏住呼吸，抬起因兴奋而颤抖的右手，以迅雷不及掩耳之势，向前一探，再猛地一扣。只听"嘎巴"一声脆响，糟糕！知了猴竟然被我拍碎了。仔细一看，哦，原来只是一个蝉蜕而已，现在正可怜巴巴地躺在我的掌心。我捧着蝉蜕的碎壳，觉得有些惋惜，只好向小伙伴求助。他们也无可奈何地吐吐舌头，耸耸肩。

突然，好朋友刘宏伟抬起手，指向不远处的一对父子说："我们过去看看。"只见儿子手拿手电筒和装知了猴的瓶子，小瓶里已有半瓶知了猴，爸爸左手拿着半瓶水，右手却拿着半截小树枝。我连忙走上前去请教。叔叔热情地一笑，蹲下身来告诉我："看，没出来的知了猴洞口只有黄豆粒一般大小，你只需把洞口撬大一点。"叔叔拧开水瓶盖子，然后朝洞口倒。叔叔一边示范一边讲解，一副自信满满的样子，我却听得半信半疑。过了一会儿，果然一只知了猴中计了。叔叔娴熟地捉起这只知了猴，把它送给了我。

这会儿，我变得有经验了，趴在大柳树下开始仔细地寻找起来，口里念念有词："黄豆大小，黄豆大小……"这时，一阵"窸窸窣窣"的挖土声引起了我的注意。不远处，一只知了猴从小洞里探出头来，瞪着鼓鼓的小眼睛四下看了看，发现似乎没有什么危险，便小心翼翼地爬出洞穴，活动着几只步足，不紧不慢地往大柳树干上爬去。我一见机会来了，跃起身子，一下子将它打翻，迅速控制住了它的两只有力的、用来挖土的“大刀”，它只能乖乖地束手就擒。成功地捉到第一只知了猴，大家欢呼起来，一下子来了兴致。伙伴们赶紧分头行动，找来水瓶和树枝，如法炮制，收获了许多知了猴，也收获了许多快乐。

不知不觉，夜更深了。晚风吹过，树叶“哗哗”作响，仿佛在为我们祝捷。伙伴们高高兴兴地提着自己的“战利品”，一边往家走，一边滔滔不绝地讲述着捉知了猴的经过，分享着彼此的快乐。

两旁的路灯投下暖黄色的光，映着我们回家的路，大家情不自禁地吹起了口哨，清脆的哨声打破了夜的寂静，伴随着快乐在少年的心里悸动。

（七年级作品）

（原载《中学生·初中作文》2016 年 7 月）

2015年8月7日　　星期五　　晴

田园野趣

汽车飞快地行驶在乡间的小路上，路两旁的高大白杨树，如同威武的士兵，精神抖擞地挺立着。远处的连绵青山，天上的朵朵白云，悠闲地逛来逛去，透过车窗，我尽情地欣赏着美丽的乡村风光。

为了给姥姥过生日，我们一起赶了回来，小小的院落里顿时有了生机。小鸭、小鹅因为我们姐弟三个的到来，一起扑扇着翅膀，“嘎嘎”地叫着，“毛球”兴奋地蹿进蹿出。厨房里响起“叮叮当当”的锅铲声，冒出的阵阵诱人的香气，让我的肚子“咕咕”叫了起来。爸爸、姨夫和姥爷喝着香茶，高兴地聊着什么……

吃过丰盛的午餐，分享了姥姥的生日蛋糕。我总想找点乐子，于是叫上姐姐和妹妹，去姥姥的小菜园。小菜园在河南岸，茂盛的绿色植被如同一块厚地毯，覆盖着园地的田田垄垄，小路边，几棵狗尾巴草挠着我们的小腿，痒兮兮的。突然，远处的几抹红引起了我的注意，风儿一吹，那几抹红如同精灵一般，时而出现，时而隐去。我很好奇，三步并作两步跨过菜畦，蹲下来，轻轻拨开绿叶，只见一串串红艳艳的小洋枣出现在眼前。真是意外的收获，我小心翼翼地摘下它们，递给妹妹当饭后的甜点。

我们漫步在河边，站在高高的田壕上向南眺望，只见一排排玉米、一畦畦花生，在雨后显出勃勃生机。我用脚轻轻扫着嫩草，不时有几只美丽的菜粉蝶从中飞出，忽忽地打几个转儿，倏地飞远了。我俯下身子，仔细寻找小生物，只见一株草叶上蜷着一只蚂蚱，它悠闲地摆动着豆绿色的触角，踢蹬着强而有力的后腿，我正准备捉住它。突然，一只山雀掠过头顶，“喳”地叫了一声，小蚂蚱也许受到惊吓，“嗖”的一声蹦走了，紧接着来了个三连跳，一眨眼消失在我的视野中。我和姐姐走下小斜坡，沿着干涸的河床，准备踏着那条窄小的石路到河心的小岛探险，不远处几只白鹭瞪着眼睛，警惕地观望着我们的举动。过了一会儿，见没有什么危险，它们就伸长优雅的脖子，炫耀般地展开洁白的双翅，围着小岛低低地飞了一圈，又轻轻地落下来。几只小水鸭在小岛边游来游去，一圈圈涟漪荡漾开去。小鸭子不时地把头伸进水里，只露出翘起的屁股，当它们抬起头时，扁扁的嘴巴里就多了活蹦乱跳的小鱼，而它们圆溜溜的眼睛里就盈满了欢喜神色。

哦！小河，我童年的乐园，风光秀丽，生灵无拘，那么恬静，那么安然。今天，再次走进你的怀抱，倍感亲切与温暖，让我又想起儿时那段美好而又快乐的时光。

（七年级作品）

第二辑

上学篇

2009年5月27日　　星期三　　晴

柳絮飞呀飞

同学们正在认真地听老师讲课，不知什么时候，从窗外飘进来一些"小毛球"，毛茸茸，雪白雪白的，它们轻轻地落在书本上。

咦？这是什么呀？我十分好奇，伸手接住一个"小毛球"，是蒲公英的种子吗？兰老师告诉我们：这是柳絮。真有趣呀！柳絮飞呀飞，有的落在课桌上，和我们一起学习；有的落在肩膀上，仿佛在和我们说悄悄话。

风儿一吹，柳絮飞呀飞，飞出窗外，飞向校园。我想对它说："小柳絮，你明年再来到我们教室里，和我们一起玩耍、一起学习。"

老师在文章后点评：你的想象力真丰富，运用了生动的比喻、拟人，把小柳絮写得富有生机、富有灵气！

呵！我的心里仿佛吃了蜜糖一样甜，也许就在那时，老师为我种下了一颗文学的种子。

（一年级作品）

2009年5月27日 星期三 晴

夹豆子比赛

今天，我们做了一个有趣的游戏——夹豆子比赛。

比赛开始了，同学们真是八仙过海——各显神通。有的认真地盯着豆子，一个个慢慢地夹着；有的急得站起来，好像全身的力气都用上了；有的不知有什么窍门，夹得飞快；也有的同学笨手笨脚，半天夹不起来一个；还有的手忙脚乱，豆子滚了一地，逗得大家哈哈大笑。

该我上场了，我非常兴奋，用力一夹，可是小豆子像顽皮、淘气的娃娃，一下子溜到一边，我再使劲儿一夹，它又蹦到了碟子外。“原来，夹豆子也有门道。”我心中暗暗想，“看来，不能太用力”。我一边夹豆子，一边总结经验，很快就掌握了夹豆子的技巧。小豆子乖乖地听话了，我也夹得越来越快，同学们都在为我加油，可是我还是输了。

下一轮比赛更加激烈，时间一到，同学们互相询问，议论纷纷：到底谁是最后的胜利者？兰老师宣布：“鲁蕾获胜！”大家送上了热烈的掌声。

虽然我没有得冠军，但我并不灰心。我以后要勤学苦练，就像《骑牛比赛》中的那位骑手，不苦练，怎么能成为高手？

（一年级作品）

2009 年 7 月 22 日　　星期三　　晴

看日食

今天，我非常开心，因为我和妈妈一起看了日食。

为了观看日食，我们准备了太阳帽、墨镜，还有一块用墨汁涂黑的玻璃板。

八点半时，日食开始了，我们赶紧来到楼顶的平台上，抬头一看，呀！阳光刺得我根本睁不开眼，妈妈让我戴上太阳帽。哈哈！真有趣呀！此时空中的太阳像是被谁咬了一口，样子真像八月十五的月饼被我从右上面咬下了第一口。慢慢地，缺口越来越大，太阳一会儿像弯弯的小船，一会儿像眉毛，最后像细细的月牙儿。房间里慢慢变暗了，天空没有乌云，室内却像阴天一样黑。天空不再是蓝色，开始变得灰蒙蒙的，远处的房子不见了，景物看不清了。渐渐地，缺口越来越小，如果你仔细观察，缺口从太阳右上方一直转到左下方，随着缺口的变小，天空也变得越来越亮。十点五十分，太阳又变得圆圆的，它高高地挂在天空，仍然发出灿烂耀眼的光芒。

妈妈笑眯眯地问我："日食是怎么回事？不想自己查查书吗？"

我赶紧翻开《百科全书》查看，原来发生日食、月食的时候，是太阳、月亮和地球的位置处于同一直线上，当月亮位于太阳和地球之间时，月亮就会遮住太阳，太阳看上去就像缺了一部分，从而形成了日食。

（一年级作品）

2009年8月5日　　星期三　　中雨转晴

水上公园

水上公园的景色是那样迷人，尤其是夏天的水上公园，更令人陶醉。

一进门，不禁眼前一亮，树底下一个个大鸟笼，一潭绿绿的湖水。最美的要数婀娜多姿的柳树了，你看，沿着湖两岸，一棵棵柳树长得高大、茂盛，柔软的枝条一直垂到水面，微风一吹，像美丽的姑娘梳着自己秀美的长发。沿着鹅卵石铺成的小路，在柳荫下走一走，一群小白鸽从这里飞过，我高兴地叫起来："妈妈，你看！小白鸽！"

水上公园不仅美丽，还是小朋友们的乐园。小伙伴们有的射击，有的乘小船捉鱼，有的玩森林打猎，有的玩碰碰车……可有趣啦！妈妈带我玩水中捞球、投球和套圈的游戏，我套中了一个神彩泡泡，迫不及待地打开，只要一吹，一串串五彩神奇的泡泡就飞上天空，飘向湖面。

我一边吹，一边追着泡泡玩，真是开心。

（一年级作品）

2009年8月11日　　星期二　　晴

第一次游泳

暑假的一天，妈妈带我到海龙宫游泳馆去学游泳。因为这是我第一次游泳，所以心里又兴奋又紧张。

来到海龙宫，我的很多小伙伴已经等在那儿了。大家换好泳衣，戴好泳帽，像一群活泼可爱的小鸭子，“叽叽呱呱”奔向游泳池，他们迫不及待地跳了下去，只留下我一个人孤单地站在岸上。

我拿着爸爸给我买的游泳圈，站在游泳池边，看着小朋友们像小鱼似的灵活地在水中游来游去。“他们游得多棒啊！”我心中又是羡慕，又有点害怕。在妈妈的鼓励下，我小心翼翼地伸下腿去试了试，啊！水好凉爽啊！看我站在岸上发呆，甜甜姐姐大声喊：“江致远，赶快下水啊！不会游我来教你。”我勇敢地下了水，小伙伴们热情地围了过来，纷纷提议要当我的游泳教练，我变得不再紧张，高兴地和小伙伴们玩起了水中排球、跳水、打水仗。

玩了一会儿，我适应了在水中活动，就跟着贝贝、甜甜姐姐学潜水和漂浮，当我深吸一口气，伸直胳膊和双腿，埋下头去，绷紧的身体就神奇地漂浮在水面上了。我们在水中泡了整整一天，我终于学会了游泳，一会儿像一条小鱼儿漂在水上，一会儿像一只小青蛙游啊游，一会儿像一只连滚带爬的小海豹，在水中瞎扑腾。

今天我好开心！因为自己终于敢下水游泳了。

（一年级作品）

2009 年 9 月 23 日　　星期三　　晴

晨　雾

早晨，我醒来了，拉开窗帘一看，好大的雾啊！

天空好像蒙上了一层层白纱，白茫茫的一片，把整个世界都笼罩起来啦！雾气很浓，什么也看不清，远处的高大建筑物好像突然消失了，那巨人一般的身体在浓雾中消失得无影无踪。太阳呢？现在像一个淘气的懒宝宝，正躲在雾里和我们捉迷呢！

吃过早饭，由于雾大，我和妈妈只好步行去学校。浓雾里，路边的花草树木都模模糊糊，看不清楚。使劲儿眨了眨眼睛，我向四周望去，近处的景物忽隐忽现，大树、房屋就像盖上了一层轻纱，朦朦胧胧的仿佛在仙境一般；马路上开车的人们更加小心翼翼，一辆辆汽车打开防雾灯，像甲虫一样慢吞吞地前进；来来往往的人们也都是“腾云驾雾”一般，谨慎地前行。我一边欣赏美丽的雾景，一边感受湿润的雾气温柔地抚摸着我的脸。有时，我伸出小手，想去抓住它，可是雾像淘气、调皮的小孩儿，一下子就躲了起来，让你根本抓不住。只感到我的鼻尖、眉毛有些湿漉漉的，地上也是湿漉漉的，像刚刚下过雨。

一会儿，雾渐渐地淡了，周围的大楼、树木变得清晰起来，同学们从四面八方赶来了，自觉地排成几条路队，陆陆续续进入校园，快乐的一天又开始了。

（二年级作品）
（原载于《即墨教育报》）

2010 年 4 月 25 日　　星期六　　晴

捉蝌蚪

春天，妈妈带我到马山，去大自然中寻找春天。在一个水塘边，我发现一群活泼可爱的小蝌蚪。

它们的身子黑乎乎的，圆溜溜的，就像是水中会游动的“黑珍珠”。

我们捉回一些小蝌蚪，养在鱼缸里。每天放学写完作业，我就在鱼缸边观察小蝌蚪，它们长着一颗大脑袋，一条细长的尾巴，全身发黑，像一个个“小逗号”，可有趣啦！

时间一天天过去，我发现“小逗号”短小的身子在变大、变长，渐渐变成“大逗号”。一天，我突然发现小蝌蚪的身后有了小小的突起，不几天，竟然变成了两条后腿，我高兴万分，把这个好消息告诉了妈妈，妈妈让我继续仔细观察，看看小蝌蚪到底怎样变成小青蛙。后来，我看到小蝌蚪长出两条前腿，尾巴也渐渐变短，最后消失了。又过了些天，它们换上了“绿裤褂”，哈！“大逗号”变成四条腿的小青蛙啦！

我高兴极了，想到小青蛙是益虫，是保护庄稼的卫士，要爱护它们，我再去马山玩时，就把小青蛙都放生了。

（二年级作品）

2010 年 5 月 22 日　　星期六　　晴

养小蜗牛

每当下雨天的时候，如果你是个细心的孩子，准会在草丛中、花园里、墙角处发现可爱的小蜗牛。

我非常喜欢小蜗牛，曾经在我家的阳台上养过几只，一有空就观察它们。

蜗牛背着个螺旋形外壳，在地上爬行，头上有两对触角，前对短，后对长，长触角上有眼睛。我通过实验，发现蜗牛的眼睛只能看到 2—5 厘米远的地方，它的触角很灵敏，靠它们探路前行。我没有发现蜗牛的脚，却发现蜗牛爬过的地方留下白白的一条明显的痕迹，那是蜗牛的脚印吗？我请教了老师，老师告诉我，蜗牛的行动器官是腹足，腹足下有黏液，爬过后就留下了发亮的黏液线，这是蜗牛腹足下的足腺分泌的黏液，有利于减小爬行的阻力。啊！多聪明的小家伙！我不由得赞叹。

蜗牛喜欢青菜、树的芽、叶和植物的根，是植物的天敌。

蜗牛喜欢在阴凉的地方生活。春天和夏天，每当下雨后，它就会出来散步，平时干旱的天气，蜗牛会封住壳口，躲在小房子内不吃也不喝。蜗牛是以卵胎进行繁殖的，一次可产卵 3—7 个。刚出生的小蜗牛长得很快，不久就会独立生活。

到了冬天，它们又一次用黏液把壳口封住，躲在里面，不吃不动，长达 4-6 个月，直到第二年春天，天气变暖、气候适宜的时候它才出来活动。

现在，我仍在雨后的天气里坚持观察小蜗牛，我想了解更多的秘密。

（二年级作品）

2010年6月1日　　星期二　　晴

庆六一

星期二是六一儿童节，这是我们自己的节日，同学们穿着漂亮整洁的衣服，高高兴兴地来上学。下午进行庆祝活动，同学们趁中午的时间，有的装饰黑板,有的吹气球,挂气球,有的挂拉花,把教室打扮得漂亮极了。

表演开始了，同学们各自献上自己的精彩节目，真是“八仙过海——各显神通”。大家有的猜谜语，有的唱歌，有的跳舞，有的变魔术……五花八门，精彩纷呈，每个节目都是自己的拿手好戏，迎来阵阵热烈的掌声。

该我上场了，我为同学们表演小提琴独奏《渔舟唱晚》，随着悠扬的琴声响起，教室里顿时变得安静起来，大家都在静静地聆听。优美的乐曲在我的指尖流淌，我们仿佛看到一幅画：夕阳西下，晚霞映红了一望无边的湖面，渔民们满载而归，微微的波浪摇晃着小船……悠扬的琴声传出窗外，飘荡在校园上空，同学们听得入了迷，就连经过我们班教室的老师都被吸引住了，站在门口静静地欣赏。我的表演结束了，大家送上了热烈的掌声。

最后，我们高兴地玩起了吹气球的游戏，我的节日我做主，这真是一个快乐的六一。

（二年级作品）

2010 年 6 月 10 日　　星期四　　晴

跳绳比赛

星期四下午第二节课是跳绳比赛。

老师把我们带到操场上，比赛就要开始了，我的心像揣了只小兔子一样，“怦怦怦怦”直跳。该我们上场了，我的面前是一个高年级大姐姐，她微笑着对我说：“小弟弟，不用紧张。”哨声一响，比赛开始了，我像小燕子一样，飞似的跳了起来，越跳越快，只听见跳绳在脚底下“啪啪”地响。跳了一会儿，手开始麻了，脚也没有力气了，就越来越慢了，随着“呼呼”的喘气声，我的头上冒出了汗珠，但仍坚持着跳，没有停下来，小姐姐悄悄地告诉我：“时间快到了，加油！”为了给班级争光，我赶紧调整了一下姿势，加快速度，又轻松地跳起来。

“嘟”，哨声响起，时间到，比赛结束。姐姐高兴地大声说：“110个！祝贺你！”

“太好了！这可是我跳绳成绩最好的一次，打破了纪录！”我兴奋地跳起来。

以后的大课间，我竟然深深地迷上了跳绳，在和大家一起练习跳绳的活动中，我越发努力，一边请教小窍门，一边刻苦练习，竟然在后来的学校跳绳比赛中获得“运动小健将”称号。

（二年级作品）

2010年6月22日　　星期二　　晴

玩老鹰捉小鸡

我会玩许多游戏：打沙包、跳绳、“贴膏药”、老鹰捉小鸡……其中我最喜欢老鹰捉小鸡的游戏。

“丁零零……”清脆的下课铃声响起，同学们像出笼的小鸟，欢快地来到操场上，顿时，这里成了欢乐的海洋。

找一个跑得快的同学当老鹰，找一个块头大的同学当鸡妈妈，其余的都当鸡宝宝，游戏马上开始了，老鹰跑着去捉小鸡，母鸡用手臂挡住老鹰，小鸡呢，要一个一个地紧紧地抓住鸡妈妈，要不然会被老鹰抓去当“美餐”。如果你累了，可以就地蹲下，那样老鹰就不能再盯着你了，也不能抓你，等你休息一会儿，觉得不累了，可以重新加入游戏的队伍，跟着鸡妈妈继续奔跑，当然同学们玩得兴致勃勃，即使再累也都不肯放弃玩耍的机会。因为怕成为老鹰的美餐，就一直紧张地跑来跑去，胆小的同学还不时地大声尖叫，只玩一会儿就累得气喘吁吁，满头大汗，可真锻炼身体啊！

看！老鹰又一次扑向小鸡，鸡妈妈勇敢地张开翅膀，左挡右挡，小鸡紧紧地跟着母鸡，一会儿跑向左，一会儿跑向右，胆小的吓得再次尖叫起来。这时，狡猾的老鹰假装往左跑，鸡妈妈一边提醒孩子们，赶紧往左挡，没想到老鹰虚晃一枪，猛地一转身，却向右追去，等鸡妈妈回过神来，再去抵挡时已经晚了，一只可怜的小鸡被老鹰捉去了，暂时被取消了玩游戏的资格，他垂头丧气地站在一旁，只有当观众的份儿了。

快乐的大课间真开心，我喜欢玩老鹰捉小鸡。

（二年级作品）

2010 年 7 月 31 日 星期六 晴

逛青岛书城

今天，我和妈妈去青岛书城看书。

一进大门，我惊呆了，书城里的书太多了，简直就是书的海洋。人们有的买书，有的看书，一楼和二楼之间的墙壁上书写着两个词语：“学无止境，书海情深。”字迹刚劲有力，潇洒飘逸。

我从来没有看到过这么多的书，欢呼着跑到书架旁，找了一本自己喜欢的书，认认真真地看了起来。

三楼是儿童图书天地。只见许许多多崭新、五彩缤纷的图书整齐地摆放在书架上，每一本都散发着墨香。小朋友们都安安静静地坐着，手捧着自己喜欢的图书津津有味、如饥似渴地读着。我在一排排高大的书架之间徘徊，从书架上拿下一本，轻轻地翻开，真有趣！翻开另一本，正是我喜欢的，也爱不释手。就这样，不一会儿，我就捧回了一大摞书——《世界之谜》《十万个为什么》《动物小百科》，其中我最爱看《动物小百科》，因为这本书给我们讲了动物们的特点、生活习性，我特别喜欢动物，都看得入了迷。

我安静地坐下来，慢慢翻开书本，一页、两页……如饥似渴地读着，完全忘记了时间，忘记了自己，忘记了周围的一切。

（二年级作品）

2010年10月2日 星期六 雨

即墨图书馆

国庆节期间，即墨图书馆成立并开放了。

今天，妈妈带我到即墨图书馆看书。刚到大门口，就看到许多车停在小广场上，看来，来看书的人可真不少啊！

一进宽敞的大厅，就看到两侧各有一块展牌，上面写着："书似长梯送我攀登知识峰顶，学如航船带人漫步真理海洋。"妈妈给我办了书卡，我们就来到三楼儿童阅览室。里面读书的小朋友可真多啊！室内干净整洁，非常安静，一排排高大的书架排列整齐，默默地散发着特有的书香。我踮起脚尖，悄悄地来到书架旁，嘀！好多的书！看得我眼花缭乱，我小心翼翼地找出几本自己最喜欢的，安静地坐在桌旁，津津有味地阅读起来，这些书多有趣啊！《猫和老鼠》《传说狼人》《我们爱科学》《米老鼠和唐老鸭》……每一本都是我的至爱，让我爱不释手、如饥似渴。《猫和老鼠》中的小老鼠杰克把老猫汤姆戏弄了一次又一次，让人忍不住捧腹大笑；田鳖趴在水底一动不动，那是在"练功夫"呢；狼人是世界上的古老生物，它的身体和人的身体差不多，但拥有狼族特有的头和眼睛，不过最后它们灭绝了，令人惋惜。

读书不仅让人增长知识，还可以开阔眼界，以后，我要经常到图书馆来看书。

（三年级作品）

2011 年 1 月 30 日　　星期日　　晴

小小图书管理员

今天，我去图书馆看书，因为我看书看得认真，看完后懂得整理，叔叔评我为“小小管理员”。

我高兴地问：“真的吗？叔叔，我能当好这个管理员吗？”

叔叔拍拍我的肩膀说：“只要有信心，不怕困难，能够认真负责，就一定能干好，叔叔相信你。”回家的路上，我又兴奋又自豪，一路小跑跑回家，把这个好消息告诉了爸爸妈妈。

妈妈鼓励我说：“这可是一个锻炼的好机会，一定要认真负责啊！”爸爸也摸了摸我的脑瓜儿夸赞：“我儿子真行，好好干！”我郑重地点了点头。

第二天，我满怀信心地来到图书馆借书室，叔叔给我分配了工作，我就喜滋滋地干了起来。贴标签，写上号，然后按类整理好，再摆上书架，排放整齐，我忙得不亦乐乎，不一会儿，头上竟然冒汗了。我们还来到阅览室帮忙整理图书，在老师的指导下，同样干得像模像样，井井有条。

临下班时，叔叔夸奖了我，我的心里像吃了蜜一样甜，心想：一定要当一名优秀的“小小图书管理员”。

（三年级作品）

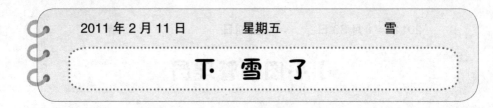

2011年2月11日　　星期五　　雪

下雪了

我和弟弟约定周末去他家玩，星期四晚上，二姑父就开车来接我了。老远就看到了弟弟在门口等我，下车后，我俩高兴地抱在一起。

第二天，我们俩一起背诗、看书，过了一会儿，弟弟说："哥哥，咱们先玩会儿吧，玩什么呢？"我向窗外望了望，令我惊奇的是外面下起了雪，我们高兴极了，连忙趴在窗前观察起来，雪花有的像小柳絮，有的像沙粒，有的像小绒球，真是形状各异。你们知道吗？雪的颜色也有很多呢！像红雪、绿雪、褐雪……我抬头望了望阴沉沉的天空，望着从空中飘落的"小精灵"，脑子突然闪过一个问题：雪是怎样形成的？我问弟弟，弟弟摇头，我们赶紧找来《百科全书》，仔细查看起来。原来，雪是蒸发上升的水汽，在空中遇冷凝成小水珠，高空中的小水珠在零下就凝结成小冰晶，小冰晶越积越多，越来越沉，当云朵托不住它们时，就变成雪花从天上飘落下来。

我和弟弟把手伸出窗外，想接住几个小雪花，仔细观察，可是，小雪花刚落到掌心，就融化了，只留下一滴小水珠和一丝凉意。

后来我拿来《少儿百科》查阅才知道，在我们地球上曾经下过红雪、黄雪、绿雪、褐雪等彩色的雪呢！1959年的一天，南极下了一场大雪，颜色像鲜血一般红；1960年，苏联奔萨州飘下一片黄中带红的雪；在阿尔卑斯山和北极地区常常会遇到绿雪；瑞士高山区还下过褐雪。这些彩色的雪从哪儿来的呢？原来，它们是低等植物红藻、黄藻、绿藻等繁殖后形成的。这些藻类被暴风刮到高空，同雪片相遇，粘在雪片上，把雪染成红、黄、绿、褐等颜色。

大自然是多么神奇啊！

（三年级作品）

2011 年 4 月 11 日　　星期一　　晴

有趣的游戏

星期一下午，我们在教室里玩了一个有趣的游戏——画鼻子。

游戏开始了，同学们都争先恐后地举起了小手，跃跃欲试。有的不由分说，跑到老师跟前。有的大喊大叫："我先来我先来！"还有的都站到了老师的椅子上。可是，画谁的鼻子呢？大家你看看我，我看看你。宋老师笑眯眯地从背后拿出一个可爱的小兔子。哦！原来老师早就准备好了。看！这只小兔子可爱极了，头上长着一对长长的耳朵，圆圆的脸上一双圆溜溜的大眼睛，只可惜没有鼻子，我们的游戏就是把小兔子的鼻子画上去。

首先，老师叫了小刚，小刚兴奋得小脸通红，一个箭步上了讲台，有的同学噘起了嘴，有的则失望地坐在椅子上，宋老师安慰大家说："不要急，下一个就是你。"老师把小刚的眼睛蒙起来，哎呀！太可笑了！蒙上眼睛的小刚，就像喝醉酒似的摇摇摆摆，既像一只刚学走路的小鸭子，又像一只可爱的企鹅。他小心翼翼地往前走，不是碰到桌子就是碰到椅子，好不容易才到了讲台。老师把粉笔递给了他。这时，台下一片哄乱，同学们有的说："加油加油！"有的却说成："漏油漏油！"还有的急得指挥他："往左往左！再向右向右！"小刚拿着粉笔东摸摸西摸摸，有些犹豫不决，迟疑了一会儿，他还是确定了一个位置画了几笔。"哈哈哈！"我们看了顿时哄堂大笑，有的趴在桌子上，哎哟哎哟地喊肚子疼；有的笑出了眼泪；有的笑岔了气；还有的捂着肚子，简直笑破了肚皮。

第二位同学杜冰俞和小刚一样，更可笑，引得同学们哈哈大笑。瞧！些底气不足，却大步流星走上讲台，豫、小心翼翼地画上几笔，紧接着又是一阵欢乐的笑声，原来她把鼻子画在了眼上。

虽然我没上去，但我依然很高兴，真想再举行一次这样的游戏，亲自体验一下画鼻子的乐趣。

（三年级作品）

2011 年 5 月 12 日　　星期四　　晴

踢毽子比赛

今天下午，我们三年级12个班在操场上举行了一场激烈的踢毽子比赛。

因为我刚刚学会踢龍子，往操场带队时，真的有点紧张，但我没有惧怕，不断地在心底鼓励自己：不要慌，要加油！来到操场上，只见每个班的同学都摩拳擦掌、跃跃欲试。

一声哨响，比赛开始了。同学们飞快地踢了起来，霎时间，各色的毽子在大家的脚底下飞舞起来，让人眼花缭乱。有的同学一个接着一个地踢，显得很镇定；有的手忙脚乱，一个也没踢着，急得满头大汗，但仍然弯腰捡起毽子，又匆匆地去踢；有的同学竟然还没听见哨音，不知比赛已经开始，还在傻乎乎地站着呢！

我呢，随着"嘟"的一声哨音响起，深深吸了一口气，眼睛盯着毽子，不慌不忙地踢起来。这时，我想起妈妈赛前的提醒："你刚刚学会踢毽子，还不会连续踢太多，一定要镇定，可以踢一个接一个。"想着妈妈教的门道，试了一试，嘿！果然灵！我刚才还"怦怦"直跳的心不那么紧张了。"一个、两个……"虽然我踢得不太熟，但这样稳稳的一个一个地踢，竟然一连接住了五六个呢！我顿时高兴起来。瞧！毽子一上一下快乐地跳跃着、舞蹈着，像五颜六色的花朵被抛向天空，羽毛式的、沙包式的，还有一种跟发丝一样的丝绳毽，各式各样的毽子同时飞舞，场面真是壮观。我也踢得越来越顺，愈来愈好了。

"嘟"，又一声响亮的哨音响起，比赛结束。我迫不及待地问眼前的小妹妹："我踢了几个？"小妹妹笑着说："大哥哥，你很努力，踢了 28 个。"哇！我高兴得差点跳起来，平时练习时，我可从来没有踢这么多，这已经算是不错的成绩了，我欢呼着，不禁有些沾沾自喜，这时老师走过来说："你已经尽了最大的努力，成绩不错，但不管做什么事，都不能沾沾自喜，要继续努力呀！"听了老师的话，我不好意思地低下了头。

我想，我一定要继续练习踢好毽子，超越自己！迎接下一次比赛！

（三年级作品）

2011 年 7 月 3 日　　星期日　　晴

大龙虾

我们家里多了几位“小客人”——几只活蹦乱跳的大龙虾。这几只大龙虾是姥爷亲自下河捉的，送给我做玩伴。昨天回家看望姥姥，顺便带了回来。我送给弟弟两只，另外几只就养在阳台上的大鱼缸里。

大龙虾长着长长的触须，不时悠闲地摆动着，它们全身披着红色铠甲，头上还带着尖尖的刺刀，一双机警而又有趣的小眼睛，挥舞着两只大螯，活像戏台上的一员员武将。

有一次，我逗龙虾玩，刚伸出手，龙虾就机敏地抬起头，高高地举起大螯，好像在向我示威，我不禁哈哈大笑起来，向它做起了鬼脸。这下龙虾“发怒”了，把蒲扇一样的尾巴折起来，变成一个小板凳，以它为支点，整个身子都立了起来，然后，它突然跳起来，“啪”的一下夹住了我的手。顿时，我疼得大叫起来，连忙使劲儿把它甩进了盆里，只见它摆动着两条触须，悠闲地坐在自制的“小椅子”上，好像在说：“嘿嘿！这下知道我的厉害了吧！”我又急又气，向它挥了挥拳头，大龙虾猛地往后一退，弓起身子，举起大螯，触须来回摆动，两只小眼睛机警地看着我，仿佛在积蓄全身的力量，准备迎战。看着它浑身戒备、有趣的样子，心里觉得这小家伙儿可爱极了。

趁它不备，我猛地捏住它的触须，一下子提溜起来，哈哈！这回大龙虾可束手无策了，只见它张牙舞爪，真是“英雄无用武之地了”，可是仍然“拳打脚踢”，一副大不服输的样子！

我喜欢这些大龙虾，因为它们给我带来无限的乐趣。

（三年级作品）

2011 年 7 月 15 日　　星期五　　晴

童年糗事

周末好开心，妈妈做了一桌美味大餐，我狼吞虎咽，吃了个肚儿圆。半夜，肚子有点疼，一会儿起来拉肚子，一会儿又“哼哼唧唧”想呕吐，这会儿，想起那些美味就难受，折腾了一宿，拉完了，吐光了，吃上药，迷迷糊糊的直到清晨，又昏昏地睡了过去。早晨，妈妈熬了小米粥，叫我起来吃饭，我觉得头昏脑涨，仍有点恶心，一点胃口也没有。爸爸担心地说：“要不，去医院看看吧！”我摇摇头说：“是我贪吃，吃撑了，没事！饿两顿就好了。”看我小脸黄黄的，遭了一晚上的罪还这么调皮，爸爸乐了，刮了一下我的小鼻子，关心地说：“小贪吃鬼，今天老老实实听话，好好休息，爸爸上班去了。”

迷迷糊糊我又睡了，直到中午，才从床上爬起来，喝了点米粥，觉得身上稍有了点儿力气，但还是不想吃什么东西，看来昨晚真是把这一天的食物也提前吃下了。我躺在床上，拉开窗帘，让阳光暖暖地照在身上。

“丁零零……”电话铃声响起来，是爸爸，可能是爸爸在询问我怎么样了。听见妈妈说：“好多了，已经起床，只喝了米粥……嗯，回来时买点爽口的青菜，买点致远喜欢吃的食品，再买点药……”放下电话，妈妈走进卧室，摸摸我的脑瓜儿，关切地问：“好些了吗？想吃什么？今晚让爸爸买回来。”

哦！爸爸的关心、妈妈的爱，就像这暖暖的阳光。

（三年级作品）

2011 年 7 月 16 日　　星期六　　晴

快乐英语角

今天，我查了一下我的 QQ 空间，发现英语角发过来的公告中通知：“下午的英语角在墨河公园里举行。”

下午，我和妈妈早早来到了墨河公园，没想到小罗伯特和他的爸爸来得更早，早已经在那儿等候，Toni 先生也来了，此时他正和别人一起跳舞呢！这时，Winter 叔叔走来了，身边还跟着一群活泼可爱的学生，还多了一张我陌生的面孔　　位身材高大的黑人小姐，只见她高高的鼻梁，炯炯有神的大眼睛，她一开口，就露出洁白整齐的牙齿。

Winter 叔叔向我们介绍：“这是黛安娜，来自加拿大，是我们英语角的外教老师。”说完，叔叔又向黛安娜介绍我：“HeisSky. Aceleverboy.”黛安娜挥挥手说：“Hello，Sky.Howareyou？”我心里一阵激动，连忙说：“Iamfine.Thankyou，andyou？”Winter 叔叔开始教我们大声地读疯狂英语，我们围成半圆形，充满学习的热情和激情，公园上空飘荡着我们的读书声和欢笑声，引来无数行人驻足观望。

接下来，叔叔把时间交给了黛安娜，幽默的黛安娜先给了我们一个灿烂的微笑，然后问：“我们为什么来公园？”接着便与我们开始了母语式的交流学习与口语训练。刚开始，小罗伯特就朗朗上口，滔滔不绝地开始英语对话，我们都向他竖起大拇指。有时，我们谈得高兴了，就起劲儿地比比画画，有时禁不住捧腹大笑。小罗伯特还大胆地向黛安娜提出许多问题，真令人佩服呀！

（三年级作品）

2011 年 8 月 7 日　　星期日　　雨

难忘的乒乓球大赛

德馨训练中心“青岛银行杯”乒乓球大赛在明天举行，我高兴得一夜都没睡好。

第二天早晨，我早早地就来到球馆。随着开幕式开始，我们小队员们昂首挺胸，迈着坚定的步伐入场了，在国歌声中，我仿佛看到奥运健儿在赛场上拼搏的身影。

比赛开始了，队员们开始了激烈的“战斗”。大家专心对阵，有的旗鼓相当，不分胜负；有的信心不足，不到两局就败下阵来；有的打得棒极了，教练都连连叫好。我们新生打得也不赖，双脚一站，拍子一挥，身体轻盈得像只小燕子。终于轮到我了，我双膝微屈，身体前倾，摆好了姿势，眼睛紧盯着教练手中的小球，心里默念老师教的要领。开始发球了，我的心也紧张极了，“怦怦”直跳，像揣了只小兔子。只见球在眼前一闪，我赶紧挥拍迎战，球在台上飞来飞去，我发挥得还不错。渐渐地，我不再慌张，打着打着，突然一个球飞过来，我的拍子因为没有压住，最终漏掉了这个球。“真是忙中出错，好可惜呀！”“吃一堑，长一智。”在接下来的比赛中，我变得格外小心，果然打出了不错的成绩。但是因为参加训练的时间不长，又落了几节课，所以没有胜出。

最精彩的要数乙组大哥哥们的决赛了，只见他们个个从容不迫，沉着迎战，球拍仿佛被施了魔法，在他们手中运用自如，一会儿扣杀，一会儿翻板打，一会儿挑球……真是太精彩了！我们连声叫好，如雷的掌声响成一片。我由衷地佩服他们，心想：没有平时的刻苦训练，哪有现在精湛的技术？

激动人心的颁奖时刻到了，每一组的冠、亚、季军上台领奖，他们脸上洋溢着幸福与自豪的笑容，我们热烈地鼓掌，心中充满了羡慕。没有夺冠，心中不免有些遗憾，贵在参与嘛！今后一定要加油呀！我悄悄地告诫自己。

最后，德馨训练中心的全体队员，像一只只敢于拼搏、展翅飞翔的雏鹰，准备冲向更高的天空。我们昂首挺胸，伸出小手，高喊一声：“Yeah！”“咔嚓”一声，相机一闪，留下了美好、难忘的瞬间。

（三年级作品）

2011年9月21日 星期三 晴

奇怪的发现

在我们新教学楼的花园里，工人叔叔栽了许多小树，这些小树有一些枝枯叶黄，病恹恹、无精打采的，看起来好像病了一样。

有一天课间，我来到花园里，发现小树上挂着一个“袋子”，走近一看，咦？是给小树打吊瓶吗？我们人生病了要打吊瓶，难道现在小树也需要打吊瓶？我真是“丈二和尚摸不着头脑”。于是我又约上几个同学，一起来到小树跟前，仔细观察起来，“嘻！小树看起来像在‘喝奶’，也在加营养吗？”“是不是生病了？在‘打针’吗？”……大家议论纷纷。我们围着小树转来转去，并没有发现什么。这究竟是为什么呢？我们百思不得其解，这个问题把我们困扰得满头大汗。这时，我突然有了一个想法，问问科学老师去。我们一不做，二不休，急匆匆地直奔教学楼，办公室老师告诉我们，孙老师在实验室，大家气喘吁吁地来到实验室，找到了正在做实验的孙老师，我们七嘴八舌，迫不及待地把刚才的发现和困惑告诉了她。孙老师听了，笑着说：“小树没有病，只是刚栽上，还不适应这里的生活，你们看到的小树‘打针’是给它们输液呢！为了增强小树的抵抗力和免疫力，这样才容易成活呀！”哦！我们恍然大悟，高兴地互相点点头。

看来，生活处处有学问，我们要做有心人。

（四年级作品）

2012年1月8日　　星期日　　晴

我的“小邻居”

不知什么时候，我的卧室窗外来了几只可爱的小邻居——鸽子。它们在空调机上做了窝，安安心心地住了进去。

这几只鸽子个个长得结实肥壮，它们的头小小的，紫红色的嘴巴又尖又锋利，鼻子长在嘴巴上方，耳朵隐蔽在头两侧的茸毛里，眼睛圆圆的，像两颗亮晶晶的宝石。鸽子的羽毛光滑油亮，有白色、黑色、灰色，还有黑白相间的——在阳光的照耀下闪闪发光，美丽极了。细长的双腿，纤纤小爪儿，站在那里简直像一位端庄典雅的夫人。

鸽子刚刚“落户”时，有时会落到我家平台上，我喂它们剩饭菜，它们根本不搭理。后来，我在平台上放了一个食槽，把大米往食槽里一倒，就回到房间，隔着窗户悄悄地观察它们，见没有什么危险，它们就争抢着吃了起来。鸽子爱吃的食物很多，有黄豆、大米、玉米、麦子、稻谷、绿豆等。它们还经常吃平台上我玩的沙子，我觉得很奇怪，爸爸说吃沙子是助消化的。鸽子吃东西时像鸡一样，一粒粒地啄着吃，也啄进一些沙砾，帮助自己进行消化。鸽子的听觉和视觉非常灵敏，周围一有什么动静，它们便“咕咕咕咕”地鸣叫。鸽子很讲卫生，很爱洗澡，它的窝很干净。每当早晨，窗外便传来“咕咕”的声音，鸽子早早起床了，同时也准时叫醒了我。它们展开美丽的翅膀，画着大圈，飞向高空，又俯冲向大地，在阳光下画出一道道美丽的弧线，也许是在晨练，也许是在寻找食物。我观察过它们，那飞行的姿态那么轻盈、那么优美，常常让我久久地凝望。不知什么时候，鸽子们变得忙碌起来，原来是要生蛋了，它们到外面找些豆秸、茅草铺窝，准备孵“小宝宝”。果然，不久，我就听到了小鸽子的声音，看到了鸽子哺育小鸽子的忙碌身影。

鸽子是和平、幸福、圣洁的象征，我真的喜爱它们。

最后，德馨训练中心的全体队员，像一只只敢于拼搏、展翅飞翔的雏鹰，准备冲向更高的天空。我们昂首挺胸，伸出小手，高喊一声：“Yeah！”“咔嚓”一声，相机一闪，留下了美好、难忘的瞬间。

（四年级作品）

2012 年 9 月 17 日　　星期一　　晴

我的发现

今天，我上楼去练字，无意间发现我家的粗叶吊兰开花了。

太美啦！只见绿色的茎叶缠绕在楼梯扶手之上，触须都已经伸下楼来，密密麻麻的叶子遮挡住了楼梯，形成一道绿色屏障，阳光照射进来，叶子油光锃亮，显得生机勃勃。只见一簇簇芳香、美丽的花朵正藏在绿叶底下朝你微笑：有的像害羞的小姑娘，红着脸躲在绿叶丛中，不肯出来；有的抬起头来，沐浴着柔和的阳光，绽开灿烂的笑脸。花儿真奇特，由一朵朵小花组成，像一个个粉嫩嫩的婴儿，团团围坐在一起，整朵花形成了一个“绣球”。我不由自主地伸出手，拨开浓密的叶子，拢住一朵花，为吊兰开花而感到惊喜万分。这时，我突然眼前一亮，咦？这是什么？只见“绣球花”上，每一朵小的花朵顶端都顶着一颗绿豆粒大小的“珍珠”，亮晶晶、圆滚滚，像滴滴蜜汁，仿佛要滴下来。这究竟是什么？我感到十分好奇。摘下一朵花来，凑在鼻尖一闻，啊！真香啊！难怪最近几天老闻到家里有股香味，原来是它！我用手一弹，“珍珠”掉在我的手心，用手指摸一摸，有点稠稠的、黏黏的，霎时间香气四溢，再闻闻刚才的花朵，已经没有什么香气了。哦！原来秘密在这里，我明白了，花朵开放后，花蕊分泌的香气因胶化作用凝成了水珠，就是刚才所看到的那粒粒“珍珠”，花的香气就是由它们散发而出。

看到吊兰花儿开，才回想起来，前些日子所看到的吊兰的生长情况，想想还真是有趣。当时，我曾经细细观察过，吊兰茎上长叶的地方，不知什么时候伸出了一些红红的“小脚”，对，是些“小脚”，就像爬山虎的脚，当时我还感到十分奇怪，不知是什么东西，慢慢地，这些小脚渐渐长大、膨胀，最后，成了一颗颗的五角星形的花苞，一开始扁扁的，透出淡淡的青色，中间一个红红的小圆点，一天一天，花苞逐渐变得鼓起来，涨得似乎马上就要爆裂开来，但还没等你发现，它就突然间绽开了，每一个小五角星就像约好了似的，一夜间竟然全开了。楼梯上，茂密的绿叶间，挂上了一个个“小灯笼”，嫩白色的花瓣，粉红色的花蕊，像一位位百花仙子，婀娜多姿，楚楚动人。最难得的是，这些花儿既不娇艳，也不秀美，但是它朴素、无华，虽没有外表的富丽堂皇，却散发出满室的芳香，沁人心脾。每天，当阳光透过窗子，洒满房间时，这一道花的屏障更加充满生机，尤其是朵朵头顶“珍珠”的绣球花，似美玉、如凝脂，熠熠生辉，香气扑鼻，让人心生爱怜，陶醉其中。

如今，我家的吊兰已经开出第二批花儿，虽然比第一批花儿减少了很多，但花香更加浓郁，花朵也更加透出成熟的韵味，我仿佛看到了它正在积蓄浑身的力量，准备它的又一次生命的绽放。

（五年级作品）

2012 年 10 月 26 日　　星期五　　晴

生　豆　芽

今天，老师让我们写观察日记，我突然想起了前两天做的一次试验——生绿豆芽。

那天，我看到爸爸打豆浆时用的绿豆、黄豆和花生，我就问爸爸："我们吃的绿豆芽是不是绿豆变成的呢？"爸爸说："你做个试验看看吧！"

开始做试验了。我把绿豆放在小碗里，接了一点水，放到我的"试验室"里，我希望它们能快快变成豆芽。

第二天，中午放学回家后，我赶快到我的"试验室"里看我的绿豆，啊！绿豆经过一天的喝水，已经变成一个个"胖子"了。

第三天，"胖子"变得更胖了。

几天后的一大早，我兴致勃勃地去看我的绿豆，快看：我的绿豆发芽了，长出了一条条小尾巴，像小蝌蚪的小尾巴，真可爱。它们大口大口地吸着水露，像一个个贪吃的胖娃娃。把身上的绿衣服都给撑破了，露出了白嫩的肚皮。

今天已经是生豆芽的第八天了，绿豆的根已经长出来两三厘米长了，我久久地凝视着杯中的绿豆，我希望我的绿豆快快地长大，变成一棵巨大的"绿豆树"。

（五年级作品）

2012 年 12 月 27 日　　星期四　　晴转雪

跑操比赛

“一二一、一二一……文明守信！团结进取！”“锻炼身体！身强体健！一二三四，一二三四。”响亮的口号此起彼伏，回荡在校园上空。原来，第二节课间操时间，我们学校正在举行一场令人难忘的跑操比赛。

第二节课间，老师把我们带到操场上。只见操场上早已经人山人海，热闹非凡，同学们也在期待我们的精彩展示。啜！天气好冷，一丝丝寒风吹过，像一把把“柳叶刀”一样渗进骨髓，令你寒战连连，腿不停地打哆嗦。可是，恶劣的天气并没有掩盖住同学们火热的心情，只见他们个个仰着红扑扑的脸庞挺着胸膛，手抬在腰间，摩拳擦掌，准备随时开跑。我是我们班宣读跑操宣言的，我信心满满地跑到主席台上，心里默念着稿子，准备展现我们五年级 A 班的魅力。

体育老师一声令下：“跑操比赛，现在开始！”“一二一、一二一……”霎时间，整个操场沸腾起来。脚步声、口号声、鼓掌声顿时响成一片。“一班、二班、三班……”一个个班集体从我面前掠过，啊哈！终于轮到我们班上场了，我自豪地读起宣言稿：“迎面跑来的是五年级八班，他们是一个团结一致、努力拼搏的集体……”我看到了大家的矫健身姿：同学们个个精神抖擞，神采飞扬，他们竭尽全力，为班级增光添彩，只见他们眼观六路、耳听八方。看！他们步伐多么整齐！听！他们口号多么响亮：“一二一、一二一……文明守信！团结进取！”看！他们昂首挺胸！穿着整齐的校服，戴着鲜艳的红领巾。“锻炼身体，身强体健！中华健儿，唯吾德馨！”口号声嘹亮震天，雄赳赳、气昂昂，是雏鹰就要展翅翱翔，是巨龙就要腾空而起。我们五年级八班团结一心，跑出自我风采，展现出无限的魅力，成为学校一道亮丽的风景线。全场雷声如动，老师和同学们都为我们喝彩。我站在主席台上，备受鼓舞。我想：同学们和我一样，心里肯定也都是比吃了蜜还甜！

跑操比赛结束了，团队精神在这里得到了充分的体现，我深深地为同学们关爱集体、热爱集体的精神所感动。“冰冻三尺非一日之寒”啊！

如果不是我们平日的跑操练习那么认真，大家不能够团结一致地对待大赛，怎么可能取得这么优异的成绩呢？

（五年级作品）

2013年1月2日　　星期三　　晴

“小豆豆”死了

今天早晨，妈妈起床做饭时，发现鱼缸里的五条小金鱼有三条翻了白肚皮，连忙叫我起来，把这个不幸的消息告诉我。这太让人难过了，我衣服都没有穿整齐，就跑到鱼缸边。只见两条最小的红金鱼，我称它俩为小不点儿和小豆豆，不仅翻了白肚皮，嘴也大张着，气息全无，那条最大的红金鱼，尾巴特别漂亮，被我称为“大红袍”的虽然翻了白肚皮，但嘴还一张一合的，挣扎着。我正疑惑，昨晚临睡前，我还看了看小金鱼，好好的啊，怎么一夜间竟然翻了肚皮？看到“大红袍”的样子，我若有所悟，是缺氧吧？再仔细一看，果然加氧泵不再运作了，潜在水底悄无声息。哦！我猛一拍自己的脑瓜儿，想起来了，全是我的错。昨晚妈妈让我烧壶水，我在插插销时，很可能也动了加氧泵的插销，但当时我并没有发觉。唉！都怪我，我感到懊恼极了，赶紧把加氧泵的插销插上，希望还能来得及救救“大红袍”，盼望它赶快好起来。水中又冒起了串串水泡，加氧泵滋滋的响声牵动着我的心，我眼睛盯着“大红袍”，心想：大红袍，原谅小主人的冒失与粗心吧，赶紧苏醒过来吧！我们一起来做游戏。加油啊！

过了一会儿，“大红袍”果然翻转过身子，有些缓过劲来儿了，但它仍然显得那么虚弱，嘴一张一合，那么慢。可总算有了一丝生机，我高兴地把好消息告诉正在做饭的妈妈。看到刚才我那难过自责的样子，妈妈没有说什么。如今“大红袍”从死神那儿抢回了一条命，妈妈也替我高兴，她安慰我说：“别难过了，把剩下的这三条小金鱼照顾好吧。”

我手摸着鱼缸，盯着“大红袍”，心中充满无限的歉意。“大红袍”仿佛感觉到我的心思，使劲摇了摇漂亮的大尾巴，张了张嘴，好像在说：“没关系，小主人，我很快就会好起来，咱们再一起玩游戏。”我鼻子一酸，使劲地点了点头。

（五年级作品）

2013 年 7 月 13 日 星期六 大雨

大雨

今天早晨，我早早起床，朝外一看，地上一片湿，原来昨天晚上下过雨呀，又朝天空看了看，仍一片乌蒙蒙的，看来今天还是要下雨喽！

果然我说的话应验了，不一会儿，天上就飘起了牛毛细雨，一缕缕，如三千青丝，如万丈蚕丝。不一会儿雨花就变得大多了，如一粒粒大黄豆，哗啦啦地打下来，又如一个个缩小版的流星雨，带着一丝丝轨迹，从天上坠落下来了。雨，淅淅沥沥地下着，一缕一缕温柔地斜织着，雨声如春蚕嚼桑叶一般，雨中的空气很是清新，大地笼罩在一片朦胧之中，模糊得像惺忪的睡眼。透过绵延的雨帘，端详那花朵娇媚的舞蹈，聆听那小草优美的歌唱。每一株花朵，在微风的吹拂下，翩然起舞，无声无息，常带给人们百种交错的情感。为“无奈朝来寒雨晚来风”而感伤；为“春花秋月何时了，往事知多少”而无奈；为“夜来风雨声，花落知多少”而惊讶……这刹那间的美丽和遐想，让人心旷神怡。

雨渐渐收敛下来，薄薄得像一层轻盈的面纱，遮住蒙娜丽莎那神秘的面庞。走近那稍稍泛着微黄的小草，久久地凝视。经历满腹沧桑风雨的它们，仍傲然挺立，挑战强大的狂风骤雨，它们的顽强随着丝丝凉意，划过掌心，流进心中，多么惬意。我抬头瞭望云端，隐约中在云幕里飘动，犹如过往烟云，像轻纱一般停驻在远方。

雨，还是不紧不慢地下着，整整一天，带来丝丝的凉意与愁绪，带来“雨中黄叶树，灯下白头人”的幽怨与凄楚。天空，还是如此的朦胧，密密斜织的雨帘，形成诗意、淡雅而又多娇的美景。

说来也怪，我竟然喜欢上了下雨！

（五年级作品）

2013年7月20日　星期六　大雨

快乐的亲子家庭活动

今天下着大雨，外面冷冷的，但我的心却是火热的。知道吗？今天我要和妈妈一起去参加图书馆的家庭亲子活动。没想到雨却越下越大，最后我们决定，一起冒雨参加。

当我们冒着大雨，急匆匆地赶到图书馆的时候，活动已经开始了，第一轮比赛与我们无缘，而第二轮比赛可就有趣了：踢毽子。我心里顿时暗暗高兴，嘻嘻！虽然我不行，但妈妈却是踢毽子的高手，第一我们是志在必得啦！

先看看第一组家庭，一开始是姐姐踢，只踢了8个就落地了，再看妹妹的。依我看，妹妹显得更加力不从心呀！的确，才踢了3个就落地了。

终于轮到我们家庭了，第一轮，很遗憾，我只踢了1个，由于我的踢法太过于夸张，叔叔还给这种踢法起了一个名字，叫作"跆拳道踢法"，把大家都给逗笑了。叔叔给我第二次机会，我费了好大劲儿，也只是踢了2个。只好看妈妈的了，只见妈妈沉着地将毽子抛向空中，然后熟练地一个一个踢，不一会儿就踢了34个，再加上我那2个，一共是36个。

上台领奖

我们夺得了全场的第一名，收获蛮大的。

因为第二轮踢毽子我们获胜，下面无缘参加接下来的几轮比赛，把机会让给其他家庭，虽然跳绳、抢椅子我也很喜欢，但是只能当观众，为其他小伙伴加油了。

最后，我和小伙伴们上台领奖，又进行了精彩的抢答赛。我是第一个，两道题全部答对，接下来的抢答赛中还有3个小朋友答对了，全场只有我们4人答对，又得到一份小小的奖品，其他的小伙伴各领到一份纪念品。

今天真的很开心，我们在游戏中获得快乐，享受亲情；在比赛中获得自信，收获友谊。当我拿着奖品走在回家的路上，虽然小雨仍然淅淅沥沥，但却给我驱走炎热，带来不错的心情，我不由得哼起了优美的小曲。

（五年级作品）

2013 年 8 月 10 日　　星期六　　晴

吃 烧 烤

今天爸爸五点给我打电话，说要带我去吃烧烤，我可高兴了，正好好几天没有吃肉了，今天正好大快朵颐啦！

我们早早地来到了山前全羊馆，然后点菜上桌，先点了一个糖拌水萝卜，然后又上了烤羊肉、烤脆骨、烤肉、烤偏口鱼，我最爱吃的就是烤鱿鱼，它的味道，那叫一个鲜美呀！新鲜的鱿鱼配上酱料，嫩滑爽口，香醇无比，咸滋滋的、鲜鲜的，真叫人爱不释口呀！

烤脆骨的味道香香的，含有丰富的蛋白质，嘎嘣脆的骨头让人有些嚼不动，但是真的别有一番风味，味美无比。

烤偏口鱼也是我爱吃的，香香的鱼肉已经被烤成了鱼干，酥酥的鱼头、骨头，嘎吱脆，鱼尾巴都酥了，真是一道美味大餐呀！

烤羊肉是一道具有特色的菜，麻辣的胡椒粉配上嫩生生的羔羊肉，再加上一流的烧烤技术，一道具有特色的羔羊肉就出锅了，吃得我满嘴流油，好痛快！

我还喝了一罐饮料，吃了点烤猪肉，不知不觉就吃饱了，迷茫的路灯照亮了人们的心，路旁的烧烤摊是人们喜爱的好地方，小桌上，清香的扎啤散发着一阵阵麦香，搅动了人们的食欲，来上两串烧烤，喝着清香的扎啤，聊着一天的趣事，放松一天的心情。

夜深了，凉风习习，香气氤氲，好一幅温馨和谐的画面呀！

（五年级作品）

2014年1月21日 星期二 晴

乒乓小将

寒假里，妈妈又给我报上了乒乓球班，第一天去上课，就看到刚刚结束训练的那帮小朋友，正在热火朝天地进行健身运动，准备训练的小朋友正积极地做准备活动，我赶紧加入其中。

因为以前打过乒乓球，有一些功底，所以，一上台，我并不那么紧张。但是一天不练手生，何况我间断了那么长时间没有练习。第一天打还真不适应，教练发球可真快啊！一个连着一个不停歇，我呢，赶紧集中注意力应对，就像一阵疾风暴雨迎面而来，让我没有喘息的机会，只一阵儿，我就狼狈极了，不仅开始磕磕绊绊，汗水也冒了出来。

一轮下来，我坐到旁边的凳子上，不断地猛烈咳嗽起来，咳得眼泪都流出来了。教练走过来，看到我满头大汗，满脸通红，奇怪极了，连忙关心地问：“你是不是很久没有锻炼了？看你的样子，比去年可是胖多了。”我嘴上说“不是”，可是心里却想：教练怎么这么知情，一语中的，真是说对啦！由于不锻炼，胃口又特别好，大家都开始称我“小胖墩”了。李教练又叮嘱我，明天不要穿得这么多。接下来的几轮，教练明显给我减慢了练习的速度，让我有一个慢慢适应的过程。

第二天，我开始跟上了节奏，不像第一天那么累了，接球开始变得从容起来。但看到球馆里的小伙伴们，无论大的、小的，都练得那么勤奋，球打得那么好，我受到鼓舞，就赶紧帮着捡球，争取有更多的机会上台练习，因为只有不断地进行练习，才能提高自己的水平。

在今后的几天里，教练把我们几个队员按水平分小组，让我们几个打比赛。小伙伴们顿时摩拳擦掌，我呢，也有一股热血在沸腾，像一位乒乓小将，跃跃欲试。

比赛开始了，对方一个快球向我攻来，我赶紧集中注意力接球，“啪”，球又飞转而来。白色的小球像个小精灵，在“乒乓小将”们的手中仿佛有了生命。好，一个好机会来了，盯着飞过来的好球，发力！一拍子打下去。

“啪”，球擦边应声而落，让对手防不胜防。

“耶！”得分了……

“超越梦想，一起飞……”那种喜悦的感觉，让我想到了站在领奖台上的那些冠军们。

多亏妈妈给我报了这个班，“小胖子”将变成“乒乓小将”。

（六年级作品）

2014 年 1 月 30 日　　星期四　　晴

又长了一岁

“爆竹声中一岁除，春风送暖入屠苏。千门万户曈曈日，总把新桃换旧符。”每当吟起这首《元日》，我的心里总是有一股永不消散的年味儿，这一股年味儿让我的心里充满了喜悦与欢快。

大年三十，我们高高兴兴地来到爷爷家，一路上，看到路边门旁都贴着福字、春联，一些商店还没有关门，门前摆着鞭炮、烟花，一股浓浓的年味儿扑面而来。到了启翰苑小区，高高挂起的灯笼更是增添了喜气洋洋的气氛。爸爸的车刚停稳，我就一个箭步冲下去，三步并作两步蹿上楼梯，爷爷家门上的倒“福”仿佛在向我微笑，两侧的对联金光闪闪，喜气盈门。走进门，我就闻到了白菜肉馅的清香，包团圆饺子，这是每年春节家家户户都要做的事情。

大人们都在忙碌，但脸上都洋溢着开心的笑容，忙年也忙得幸福。我们小孩子也聚在一起，有时给大人打打下手，有时聊聊天，特别是我和两个弟弟，忙得不亦乐乎。春节象征全家团圆的节日，一家人不管离得有多远，过年的时候总要回到家乡，和家人一起过年。

最开心的是到楼下放鞭炮，我们哥儿几个，点上香，争先恐后地跑下楼，想做那个最勇敢的点鞭炮的人。先放那挂象征吉祥如意的、红红的大鞭炮，鞭炮声震天响，我们都赶紧把耳朵捂上。接着，我们小哥儿几个开始放起万花筒，绚丽的烟花喷射出来，五彩缤纷，美丽极了。最后，爸爸又摆出了大礼花，一个个礼花弹呼啸着飞上天空，绽出了美丽的焰火，开出了迷人的图案，大丽菊、小流星、烟雾弹、流星雨……炸响了一年的期盼，放飞了美好的祝愿。

吃年夜饭了，桌上摆满美味佳肴，我们全家人欢聚一堂，团团围坐在一起，每个人脸上都有笑意，每个人都那么亲切，大家被浓浓的年味包裹，举杯再举杯，祝酒再祝酒。一句句祝福随着祝酒送了出去，祝爷爷奶奶身体健康，祝爸爸妈妈工作顺利，祝哥哥弟弟学习进步。特别是小弟弟不停地碰杯，不停地祝愿，把大家都逗乐了，奶奶笑得合不拢嘴。

鲜美的鲳鱼，预示着年年有余，蒸年糕预示着生活蒸蒸日上、甜甜蜜蜜，鸿运当头象征着事业蓬蓬勃勃，深海鱼的香浓，小鸡蘑菇的鲜嫩，蓝鳍金枪鱼的爽口……让我们小哥儿几个吃得肚儿圆圆，大呼过瘾。

看春晚，吃饺子，看谁吃的小银子多，我们在欢声笑语中度过最难忘的除夕之夜。

新年的钟声即将敲响，我们又要长大一岁了，回忆过年往事，我的心里总是充满年味儿，总是溢满喜悦。

（六年级作品）

2014 年 5 月 3 日　　星期六　　晴

小组合作让我们更快乐

这学期，丰富而又多彩，许多的学习活动让我们十分快乐，而我们最喜欢的，却是小组合作。

自从小组合作以来，我们的学习有了很大长进，我们的小组不但变得团结一心，而且积极向上，在课堂上，听讲和成绩都得到卓有成效的提高。

同学们为什么会这样喜欢小组合作呢？因为在小组合作学习的模式下，老师由讲课者变成了倾听者，同学们在老师布置的前置性作业中，积极搜集资料，自主解决问题，把不会的问题梳理、整理，在课堂上大胆质疑，自由讨论，共同交流，相互补充，在老师的点拨指导下，同学们懂得了知识，学会了方法，更重要的是，在小组合作学习中，每一个小小的集体都团结、向上，大家你帮我，我帮你，充分发挥团结协作的精神。

另外，小组合作激发了学习的兴趣和信心，同学们会动脑思考了，敢积极发言了，能大胆质疑补充了，不仅如此，同学们在自由讨论、相互交流中认识到了合作的重要，体会到了分享的快乐。

我们小组合作学习的探究，在语文方面就尝到了甜头。上语文课时，每当老师提出一个问题，大家就七嘴八舌，各抒己见。集体智慧的碰撞让问题的答案准确而又全面，平时不敢举手发言的同学都敢于积极地站出来，大胆回答老师的问题，当然，说得不完善的地方，组员纷纷站起来补充。如果别的小组有不同的意见或见解，贝！！会有质疑、有反驳，也有补充，大家甚至争论得面红耳赤。老师微笑着倾听孩子们的精彩发言，不时投来赞许的目光，有时不失时机地插上几句。同学们或恍然大悟，或心服口服，很多问题迎刃而解。在小组同学的帮助和鼓励下，有一些不善言辞的同学，课文读得大有进步，不但流利顺畅、停顿得当，而且感情充沛，让人刮目相看。我们还开发了小组讲课模式，进行了大胆的尝试。为了把课上好，大家分工明确，积极备课。在制作课件过程中，我的收获最大，因为为了理清上课思路，我会提前把上课内容反复预习，进行梳理，分成几大板块，再上网搜集有关的资料和图片，在制作课件过程中，知识就掌握了大半。第二天，尝试着用自己制作的课件，来细细地讲给大家听。真的，那些难点、重点，在讲课过程中，不知不觉自己也就会了，“小老师”当得很成功，每当此时，同学们就很有成就感。

在完成作业方面，我们小组合作再一次发挥了妙用，组长带头学习，不断进行指导，组员们相互检查、纠错，共同进步，使我们的作业质量大有提高。

小组合作学习让我们学会质疑，激发求知欲望；小组合作学习让我们学会分享，享受获得知识的乐趣；小组合作学习也让我们懂得互助，懂得包容。我们的友谊更进一步，你帮我，我帮你，一起进步，让大家有了自信。

小组合作让我们的学习生活变得多姿多彩，小组合作让我们的学习更加快乐！

（六年级作品）

第三辑

自然篇

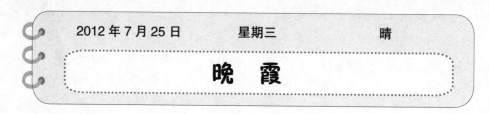

2012 年 7 月 25 日　　星期三　　晴

晚　霞

今天，我趴在窗台上盼爸爸回家，无意间猛地抬头一看，啊！天空一抹灿烂的晚霞。

晚霞真像一位爱美的小姑娘，一会儿换上火红火红的大棉袄，一会儿换上橙艳艳的花围裙，真是各种各样，千姿百态呀！

晚霞像一位魔术师，它的"魔术表演"可精彩了，一会儿一个样（变幻莫测、瞬息万变）。有时像一团团草莓味、橙子味的棉花糖；有时像一群群奔跑在大草原上的绵羊；有时会变成一丝丝红色的轻纱；有时还会变成一团团燃烧的火焰……它们变化得那么美丽，那么自然，那么迅速，那么瑰奇。

过了一会儿，云霞柔和的光芒照在我的脸上，暖洋洋的，像母亲的手抚摸我的脸颊。这温柔的阳光照在房屋上，给屋顶镀上了一层金黄的花纹；照在绿油油的草地上，犹如绿色的海洋泛起了金色的波浪。

我被这美丽的景色迷住了。这时，太阳似乎要向我再见了，只见它用尽全身的力气，吐出最后一片火红的云霞，然后伴随着夕阳的余晖，缓缓"下岗"了。只有清幽的天边，还剩下几抹淡淡的云霞，丝丝缕缕，缥缥缈缈

啊！这就是太阳留给我的礼物吧！

渐渐地，云霞越来越淡，隐隐约约有些看不见了，天空也变得愈来愈暗，猛一抬头，发现天边几颗星星在闪烁，啊！这是云霞留给我的礼物吧！

晚霞真美！

（四年级作品）

（原载 2013 年 1—2 月《全国优秀作文选》）

2012 年 8 月 7 日　　星期三　　雨

睡　莲

今天，妈妈回校招生，我跟着妈妈，又回到久违、熟悉而又美丽的校园。

沿着整洁的甬路，我在校园里转了又转，不由得怀念起快乐的校园生活。走着走着，不知不觉来到了校园东面的小水池边，啊！池里的睡莲竟然开放了。我惊喜万分，兴奋地跑过去，趴在池边，仔细观赏。只见水面上浮着一片片莲叶，挨挨挤挤的，小一些的，像一个个浅碟；大点儿的，如同圆盘。仔细观察，还能发现“圆盘”上有一个个小缺口呢！多有趣呀！你瞧，莲叶间，几朵莲花竞相开放了，它们有的伸展着花瓣，好像婀娜多姿的少女，正对着水面梳妆打扮；也有的像怕羞的少女，似笑非笑，娇嗔地望着我。黄的那一朵，文雅大方，楚楚动人；粉红的那两朵，花瓣细腻，娇小可爱；深红的那一朵，浮动水面，煞是好看；还有一朵含苞待放，惹人喜爱。我最喜欢洁白的那一朵，刚刚绽开的花瓣如冰雕玉琢一般，晶莹剔透，令人赞叹不已。莲花虽只有几朵，但散发出阵阵淡淡的清香，我不禁翘起鼻子一嗅再嗅，啊！只觉香气沁人心脾，令人心旷神怡。透过清澈的池水，几条小金鱼尽情嬉戏，怡然自乐。

这时，天空飘起了细雨，一下子凉爽起来，我沐浴着小雨，不忍离开。雨雾中的莲花更加动人。不一会儿，雨点凝成小水滴，滚动在花瓣上，弹落在莲叶间，像晶莹圆润的珍珠。雨滴打在水面上，荡起圈圈涟漪。也许是透气，许是和滑落的“珍珠”玩耍，小鱼浮出水面，张着小嘴，不停地摆尾跳跃。渐渐地，雨越下越大，已经淋湿的我赶紧跑进教学楼，隔着走廊的窗户，远远眺望雨中美丽的睡莲，那莲叶上腾起的片片水雾，衬托着清秀脱俗的花朵，透出令人惊叹的妩媚，美得难以用文字来形容，一时间我竟然陶醉了。

霎时想起我曾经背诵过的诗句：“予独爱莲之出淤泥而不染，濯清涟而不妖，中通外直，不蔓不枝，香远益清，亭亭净植，可远观而不可亵玩焉。”

（四年级作品）

2012 年 10 月 22 日　　星期一　　晴

日　落

傍晚时分，我来到楼顶平台上观日落。

夕阳已经西斜，从店子山口望去，太阳只剩半个脸，红彤彤地向大地射出特有的光辉，残阳如血，是的，夕阳是被放了血的太阳，我觉得那殷红的阳光中微微带着点金黄色，仍有点点耀眼。

远山山脊镶了一道金边，各种树木不再是青翠欲滴、绿意盎然，被秋色染了个五彩斑斓，浸染在落日的余晖中，仿佛成了一张剪纸，一张出自能工巧匠之手的漂亮剪纸。“这是夕阳送给我的最好的礼物！”我高兴地叫起来。

日落的霞光在变幻着色彩，天空中的云也在变幻着姿态，真是美不胜收啊！初看时，一堆堆白云像一群群绵羊，倏然变成一只只仪态娴雅的鹤，过了一会儿，一只浑身披着油亮羽毛的雄鸡昂然而立，再细心凝视，又像是矫健的运动员奔跑的身姿，看哪！他正在冲刺，周围是涌动的观众，还有挥动的彩旗哩！夕阳如一位大师，信手挥笔，一幅幅写意画铺满天空，实在生动极了。

太阳只剩小半边儿脸，她有点不情愿地往下滑，虽有些恋恋不舍，但还是消逝在山坳间，紧接着云霞霎时失去光彩，也渐渐地消失了。天空忽而显得高而远了。

山的金边在迅速地褪色，仿佛瞬间就被收回了那件镶着金边的彩衣，即便你不想脱下也毫无办法，只剩下黑黝黝的山岩散发着冷光，天空也变成清幽的淡蓝色，一下子干净了许多。

天空越来越暗了，幽幽的显得有些神秘，天地间蓦地垂下无比宽大的幕帘，终于，吞噬掉了西方天空留下的一抹夕阳的余晖，四周开始变得朦朦胧胧，远处的树木也变得影影绰绰，我目不转睛地盯着小小的店子山，沉浸在那迷人的景色所引起的遐思之中……

（五年级作品）

2012 年 11 月 10 日　　星期六　　雨

踩秋雨

“致远，起床啦！爸爸都已经上班走啦！”我睡梦正酣呢！妈妈像闹钟一样将我从梦中叫醒，一看，已经八点半了，我穿好衣服来到阳台上。呀，下雨了！雨并不大，看起来，天地间好像披上了一件薄纱，显得格外神秘。淅淅沥沥的雨点好像伴奏着一支小舞曲。“滴答、滴答……”

雨有时下得急，有时下得缓，雨丝儿打在窗户上，越来越密，越来越急。

“这雨什么时候才会停？下午还要去学习呢！”我小声嘟囔着。

雨连绵不断，终究没有停下的意思，妈妈只好打电话，让爸爸送我们去老师家。因为爸爸有急事，送到以后告诉我们学完后自己回家，我和妈妈一人撑一把伞下了车，下了一整天的雨，地面上已到处是清亮亮的水洼。学完乐理课，撑着伞，来到楼下；雨落在地上的水坑里，溅起水泡，落在雨伞上，成了一颗颗小水珠，顽皮地滚来滚去。秋天的雨，已有了渗骨凉意。很庆幸爸爸忙，因为我愿意漫步在雨中，街上的行人，有的撑着伞，有的穿着雨披，花花绿绿的，形成了一道亮丽的风景线。雨不紧不慢地下着，人们却紧赶着在雨中穿行。汽车匆匆疾驶而过，溅起的水花很高，一不小心就会喷湿你的裤腿，所以你要眼疾脚快，及时躲闪，也多了些情趣。走在路边石上，有时经过大树下，风儿摇着树干，许多小水珠落下来，透过雨伞，落在脸上、手上，有的钻进我的脖子里，我不由得哆嗦了一下。

一路上，我和妈妈跳过一处处的水洼，躲避着一辆辆汽车，即便是雨已经打湿我的衣服，我也毫不在乎。有时候我故意把雨伞偏一偏，让雨滴到脸上、头上，有时候我故意踏进水洼，使劲跺着脚，溅起朵朵“浪花”，哦！我愿意和秋雨戏耍。

秋天的雨，朴实无华。它没有春雨的柔，没有春雨“贵如油”的美誉；没有夏雨的猛，也没有夏雨降温去暑的作用。只是连绵不断地、悄悄地下，由于它的到来，我感觉到冬天也离我们不远了。

（五年级作品）

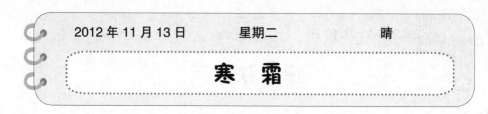

2012 年 11 月 13 日　　星期二　　晴

寒霜

昨晚，爸爸和妈妈一起去为我刻伴奏的光盘，一阵阵凛冽的寒风呼呼地刮着，街上行人很少，回家后，爸爸一边哈着手，一边说："今晚的风很凉，是刮霜风啊，明天一定会有很大的霜。"

果然，第二天，天一亮，我推开窗子，只见大地变成了粉妆玉砌的世界，像披上了一层薄薄的银衫。远处的田野、茅草、一片片雨后的清亮亮的水洼，近处的屋顶上、树叶上、路旁的草叶上都是白茫茫的一片，这是仙女撒下的一层脂粉吗？俗话说：瑞雪兆丰年。我想这寒霜也会是瑞霜，它会冻死许多害虫，农民伯伯明年也会有好收成的。可惜，我们家的楼前已经开始开发，一座座高楼矗立眼前，我想明年不会再看到那满地的庄稼了。

下霜的早晨异常地冷。我要去上学了，妈妈跟爸爸说："今天冷，捎致远一程吧！"我却说："不用，我要顺路观察一下霜。"妈妈身体不好，需要休息，我叮嘱妈妈，我走之后再躺下睡一会儿，妈妈高兴地摸了摸我的头，说："赶紧走吧，别迟到了。"

一踏出单元门，只觉一股冷风袭来，透心的凉，倒是满面清爽，口中呵出的气遇冷，白茫茫的一片在嘴边缭绕。草地上白花花、亮晶晶的一片，像是铺上一层毛绒地毯，树上挂满了霜花，银闪闪的漂亮极了。我沿着甬路踟蹰前行，顺着幼儿园，我转了个弯，从荷花池边走过，池里冒着雾气，水面上莲叶一个连着一个，像圆盘，似浅碟，挤挤挨挨的热闹极了。蒲草立在水汽之中，像害羞的少女，妩媚动人；岸边的垂柳，长发变成了白色的，玉洁冰清。我们的街心花园本来就美丽，被霜笼罩后，就变得更加别致、迷人，因为怕迟到了，我不敢久留欣赏，赶紧跨过小拱桥，大踏步地往前走。

到了学校，同学们琅琅的读书声就像一首悦耳的晨曲，我轻轻地走到自己的座位上，也拿出课本朗读起来。这时，一轮红日升起来，金色的阳光顷刻间洒满教室，看，朝阳正朝着我们微笑呢！

呵！我们不也是那早晨八九点钟的太阳吗？

（五年级作品）

2012年12月28日　　星期五　　雪

雪的三部曲

下雪

天空灰蒙蒙的，无数细小的雪花铺天盖地飘落下来，在为大地织着取暖的棉被、大衣……我遗憾地说："为什么不飘鹅毛大雪？再大一点，再大一点吧！"妈妈小声说："这样的雪更容易下大，等着看吧，会是一场大雪。"果然不出所料，雪有时簌簌如撒下雪沫儿，有时纷纷扬扬如撕碎的棉絮、鹅毛，一会儿"唰唰唰"快速落下；一会儿洋洋洒洒、慢悠悠撒落，飘飘洒洒，一整天都没有停下来，地上的积雪在我的期望中，不负众望地一点点地变厚了。

赏雪

纷纷扬扬的大雪潇潇洒洒地下了一夜又一天，第二天，整个世界变成了一望无际的银色的海洋。

小区内，郁郁葱葱的林带，一改往日翠绿的装束，已换成洁白的银装素裹。高高的白杨树枝就像一把把利剑，银光闪闪直插云霄。苍翠的针叶松，纹丝不动地挺立在那儿，高傲地接受着风雪的洗涤；针叶上积满了毛茸茸、蓬松松、沉甸甸的雪球，像披上了洁白的外套。垂柳的枝条不再显得那么单薄，变成亮晶晶的银条儿。冬青树上面缀着的白雪，就像朵朵含苞待放的白梅花灿然怒放，漫步街心花园，就像走进童话般的世界！

我踏在洁白的雪地上，犹如走在厚厚的地毯上。"咯吱咯吱"，一路留下深浅不一的脚印，而我仿佛做了一件不该做的错事，看到晶莹剔透的雪儿被踩得面目全非，不忍心再往前走半步。情不自禁地停下脚步，缓缓地蹲下身子，从地上轻轻地捧起一捧雪，小心翼翼地送在嘴边，伸出舌尖一舔，啊！凉飕飕的。旁边的一个小弟弟，蹒跚着踏雪，也抓起雪往嘴里送，妈妈在一边不停地说："看看雪是什么颜色的？尝尝雪的味道是什么？”她是在大自然中给孩子上第一堂常识课。还有一对母女，妈妈穿着洁白的羽绒衣，女儿那件是宝石蓝色，一白一蓝，对比鲜明，踏在雪地上到处留影，并邀请我给她们母女合影，也许，她们想把这冰天雪地瞬间定格，留在记忆中。

啊！白雪，你是冬天的使者，给整个大地带来了无限的纯洁和美好。

啊！白雪，你是欢乐的小精灵，给人们带来不寻常的快乐与喜悦。

玩雪

第二天，雪停了，太阳出来了，万道金光照射在茫茫雪地上，让人睁不开眼睛。在清晨的阳光下，雪地幻映出一道道美丽的、耀眼的银光。

我们可乐了，在雪地上堆雪人、打雪仗，五彩缤纷的羽绒服在雪地上格外鲜亮夺目，人们都跑出来欣赏雪后的美景。

远处的小小孩童在爸爸妈妈的帮助下，认真地堆着各式各样的雪人：大的、小的，像欢乐的一家人，栩栩如生。

大一点的孩童，在雪地里彼此追赶着、欢呼着，时不时抓起地上的、树上的、草地上的白雪，用手团成雪球，向对方扔去，“啪”的一下开花啦！我和妈妈也不例外，穿上厚厚的棉衣，戴上手套，有备而来，准备痛快地打雪仗。树上的白雪犹如盛开的梨花，雪花在阳光的照耀下，显得那么洁白、那么美丽、银光闪耀。我拿起一个冰冻住的矿泉水瓶往树干上一敲，哈！雪花纷纷从树上落下来，飞落在我的头上、脸上、衣服上，我仿佛置身于花的海洋。麻雀也不甘寂寞，从这个枝头跳到那个树杈，叽叽喳喳，闹个不停。

走到大街心，好美丽的一个去处，大雪覆盖，玉洁冰清，湖面结冻，晶亮耀眼，小桥、垂柳别有一番情致。

不好，妈妈趁我不注意，突然向我进攻了。我赶紧蹲下来，团起一个大雪球向妈妈反击。妈妈躲在一块大石头后面，隐蔽得很，我的“雪雷”时时落空，而妈妈并不给我喘息的机会，雪球一个接一个迎面而来，我只好以旁边的一棵树作掩护，左躲右闪。妈妈蹲下去了，半天没露面，也许在团雪球吧？这正是我休整的机会，我赶紧跨过眼前的小水沟，准备到对岸，那边的雪很厚，可以有力地对妈妈进行反击。没想到求胜心切，犯了大忌，一不小心，在小水沟里一下子滑倒了，那个地方的冰薄，我一下子摔进了水坑里，不好，棉袄、鞋子、裤子全湿了，瞬间我的肌肤感到了一阵冰凉，水淋淋的还沾了一身泥巴。真扫兴，雪仗不能继续打啦！

“赶紧回家换衣服吧！小心感冒！”在妈妈的催促下，我噘着嘴巴，狼狈不堪地回了家。

（五年级作品）

2013 年 4 月 22 日　　星期一　　晴

美丽的连翘花

寒意料峭的早春过去了，随着春意渐浓，百花齐放的盛春到来了，盎然的春意包裹着世间万物，暖暖的、柔柔的，舒服极了。“草树知春不久归，百般红紫斗芳菲。”花儿们都尽力绽放最美丽的一面，扮亮整个天地间。

我们小区里，有许多金灿灿的花朵，一开始我以为是迎春花，回家一问，哦！原来是连翘花。寒冬一过，连翘花积蓄了一冬的力量，绽出了小小的花苞，花苞并没有什么特别之处，只是一个个绿色的小豆豆，再过了些日子，小豆豆逐渐长成一些纺锤状的花苞，花苞渐渐膨胀，突然有一天，金灿灿的花儿怒放枝头，一片美丽的连翘花。连翘花貌似迎春花，但它们之间也有差异，我仔细观察过，迎春花的花状如小喇叭，背面透出红色，通常只有六个花瓣；连翘花的花较迎春花大一些，只有金黄一种颜色，非常鲜艳，花朵是四个瓣。迎春花的藤条顺着地面，攀着墙壁，吹起无数的“小喇叭”；连翘花是矮小的灌木，枝干伸向天空，捧出一片耀眼的金黄，真是美丽呀！

瞧！连翘那美丽的黄花别有一番情趣。在习习的暖风中，在明媚的阳光下，一朵朵小小的黄花向天真的孩子露出灿烂的笑脸。仔细一瞅，这颜色怎么搭配得那么恰当。再浅一点就不会那么耀眼、艳丽；再深一点就不会有透明感，倒会觉得有些黯然神伤的感觉。微风拂过，“真香啊！”我使劲吸了吸鼻子。那小黄花探出头来，好奇地张望着周围的事物。连翘花有的含羞待放，黄色的花瓣鲜嫩可爱；刚刚绽放的花朵随风摇曳，几只调皮的小蜜蜂钻了进去；盛开的连翘像婴儿的脸庞，透着喜悦。放眼望去，金灿灿的，充满生机，惹人喜爱。

我爱连翘花，她像是降落人间的仙子，我爱她的无私奉献，也爱她的朴实无华。

（五年级作品）

2013 年 4 月 30 日　　星期二　　晴

樱 花

晚春已过，夏天悄然而至，大地处处充满绿意盎然的生机。一棵棵树苗沐浴着春风、春雨渐渐长大，已经变得枝繁叶茂；一株株小草，舒展着柔软的腰肢，嫩生生、绿油油，让人心生怜惜之情，不忍踩踏半步。桃花、杏花也开始羞红了脸，微微绽放。此时此刻，樱花更是开放得热热闹闹，处处花团锦簇，争奇斗艳。

在我们小区里，有许多樱花树，单片的樱花在四月份早已开过，现在正是双樱烂漫的时节，远远望去，层层叠叠，一团团、一簇簇，美丽极了。樱花树的树干并不很高，树皮有些粗糙，摸起来十分棘手。一开始，满树的花苞一嘟噜一嘟噜，由小变大，由青到红，慢慢地花苞越来越大、越来越鼓，终于绽开笑容，再过两天，在不经意间，已是满树的花朵，淡黄色的雄蕊包围着紫色的雌蕊，粉红的花瓣展开，随着花朵开放，颜色愈变愈浅，晶莹透亮，十分好看。我因为喜爱樱花，经常趴在树前仔细观察，一朵朵花儿好像藏着一个个小精灵，我总想伸手去摸，又怕惊动了它们的美梦。一阵微风吹过，满天星星一般的花朵在叶间频频点头，像是在向我们微笑、招手。樱花的颜色很多，白的、粉的、红的、紫的……花谢之时，大风吹过，樱花便飘落下来，洋洋洒洒，啊！花瓣雨，花瓣雨，洒落人间，如诗如画，美丽极了。花瓣雨有时落在地上，扑大地妈妈的怀抱；有时撒到人的肩膀上，似乎与人们悄悄絮语，仿佛仍在留恋美好的春天，微风拂面，花瓣雨飘过脸庞，阵阵香气扑鼻而来，沁人心脾。

赏花，闻花，赞花，你就会不知不觉地陶醉在这绚烂的、美不胜收的樱花雨中，令人流连忘返。

（五年级作品）

2013 年 9 月 10 日　　星期二　　晴

海边观夕阳

今天晚上有个音乐会，我们打算到海边游玩，下午，我们就上了路。

汽车飞快地“奔跑”在柏油马路上，半小时后，我们就到达海边。一下车，我就奔向海滩，迎面而来的是飒飒的海风，软绵绵的沙滩一望无边，当我在礁石上休息时，猛一抬头，忽地看到远处海面上一轮夕阳。

偶然的一次音乐会，使我欣赏到了海边的夕阳有多美，虽然是无意间的，但是我却感到了大自然的瑰丽、神奇。

到达青岛音乐厅时，离音乐会开始还有近三个小时，我们就近找了一家餐馆吃了饭，还有很充裕的时间，爸爸建议，到海边走走吧！我们沿着海堤散步，向西眺望，栈桥近在眼前，海面上偶尔有海鸥飞过，那边的沙滩上落了一片。近处，有几个人提着小篮子在赶海。我倚在栏杆上，只见夕阳西下，一轮红日仿佛漂浮在海面之上，她是那么红艳，洒下的光辉在海面上流动着，碧蓝的海水被渲染成了金灿灿的一片，啊！好美啊！红红的流光好像千万把利剑射向四面八方，火烧云“烧”起来了，在金光周围游荡，使夕阳看起来那么的神圣，那么的迷人。

夕阳周围的云霞像金纱，像皇冠，为夕阳加冕。它们一会儿变成金黄色，一会儿变成橙红色，洒下赤朱丹彤，绚丽多彩，变化无穷。

云霞的形状更是形态各异：一会儿像群绵羊，一会儿像浮出海面的一条大鲸鱼，大鲸鱼游走了，又来了奔腾的马匹……

夕阳像个红彤彤的大火球，但是收敛了耀眼的光芒，变得柔和，它真是大自然的杰作，它多么像伟大的画家用饱含的彩笔，在无比宽大的幕布上，勾勒出的一幅绚丽图画。夕阳落入海面，把自己最后的一点光辉洒向海面，渐渐地，最后一点光辉也消失了，海面上波涛霎时间失去了光彩。夜幕降临了，清幽的天空中，月亮和星星悄无声息地升起来了，银辉洒下来，海面波光粼粼，又成了一幅幽冷、银色的画卷。

我抚摸着脸上夕阳照射过的余温，带着无限的向往与留恋，离开大海边，走向音乐厅。

蓦然回首，海面上跳动的月光、波光渐渐地构成了一幅和谐的画面。

（六年级作品）

站在栈桥边 海边观夕阳

夕阳映红我的脸

2013年10月5日　　星期六　　晴

秋风里行走

秋风里行走，观海看山，读书读景。我们跟着老师，一起去登观象山，进行了一次有意义的读书交流活动。

一到山脚，我们仿佛进入了天然氧吧，大树像一把把清凉的大伞，为我们遮住了热情的太阳光。绿茵茵的小草上有着一连串的水珠，亮晶晶，一闪一闪，真是美极了。潘老师提了三个问题：你看到了哪几种景物？给你留下深刻印象的景物有哪些？一路上你的感受是什么？

登山路上，我们用心去感受，用耳朵去倾听，用眼去观察。啊！我看到了和煦的阳光、变黄的树叶和晶莹的露珠；我听到了风儿的“沙沙”声、小蟋蟀“唧唧”的叫声，还有我们踏秋的脚步声、讨论的欢笑声。我凝神聆听，似乎听到了露珠和草叶的絮语……站在林间小道上歇息，老师突然提问：“你们发现了什么？”我回首仰望，太阳被树叶遮住了，阳光透过叶子的缝隙，有些羞羞答答、躲躲闪闪，仿佛在和我们捉迷藏。银杏树的叶子开始变黄，像金灿灿的小扇子；路边的小野果像串串珊瑚珠，有的红得晶莹剔透，有的黄中透亮，有的还是淡青色，有的小伙伴忍不住摘上几颗。放眼远眺，我们感到秋正向我们走来。

一边走、一边说、一路看、一路笑，不知不觉就来到了山顶。蓦然发现一座小茅屋，红红的屋顶，矮矮的篱笆墙，篱笆墙上攀满了牵牛花，紫的、蓝的、浅粉的、纯白的……盛开的、半开的，还有的是小小的花骨朵。我发现一只小蜜蜂往花朵里面钻；蝴蝶在一旁翩翩起舞；小螳螂站在牵牛花的花须上，挥舞着大刀，被我们拍了好几个特写；一条毛毛虫沿着花朵兜圈子，不小心落在石头沿子上，又滚落在草丛间。哈！这里原来还是昆虫的王国。抬头看，丝瓜攀在篱笆上，爬到房顶上。黄黄的花儿，绿绿的瓜儿，瓜儿好像有了思想，挂在屋檐下，趴在瓦片上；盛开的牵牛花仿佛也知道登高望远的道理，顺着槐树枝干往上攀爬，爬得那么高，绽放在枝叶间。目光穿过篱笆墙，我还看到了大白菜、小油菜、五彩的辣椒……我想：这座小屋肯定住着人，房屋的主人在精心经营他的小菜园呢!

站在山头，向西、向南远眺，红瓦绿树，碧海蓝天，夹杂上了斑驳的黄色，美丽的岛城已沉浸在一片秋色、秋韵中了，双子教堂的红色小房顶吸引了所有人的目光。

在紫藤长廊的尽头，我们围在潘老师身边，交流刚才的所见所闻，交流自己的读书体会。大家争先恐后，各抒己见，气氛相当热烈。

哦！秋风里行走，如果心是敞开的话，你就会发现景是美的，事物是美的，人也是美的。用眼睛去发现美吧，用心灵去感受美吧，因为你是快乐地行走在风景中的人。

（六年级作品）

（原载《中华小作家》2014 年 4 月第 1 版）

观象山山脚合影留念

登上观象山顶

2013 年 12 月 20 日　　星期五　　小雪

2013 年的第一场雪

今天在教室里，我们正在上品德课，忽然，一位同学喊："下雪啦！下雪啦！"我们连忙挤到窗前看。雪，漫天飞舞，望着纷纷飘落的雪花，不禁想起那个唯美的让人心痛的比喻。"这是天堂遗落的花苞，在弃离的过程中带着伤痛，缓缓绽开，一瞬间枯萎，花期是天地间的距离，谁也无心责怪它的勉强。"我想着。只因为这个比喻，我希望天地间的距离越远越好，为了那弃离的花苞多一点时间绽放，然而无论多远，它们终究是落下了，似乎义无反顾，没有丝毫犹豫，融入大地的怀抱。

此时，感慨颇多，是觉得被天堂遗弃，自有大地欢迎，还是固执地保持着那份矜持与冷艳。总之，那样落下了，那样溶入毫无痕迹的水波里，谁也不知道那片水是多少片雪花融化的结果。那如小精灵的雪花，打着旋儿随着刺骨的寒风纷纷而下，如鹅毛柳絮一般，很轻很轻，在风中却飘得很快很快。

雪仍然纷纷扬扬地飘洒着，过了一会儿，忽地猛了，想把世界吹成一片洁白。那也好，纯粹的世界像一颗纯粹的心，是繁华落尽的结果，世界本应就是如此，只是被虚华的浓妆掩盖了而已。

今日的雪似乎并不成花形或星形，我想伸出手，轻轻接住一朵盛放的雪花，它却在我手心瞬间融化，不留给我一点欣赏的时间，我垂下手，算了吧，每片雪花都有自己的轨迹。再一转头，忽然发现，同学们才是最高兴、最开心的，只见有的东蹦西跳，跳着滑冰；有的接下一朵，放进嘴里来尝一尝雪花的味道；有的戴好帽子，下楼和雪花共舞；还有的凝视着雪花一动也不动，任凭它们落在头上，落在脸上，落在身上。看来大家都被雪花给吸引了，哪里顾得上冷，都跑到校园里玩雪。

可惜的是，雪只下了一会儿便停了，这就是 2013 年的第一场雪，来得快也去得快，它预示着冬天已经来了。

（六年级作品）

第四辑

行走篇

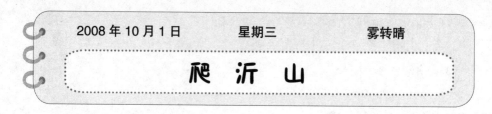

2008年10月1日　　星期三　　雾转晴

爬 沂 山

清晨起床，透过窗户，只见迷迷蒙蒙的一片，雾好大呀！今天，我们要去爬沂山，为了安全，只有等雾消了才能出发。我和姐姐等啊！盼啊！可是大雾才不管我俩有多着急，好像故意和我们捉迷藏，迟迟不肯散去。一直等到十点多，房子啊！树啊！渐渐变得清晰起来。

姨夫说："走！进军沂山，快乐小分队，出发！"

"噢！"我和姐姐高兴地欢呼起来，一口气直奔楼下。

一路上，汽车开得飞快，路好远啊！直到肚子饿得"咕咕"叫，我们才来到沂山脚下，吃过午饭后，已是下午两点。

上山的路很窄，也很陡，游人太多了，有上山的，也有下山的，我们先驱车沿着山路行进，坐在车上，每当转弯或陡坡时，我的心就紧张得揪起来，最后干脆下车，徒步往上走。

开始爬山了，我觉得我像一个探险者，穿梭在杂草丛生的小径上，到玉皇顶这一段路崎岖、陡峭，有些时候不得不手脚并用，的确是在"爬山"了。不一会儿，我的头上就冒汗了。但我一点也没有退缩，也没有让妈妈拉我，妈妈一边鼓励我，一边提醒我留神脚底下。一位爬山的奶奶摸了摸我的头，笑呵呵地说："这小家伙，真行！"听了奶奶的话，我觉得自己更有劲儿了。

终于攀登上山顶，我和姐姐欢呼起来，山风吹过来，我擦了擦头上的汗，长长地舒了一口气。站在山顶上，向西远眺，只见一个山头连着一个山头，莽莽苍苍，远的群山显得雾气蒙蒙。这时，我想起妈妈教我背的一句诗："会当凌绝顶，一览众山小。"再往东看，山势比较低，远处，一层层的，很好看，妈妈说那是梯田。树木掩映间，好像还有几户山里人家，一块巨石探出半个身子，上面写着"探海石"三个大字。

钻山洞，照相留念，采摘树叶……我把快乐留在山间，也把美好的回忆留在这里。

（一年级作品）

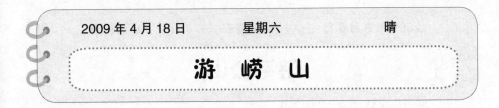

2009年4月18日　　星期六　　晴

游崂山

星期六早晨，天还没亮我就起床了，今天，我们要去爬崂山。

汽车飞快地奔向崂山，只见窗外一座山连着一座山，像龟背，像火车……不一会儿，就来到山脚下。一下车，啊！一座巨大的雕像立在眼前——东海观音。

开始登山，我很开心，边走边看，崂山真美呀！山间绿树红花，一块块巨石千姿百态，有的像驼峰，有的像龙嘴……还有的巨石仿佛要从山上滚落下来。大自然真是神奇！我不由得赞叹。爬到半山腰我和润润弟弟就满头大汗了，一位老爷爷夸奖我们："这小朋友真行。"听了爷爷的话，我们一点儿也不觉累了。

终于爬到山顶，我们欢呼起来。向东远眺，我看到了蓝蓝的大海，海面上小船、小岛隐约可见。

我们爬上那罗延窟，这是一个巨大的石窟，抬头能看到天空，据说有位仙人从这儿飞天而去，望着窟顶露出的蓝天一角，我一直在想，这位仙人肯定法力无边，竟然冲破山洞而去。

下山后，我们来到大海边玩了一会儿，才依依不舍地回家了。

（一年级作品）

2009 年 8 月 6 日 星期三 小雨转晴

游毛公山

星期天早晨，我、润润弟弟和贝贝、甜甜姐姐组成“探索之旅”小团队，跟着妈妈一起去毛公山旅游。

来到山脚下，抬头仰望，啊！好美呀！只见山石耸立，绿树葱茏。开始登山了，我们几个小伙伴遥遥领先，一路上叽叽喳喳，就像快乐的小鸟。导游叔叔告诉我们，这山以前叫青峰山，可是不久前，来观光旅游的人们无意间发现了酷似毛主席的一尊石像傲立山头。后来，毛主席的嫡孙毛新宇在 2009 年 5 月 26 日，同夫人一起登山，瞻仰石像，亲自种下白皮松以作永久的纪念。如今，此山被称为毛公山，石像被称为“毛公石”。

听着叔叔的介绍，一路上听着毛主席赞歌，不知不觉到了山顶，但是大家都累得气喘吁吁、满头大汗了。正当我们坐在石头上休息的时候，一位老爷爷指着东面的山头：“快看！毛主席石像！”顺着老爷爷手指的方向，极目远眺，果然看见一块巨石，宛如毛主席雕像，他昂首挺胸，目视前方，正侧对着我们，大家都赞叹：“太像了！连神态都那么相似！”

望着伟人的巨大身影，我们高兴地欢呼起来：“毛主席！毛公石！”

（一年级作品）

2010 年 7 月 30 日 星期五 晴

夜游五四广场

乘着夜色，我们出发了。汽车飞快地行驶在马路上，路边已是华灯初上，万家灯火，令我眼花缭乱，目不暇接。

来到五四广场，我眼前突然一亮，好壮观呀！只见一座火红的巨大雕塑——五月的风矗立在广场中央，发出火红灿烂的光，中间一个巨大圆球，广场上人山人海，有的打太极，有的跳舞，有的学轮滑，还有的踢毽子……最有趣的要数和人们一起拍照留念的“小动物”了，憨厚可爱的维尼熊、聪明可爱的喜羊羊、热情好客的跳跳虎、惹人喜爱的米老鼠。许多小朋友拉着自己喜欢的小动物，“咔嚓”一下，留下美好的回忆。

我们来到工艺小街，只见货架上琳琅满目，色彩斑斓，各种各样的工艺品美不胜收，使人眼花缭乱。那些用海螺、贝壳做的装饰品：有趣的小乌龟、惟妙惟肖的十二生肖、可爱的小刺猬……栩栩如生；亮晶晶的手链、五颜六色的风铃、小帽子……奇特有趣。还有珍珠、珊瑚、美玉……美丽异常。在这里，我见识了世界上著名的海螺——凤尾螺。我非常喜欢，就问了问价格，“1200 元。”叔叔答道。“太贵了！”我不由得伸了伸舌头。叔叔笑着说：“这么大的凤尾螺，可是世界上罕见的。”我想：真是物以稀为贵呀！

穿过小街，我们来到音乐广场，好热闹啊！跳舞的、唱歌的……最引人注目的是草坪中间的一座雕塑——中国音乐家、国歌的曲作者聂耳。他从小喜欢音乐，因为耳朵特别灵，改名聂耳。

沿着堤岸，我们转到奥帆基地，因为是晚上，没有开放，我们只好沿着有各色国旗的甬路散步，我看到了许多有趣的东西：小艇、奥运五环、祥云火炬、“冒险鸭”游泳巴士……让我大开眼界。

凉风习习，我遥望海面，只见对面家乡青岛正敞开她宽广的胸怀，伸出她热情的双臂，迎接来自五湖四海的游客呢！

（二年级作品）

2010 年 8 月 1 日　　星期日　　中雨

黄岛一日游

今天早晨，爸爸早早把我叫起来，我揉了揉眼睛，睡眼惺忪地问：“干吗这么早？”爸爸刮了一下我的小鼻子说：“走！今天去黄岛旅游。”听到这个消息，我一骨碌爬起来，在床上跳了几下，大喊一声：“太好了！”

我们很快整装出发，我认识的第一个朋友是林逸飞，汽车飞快地行驶，路上，我们如约会合，又认识了几个新的小伙伴：张越、凯文。大家一起出发了，我们一边欣赏窗外的美景，一边说说笑笑，不知不觉就来到黄岛，黄岛的两位小朋友又加入我们的团队。

我们先去了动物园，看到的第一种动物是虎皮鹦鹉，它的嘴尖尖的，见了我竟然开口叫了一声：“你好！”让我开心不已。我发现虎皮鹦鹉的羽毛很漂亮，有红色、蓝色、白色、金黄色……身上还有猛虎斑纹一样的美丽条纹，我想：“这就是虎皮鹦鹉名字的由来吧！”我扔给它一粒花生米，它灵巧地用嘴巴接住，小家伙儿可真聪明，我不由得赞叹起来。

最有趣的要数动物表演了。小红马飞快地跑着，马背上还背着只老虎。第二个上场的是两只熊宝宝，别看它们很胖，但是它们既聪明又灵活，会骑自行车，会走钢丝，会翻跟头，还会跳高。第三个是小猴子和小山羊，小山羊走上了一座很细很细的钢丝桥，它慢慢地、小心翼翼地走着，小猴子呢，在小山羊的角上，一会儿拍手，一会儿倒立，紧张得我心都提到了嗓子眼儿，我真为它们捏了把汗。老虎、狮子为人们表演了精彩的杂技，博得人们阵阵热烈的掌声。

金沙滩吸引了大批中外游客，我们也慕名而来。沙滩上的人好多呀！有的捡贝壳，有的游泳，有的奔跑追逐，还有的捉鱼。我赤着脚，和张越一起玩沙、捉螃蟹，玩得可开心了。夏天的天娃娃的脸，说变就变，玩着玩着，倾盆大雨突然哗啦啦地下起来，而且越下越大。“不好！下大雨了！”我大叫一声，顾不上穿鞋，提着鞋，飞快地朝车里跑，等到车门边时，我已经变成落汤鸡了。衣服、裤子全湿透了，幸亏车上还有衣服，我赶紧换下衣服，把湿衣服装进袋子里。

黄岛的阿姨给我们小朋友一人买了两本书作为纪念，我们互相道别后，才依依不舍地回家了。

（二年级作品）

2010年9月24日 星期五 晴

秋游大泽山

今天，爸爸和同学相约聚会，我跟着爸爸、叔叔和阿姨们去大泽山游玩。

一路上，我们几个小伙伴叽叽喳喳，就像快乐的小鸟。汽车飞快地驶向大泽山，路好远啊！但一边欣赏着路边的景色，心情也不错。到了山脚下，举目远望，山势连绵，郁郁葱葱，真是美极了。

开始爬山了，我和张越遥遥领先。只见果树漫山遍野，红红的山楂，一团团、一簇簇，像调皮的孩子围坐在枝头；又大又红的苹果藏在绿叶间，向我们频频点头；桃子像拳头一般大小，没有成熟的是绿色，身上还长着一层茸毛，在桃子成熟的过程中，颜色由绿渐黄，成熟的桃子白中透红，诱人极了，真想狠狠地咬上一口。山坡上，有大片的枣树林，枣子挂满枝头，火红火红的，像一串串小灯笼，也像小朋友绽开的笑脸，欣喜地向人们报告着一年一度的收获季节到了。爬山过程中，我还发现草丛中有许多活蹦乱跳的小蚂蚱，这让我们兴奋极了，我和张越弟弟小心翼翼地寻找起来，不一会儿就逮到了几只。

最引人注意的是葡萄园，葡萄架子一望无边，那密密实实、郁郁葱葱的叶子下，数不清的葡萄，一大串一大串从架子上垂挂下来，有的像嫩绿透明的翡翠，有的像紫红色的玛瑙。“水晶”葡萄晶莹剔透，像用水晶雕刻出来的一样；“红玫瑰”葡萄，紫中透亮，犹如一串串珍珠。我们迫不及待地摘下几串，尝一尝，真甜啊！怪不得大泽山葡萄驰名中外呢！果然名不虚传！我们登山、赏景、摘葡萄，聚餐，玩得很开心。

下山时，我们买了许多盒大泽山葡萄，回去让家人、朋友们也尝个鲜。

（三年级作品）

2011 年 4 月 30 日　　星期六　　晴

春游鹤山

今天天气真好呀！姨妈一家回来度假，妈妈带着姥姥、姨妈全家去爬鹤山。

汽车飞快地行驶在马路上，我迫不及待地给姐姐讲起鹤山的美丽与神奇，还说起去年我们路上见到的那像神仙的手掌的山峰，逗得姐姐一边伸直脖子向窗外张望，不停地追问："在哪儿？在哪儿？"

不知不觉鹤山就在眼前了。只见山上到处是春姑娘的足迹，草啊花呀处处传递着春的讯息。那一块块巨石，浑然天成，高高耸立，让人担心：会不会滚落下来呢？那千姿百态的样子更让人惊叹于大自然的鬼斧神工。仙鹤梳羽、双象送龟……栩栩如生，恰如其分。我和姐姐真的一边数起来：这是只小乌龟，哎！又一只，那是骆驼……

开始爬山了，我和姐姐遥遥领先。我俨然成了小导游，"招鹤回鸣"的传说，"水鸣天梯"怎么回事。"在那里凝神击掌，你会听到仙鹤天籁般的鸣叫，让人油然而生'烟波江上不解愁，黄鹤飞离鹦鹉洲。仙山还是鹤山好，海阔天空任遨游'快哉！快哉！"见我陶醉的样子，姐姐瞪大眼睛看着我，一脸的惊讶："你什么时候成诗人了？"她哪里知道，我每年都要登几次鹤山，鹤山的旅游导航册我也背得滚瓜烂熟。姐姐顾不得累，一直就催："快点！快点！"林间的小鸟快乐歌唱，花丛间的蝴蝶翩翩起舞。为赶紧领略到鹤叫、水鸣声，这些似乎都不再吸引我们。结果，等妈妈和姨妈她们赶过来时，我已经和姐姐在水鸣天梯处反反复复、上上下下跑了五六回，有时她在台阶上跑，我趴在上面听，然后互相交换，我跑她听，乐此不疲。行人们走得越多，水鸣声就越响，真是太神奇了！

滚龙洞、一线天、沐浴盆、铁拐李的脚印……都给姐姐留下了深刻的印象，我俩还在铁拐李的脚印中留下我俩的脚印，姐姐还说沐浴盆那么小，水也没有几滴，唯一能见的那几滴水还是黑的，不是她想象中的沐浴盆。

不过登上山顶的感觉真好，向东远望，海面辽阔无垠，海风扑面迎来，格外清爽，也就把小小的沐浴盆抛在脑后了。

下山后，我们还开车来到海边，在海滩上堆沙子城堡、捉小螃蟹……

“哗、哗……”快乐随着浪花涌上岸滩，又调皮地跑回大海。

（三年级作品）

2011年10月1日 星期六 阴

参观蔬菜园

今天是国庆长假第一天，姑姑要带我们参观蔬菜园。清晨，我们就出发了，虽然天阴沉沉的，但也抑制不住我们哥几个的兴奋之情。

一路上，美景无限，树啊、草啊、花啊，一切都变得那么美好。汽车飞驰，我的心也在飞，早就飞到了蔬菜园。

当我们欢呼着跑进蔬菜园参观基地，大家不由得睁大双眼，说实话，在市场、超市，我们看到过无数的瓜果、蔬菜，但还真没有见到它们如何长在地里，挂在枝上。今天，随着参观，我们几个不断发出惊呼声、赞叹声，收获到的是一个个惊喜，一阵阵喜悦。

走进蔬菜长廊，远远望去，走廊里挂满了鲜艳的“灯笼”，真是灯笼开会。走近，看到的是南瓜长廊，走廊上挂满的南瓜，有橘黄色的、青色的。大的和西瓜一样大小，小的像小灯笼一样，高的伸手摸不着，低的还要蹲下来观赏，走在长廊里，不小心就会撞在“灯笼”上。向前走，我们又看到了长丝瓜和苦瓜，丝瓜的皮光滑一些，苦瓜可就难看多了，像癞蛤蟆皮。形状却是差不多，长的和擀面杖一样粗，比擀面杖还要长。细的和我的手指一样粗细，放眼望去，长廊里悬挂着密密麻麻的“长蛇”，还真让我有点害怕。我们接着走进了好几个蔬菜大棚，里面有西红柿，有红色的，有黄色的，有青色的。大的比我的拳头大，小的和我的拇指肚一样大小。最奇异的要数七彩椒了，小小的一株植物上，挂满了五颜六色的果实，令人叹为观止。

在有些大棚里，我们还看到北方没有的植物，有的来自美洲各国，使我们大开眼界：有木瓜树，树叶子很大很大，每一片叶子的叶柄都很长很长，就像孔雀开屏似的伸向四周，叶子中心聚集了一大堆的果实，爸爸出差时给我捎回过木瓜，妈妈也曾从超市为我买回几次，真没想到木瓜的果实竟是这样结在树上，真像有趣的婴儿宝宝紧紧地依偎在妈妈的怀抱。菠萝的叶子像剑麻，尖利地伸向天空，叶子中间，只坐着一个菠萝宝宝，和多产的木瓜大不相同；金橘树上果实累累，绿油油的叶，金灿灿的果，煞是好看。随着弟弟的欢呼，我们看到了火龙果，木架上，一个个火龙果让我们爱不释手，以前只吃过火龙果，但从未看到过叶子，火龙果的叶子像令箭荷花，只是更长，更壮，果子没熟的是淡青色、淡黄色、淡红色，成熟的则紫莹莹的，红得鲜亮。一个、两个……我们争着数果子，见我们喜欢，爷爷摘了一个送给我们。这时哥哥又在前面呼唤："快来看！是杨桃！"赶紧跑过去看时，我不由得张大嘴巴，情不自禁地喊："妈妈，快把它们拍下来，原来杨桃是一串串的，绿叶间的果子多得数也数不清。"前两天我们刚吃过杨桃，它汁水丰富，有些酸酸甜甜，但也带着一点点涩味，横切开的杨桃像个五角星，特别好看。今天看到树上的杨桃，我对它有了更深的了解。还有许多没看到过、听说过的植物，西番莲、番荔枝、莲雾……真是目不暇接，既大大开阔了眼界，又增长了不少知识。

出了蔬菜大棚，我们哥几个仍兴致不减，谈论着刚才看到的奇珍异果，继续参观。沿着甬路，两排松树，仿佛列队的士兵在欢迎我们，这些树有的被修剪成圆球形，有的是圆锥形，那些更高大一些的，枝叶使劲往上伸展，旋转，真像一簇簇向上蹿的火苗。荷花塘边的柳树高大极了，垂下的柳枝如烟如云，小桥、亭子、茅屋，一下子把我们带到"世外桃源"，远离城市的喧嚣，我们的心一下子沉浸在美丽的景色中，耳边还响起清脆的鸟叫声，这里原来是它们的乐园。

最后，我们又来到柿子园，那小灯笼似的柿子挂满枝头，有的树枝被累累的果实压弯，一直垂到地上，一伸手就可以摘到，我们亲自动手，摘了不少，我和弟弟又摘了腊瓜、冬瓜，还捉了蜘蛛、蟋蟀……甭提有多开心了！

走出蔬菜园，我暗暗赞叹：科学技术的发展让天南地北的果蔬落户这里，不但让我们旅游、观光，而且还给我们带来了财富。

（四年级作品）

2011年10月2日　　星期日　　晴

秋游鹤山

今天，天气真好，妈妈、二姑带我和弟弟一起去游鹤山。

汽车飞快地行驶，路旁的大树、远处的山峦飞快地向后退去，不一会儿就来到了鹤山脚下。

秋天的鹤山真迷人啊！山上的树木多得数也数不清，有的叶子变黄，有的叶子变红，有的半黄半绿，多姿多彩，美丽极了。山上的巨石千姿百态，形状奇特，有的像金蟾，有的像仙鹤。据说，鹤山是崂山诸峰中的最秀者，素有“崂山魂”之称。因为山之东峰有一石形状似鹤而得名。我们沿着山路开始登山。路边开满了美丽的小野菊，漫山遍野都是果树。柿子树上结满黄澄澄的柿子，仿佛一个个小灯笼挂满枝头；红红的山楂像可爱的娃娃，一堆堆、一簇簇，正对着我们笑。远远望去成片成片的山楂像一团团火焰，那丰收的景象，使人们的心也给燃烧起来了；又红又大的枣子压弯了枝头，一嘟噜、一嘟噜的，沉甸甸地垂挂下来，有的枝条只看到了枣子，都不见了叶子。最可爱的是板栗，原来树上长的一个个“小刺猬”，就是身穿铠甲、全副武装的栗子。成熟之后，“小刺猬”爆裂开来，露出颗颗饱满的板栗。

鹤山不仅是多彩迷人的，还有着许多美丽神奇的景点，吸引着大量的游客来观光。闻着一路果香，我们来到聚仙门。传说，有位仙人用双手推着南北巨石，成了鹤山的天然门户。如今，那“仙人”的手印还清晰可见呢！穿过山门就来到著名景点“招鹤回鸣”和“水鸣天梯”。“招鹤回鸣”传说站在此处拍手，能听到仙鹤天籁般的鸣叫声；“水鸣天梯”更神奇，人沿着石阶拾级而上，在另一端凝神聆听，竟然能听到“汩汩”的流水声。我和弟弟觉得太好玩了，就沿着石阶跑上跑下，趴在石阶上聆听着“叮咚叮咚”冒水泡一样美妙的声音。一线天、滚龙洞是地势最险要的地方。现在我们就来到了滚龙洞，只见一块巨大岩石斜趴在另一块巨大岩石上，形成狭小的窄缝，那地势之险，真让人惊叹大自然的鬼斧神工。要过滚龙洞，必须趴下身子，低下头，小心翼翼地匍匐前进，一不留神，仍会碰着脑瓜儿，撞到额角。别看我和弟弟年龄不大，人小动作却很灵活，遥遥领先。爬着爬着，我们俩小声地商量：“滚龙洞，滚龙洞，滚着过去才会变成龙吧？”于是，我们俩又滚动着前进，也许是有人太胖，也许有人动作笨拙，洞内不时传出人们嘻嘻哈哈的笑声。虽然我们很小心，弟弟的头上仍然撞起了一个大包，疼得弟弟龇牙咧嘴，“哎哟”不停。在滚龙洞口，“咔嚓”一下，二姑快门一按，给我们留下了美好的回忆。

铁拐李脚印、双象送龟、沐浴盆……许多景点我们一一参观，留下了欢声笑语，让人流连忘返。站在山顶上，向东远眺，海天一色，山色云气相辉映，犹如身临仙境一般。

啊！美丽神奇的鹤山，果然名不虚传。

（四年级作品）

（原载《全国优秀作文选》2013 年 1—2 月）

2011年10月5日　星期三　晴

登泰山

国庆长假，妈妈带我去登被誉为“五岳之尊”的泰山。

汽车飞驰，小朋友们叽叽喳喳，像快乐的小鸟，但我的心却早已飞到了泰山。为了观日出，我们决定晚上爬山，从中山门出发，目标玉皇顶。我信心十足，一心想征服泰山，于是自己背着背包，喘着粗气，一级一级地往上爬，不一会儿就累得气喘吁吁、大汗淋漓了。

要登上玉皇顶，最难爬的要数十八盘了，据说有一千六百多级石阶呢！四周影影绰绰，黑黝黝的一片，抬头仰望，只见山路上灯光闪烁，星星点点，直插云霄，我不禁有些胆怯了。在妈妈的鼓励下，我硬着头皮，开始了我们的“艰难之旅”。有时石阶笔直垂下，窄得只能放下半只脚，要爬上十八盘到达玉皇顶，我们真的是在登“天梯”；有时，我不得不手脚并用，成了名副其实的“爬”山。爬呀爬呀，累得我一屁股坐在台阶上，再也不想起来。这时，身边一位老爷爷对我说：“小朋友，坚持就是胜利，加油啊！”听了爷爷的话，顿时，我觉得浑身又充满了力气，使出吃奶的劲儿，奋力往上爬，终于在凌晨两点登上了山顶，只觉凉风迎面扑来，寒意渗入骨髓。费了九牛二虎之力，累得上气不接下气，最后被冻得鼻青脸肿，但遗憾的是竟然碰上了阴天，我们最终并没有看到日出的壮观景象。天亮时，极目远眺，山下的一切都变得那么渺小，真是“登泰山而小天下”啊！

俗话说：“上山容易下山难。”清晨，回首望望那笔直陡峭的石阶，我的双腿发抖了，只好小心翼翼地扶着栏杆，一步步开始下山。路边溪水淙淙地流着，景色一处比一处美，把我给迷住了。看，这边远山连绵不断，像条条长龙冲天而起；那边，峰峦起伏，犹如波涛翻滚；近处的山一片浓绿，已夹杂上黄、红的深秋颜色；远处的山一片苍翠，莽莽苍苍，雾气迷蒙。俯视山下，怪石嶙峋，万丈深渊就在身侧，令人胆战心惊。不过，每走过一道山峰，我们都忍不住回头张望：这奇、美、险交织在一起，构成一幅幅美丽绝伦的图画，使泰山显得更加壮观，更加富有魅力，使人流连忘返。“咔嚓……”相机频频闪过，妈妈为我留下难忘的、美好的回忆。

“会当凌绝顶，一览众山小。”苍山、云海、怪石是雄伟壮观的泰山真是一个充满诗情画意的人间仙境啊！

（四年级作品）

2012 年 4 月 15 日 星期日 晴

游大珠山

想起上周日的珠山之旅，就让我感到无比快乐。

早就听说大珠山是杜鹃花的世界，那天，我和妈妈来到了大珠山。

我们一路欣赏着美丽的杜鹃花，沿着珠山秀谷一路攀登。那天，天气有雾，但这雾却让我快乐倍增。我们一路欢声笑语，踏着石阶，一边欣赏路边的鲜花美景，一边聆听着小溪潺潺的流水声，真是心旷神怡。可是走了好长时间，一直没有看到杜鹃花，我正小声地嘟囔着：“哪儿有杜鹃啊？”妈妈指了指远处的几层花说，“那就是杜鹃”。“也许由的深处才会有大片的杜鹃花吧！”我小声嘀咕着，一边加快了步伐登山，果然，走了一段路程，我看见山从沙土之色变成了一片粉红，我高兴极了，向山上跑去。我放眼望去，山上成了杜鹃花的领地。花朵晶莹剔透，艳丽多娇，粉红色使人陶醉。这儿一簇，那儿一簇，向山的四周延伸。这美丽的景色，让我欣喜万分。

不过我并不是只停在这里，我相信山顶一定有更美的杜鹃花。于是，我继续登山。前面的一段山路很陡，那台阶都直上直下了，游客们一边登山，一边站在两侧的花丛中拍照留念。终于，功夫不负有心人，我到达了山顶。这里的景色不仅让我陶醉，更使我惊叹。每一块山石上都围绕着杜鹃花，用杜鹃花装饰起来的石头也成了一处处胜景。近处有松树，虬枝盘旋，苍劲有力。远处，山峦连绵，莽莽苍苍。而雾是老天赐予我们的宝贝，它笼罩在山上，笼罩在每一朵杜鹃花身上。杜鹃花成了温柔多娇的少女，身上披着轻纱，更给我们展现了它美丽的一面。

我呆呆地望着这美景——花中有雾，雾中有花的大珠山，任心潮在美中起伏。我抑制不住自己内心的兴奋与激动，大声向山下喊：“大珠山，我爱你！杜鹃花，我爱你！”

这时，我身旁的杜鹃花被风吹下了两三瓣，落在我的身上。这好像是神仙送给我的“七色花”。我把它捧在手中，轻轻一吹，花瓣便随风飘下山谷。我在心中默默地许下愿望。

我和妈妈拉着手走下山谷，这珠山美景，让我真正享受到了美，享受到了快乐。

（四年级作品）

2012 年 8 月 6 日　　星期一　　晴

金山岭长城

下一站是金山岭长城。

一下车，就发现连绵起伏的山峦，一座连着一座，莽莽苍苍，一望无边，长城就像巨龙，飞跃在山峦之间，蜿蜒盘旋，伸向天边。因为想早点踏上长城，我们决定坐索道上山。第一次坐上索道，感到又刺激又好玩，当然也有些害怕，索道在险恶的山岩之间来回穿梭，吊厢徐徐上升，一切山谷、岩壁尽收眼底，此时坐着缆车向远处眺望，长城像一条矫健的巨龙，卧在崇山峻岭之巅。漫山的树林，郁郁葱葱，像绿色的海洋。正看得兴奋，突然，“吱啦”一声，吊厢不动了，我心里顿时一惊：怎么啦？这时感觉到我们的吊厢来回晃动、摇摇欲坠，我有点头晕，吓得连大气也不敢出了。把头轻轻地扭了扭，向后一看，天哪！原来全都停下了，所有的吊厢都悬挂在半空，纹丝不动。我又小心翼翼地转过身子，斜着眼睛朝脚下看了看，好险呀！吊厢下面是深不可测的山谷，看得人胆战心惊。差不多有二十分钟吧！故障排除了，索道又开始运行，我悬着的一颗心像石头似的落了地。下了索道后，听说是索道有个滑轮脱轨了。真是有惊无险，我想：这辈子我再也不坐索道了。

沿着弯曲的小路，来到长城脚下。踏着窄小而陡峭的石阶拾级而上，终于登上了梦寐以求的万里长城。扶着巨大的条石，摸着古老的青砖，我不由得想起古代的劳动人民，这里凝聚着他们多少的智慧与血汗啊！

“哦！长城！万里长城！”我们兴奋得在长城上奔跑起来，一边欢呼一边向远方眺望：北观峰峦叠翠，青山满目；东望司马台水库水平如镜，林海苍茫；南眺密云水库碧波粼粼，山间云雾缥缈。长城内外高山峻岭，万木葱茏。长城蜿蜒曲折，起伏跌宕于山水之间，显得尤为雄伟壮观。城墙上的小孔和缺口引起我的好奇，噢！原来是瞭望孔和射口。导游阿姨告诉我们现在看到的金山岭长城是戚继光主持重修的，它按照戚继光提出的“因地形，用险制塞”的原则，随山势起伏而修筑，高下相间，突兀参差，蔚为壮观。凡是山势陡峭的地方城墙就低一些；凡是山势平缓的地方城墙就高一些。城墙上宽下窄，沉稳坚固。长城构筑复杂，敌楼密布，一般50-100米一座。墙体用巨石砌成，高5-8米，形式多样，各具特色。金山岭长城的军事防御体系极强，设有障墙、垛墙、战台、炮台、瞭望台、雷石孔、射孔、挡马墙、支墙、围战墙等，军备齐全，层层设防，依山凭险，可真是固若金汤，难怪戚继光将军不打败仗。

万里长城，金山独秀。群山似涛，林海苍茫，有着八达岭、山海关等地长城所不能媲美的独特景观。

（四年级作品）

2012 年 8 月 7 日　　星期二　　晴（夜间雨）

承德避暑山庄小记

初见承德，感觉它是优美的小城，有这样一句俗语：一条马路一座楼，一个警察一只猴，一把瓜子嗑到头。就是形容承德市的小。

小城四周都是高山峻岭，武烈河穿城而过。避暑山庄就坐落在城区的北部，面积相当于颐和园的两倍，占去了城市的三分之二。远远望去，山庄宫墙好似一条威武的青龙蜿蜒盘踞，静静地护卫着避暑胜地，见证着历史的变迁。

踏进这座闻名遐迩的皇家园林，首先映入眼帘的是大门上方的蓝色牌匾，上面有四个金灿灿的大字——避暑山庄，遒劲有力，据说这是康熙亲笔题写的。两座铜狮像、两个守护神蹲坐两旁，这是幸运的象征。因为当地流传着一句话：摸摸铜狮眼，好运年年有，摸摸铜狮头，吃穿不用愁，所以，我们大家都争着去摸大狮子，希望能给自己带来好运。有的小朋友够不着，干脆爬进护栏去，把大狮子全身都摸了个够。大门后面是一座座古朴典雅的宫殿，这是皇帝办公和居住的地方，全部是用珍贵的金丝楠木建造，不但散发出阵阵清香，还有防虫咬、防腐烂的功能。我趴在楠木上仔细地闻，果然有奇异的香味。门窗上雕刻着象征吉祥的蝙蝠和寿桃，栩栩如生，我不得不敬佩古代人民的聪明才干。

在博物馆的陈列室里，我看到了皇帝和妃子的起居室，他们使用的生活用品，铜盆、铜镜、瓷器、绸缎被褥……这些在当时很奢华的东西，现在已经变得非常普通了。我还参观了皇帝的木轮马车，慈禧的八抬轿子，我想这样的交通工具，来一次避暑山庄要花费多长时间啊？一路上一定很辛苦。我庆幸自己生活在科技发达的时代，现在的幸福生活，就连皇帝也会羡慕不已。

在导游的精彩讲解下，我们参观了古朴典雅的宫殿区，仿佛读了半部清史。出了正宫区，就是风景区了，主要包括山区和湖区两部分。这里浓缩了祖国各地的秀美风光，五岳的雄壮，塞北的草原，江南的水乡……这里的山连绵起伏，挺拔秀丽，苍松翠柏，古树参天。远处，一座山顶上立着一块巨石，就像洗衣的棒槌一样，这就是最有特色的棒槌山了，据导游阿姨说，这座山也被这里的市民称为神山，神山山腰间长有一棵桑树，有三百多岁了。以前，皇帝经常带着他的子孙在山区狩猎，锻炼他们的骑艺和箭术。湖水晶莹剔透，波光粼粼，鱼儿欢快地游动着，荷叶像一把把雨伞遮住了湖面，粉红的荷花亭亭玉立，像害羞的少女，倾听游客的赞美。水面上的长廊连着一座座别致的凉亭，岸边杨柳青青，随风摇摆……湖光山色遥相呼应，构成了一幅优美的画卷。

短短一天的时间，我无法欣赏避暑山庄的全貌，但当我坐着环山电动车行驶在古木参天的山区时，不仅景色美不胜收，更像进入了一座天然大氧吧，神清气爽；当我漫步在湖边，我能真切地感受到它的秀丽典雅，感受到江南水乡的美丽景色。我想：再美的语言也无法将它描绘，这是祖先留给我们的珍贵财富，身在其中，我们可以穿越时空，感受历史的厚重……

这次旅行，为我的暑假生活增添了无尽的乐趣，避暑山庄的美景已经深深地印在我的心中！

（四年级作品）

2012 年 8 月 8 日　　星期三　　雨转晴

草原真美

从电视上我曾经看到大草原的美丽景色，暑假旅行的第三站，便是乌兰布统大草原，这回我要真的领略大草原的美景了。

我们去的是乌兰布统大草原。下了车，迎面吹来了阵阵带着淡淡青草味的微风，我深深地吸了一口气，空气好清新啊。我不由自主仰头一看，天空碧蓝碧蓝的，雪白雪白的云朵轻轻飘过，绿油油的大草原一眼望不到边，就像一张大大的地毯，有深绿、浅绿……各种绿色交织在一起，像一张漂亮的"绿斑斓"地毯；地毯上有可爱的羊群、马匹在奔跑，"蓝蓝的天上白云飘，白云下面马儿跑……"耳边仿佛响起了嘹亮的歌声。草原上，各色的花儿像俪的眼睛，让草原多了一份灵气，一阵风吹来，花儿摇摇摆摆，就像在欢迎我们的到来。我在草原上跑啊跑，天上的蓝天、白云就好像和我的心情一样期、快乐。

草原深处有一个小湖，就像一面明镜镶在草原上，那是野鸭湖。湖边上一个一个的小山丘，山丘上长满绿草，就好像一块块绿色的头巾，又像长了满头绿发。放眼望去，远处有一群马儿在飞快地奔跑，在马儿的附近有一些蒙古包，就像一排排刚出笼的馒头。

最令我期待的就是骑马了，开始我还有些害怕，但是当地人告诉我，这些马都很温顺，我就壮着胆子骑了，骑了一会儿，欣赏着美丽的大草原，我就忘了害怕，希望马儿快些跑，把我带到草原的尽头去看看。

（四年级作品）

2012 年 8 月 16 日　　星期四　　大雨

雨游金门岛

到厦门旅行，相信有许多人是冲着金门岛而来，我们小记者夏令营团也不例外，一到厦门，游完南普陀寺，就直奔金门岛。

从地图上看，金门岛离厦门很近，但它却属于台湾。我国为解放台湾，曾炮轰金门岛，此岛因而出名。从厦门渡口每人 120 元乘坐游船，可近距离远眺金门岛，同时亦能欣赏海上明珠鼓浪屿、屹立于海中的郑成功巨幅雕像、跨海环岛演武大桥、百年学府厦门大学等景观，被称为“厦金海域游”。

登上游船后，服务员引导我们入座。二楼是要收费的座椅，150 元一位，可以一边品茶，一边观景，海风徐来，惬意得很。游船沿着厦门和鼓浪屿岛之间的鹭江，一直向东就进入东海海域的台湾海峡。站在船舷上，海风轻拂，浪花飞溅，环视四周，景色如画。我们租用了望远镜，举目远眺：厦门岛高楼林立，气势磅礴；鼓浪屿妩媚多姿，风光旖旎；日光岩、郑成功塑像、环岛路、环海大桥尽收眼底，令人心旷神怡。这时，导游给我们讲起郑成功收复台湾的历史故事，当我看到郑成功雕像矗立在大海中，眺望着台湾方向，心中不由得肃然起敬，为了祖国的统一，我们的祖先用生命和鲜血，书写了多少可歌可泣的事迹啊！大约行走 40 多分钟，游轮驶近金门岛，台湾已经近在咫尺，游船在边界处停留下来，游人远眺或拍照留念。啊！这真的不是在做梦吗？我激动地站在船舷边，隐约看到金门岛上的建筑设施，感慨万千。虽然海水阻隔，人为分离，台湾同胞与我们仍是一家人，与我们有着共同的疆域、共同的祖先、共同的文化。是呀！祖国统一，是两岸人民的共同期盼；民族复兴，是所有中国人共同的心愿，祈盼这一天的早日到来！

这时候，天公不作美，下起了雨，雨雾中，远处的船啊，山啊，一下子变得朦胧起来。海风越刮越猛，雨越来越大，风雨扑面而来，二楼的船舱刹那间湿了大半，游人已经无法坐着喝茶，纷纷起身，站到南首边和船尾，观赏雨中金门岛。雨幕中，只见天连着水，水连着天，天地间雾蒙蒙的一片，小岛若隐若现，宛如仙境一般。此情此景，我突然想起苏轼的《望湖楼醉书》："黑云翻墨未遮山，白雨跳珠乱入船。卷地风来忽吹散，望湖楼下水如天。"

夏天的天气就像娃娃的脸，一阵急雨落下后，太阳从云缝中钻出，又挂在天边。我趴在南船舷边，望着海面，那一朵朵激起的浪花引起我无限的遐思。我在心里默默地说："浪花儿啊！愿你带上我的思念，带上我的祝愿，一起涌到台湾的岸边。台湾的沙滩上，是否也有追浪的少年儿童？他追到浪花儿的时候，是否会追到我们的思念和祝愿呢？"

美丽富饶的宝岛台湾，请早日回归祖国的怀抱吧！

（四年级作品）

2012 年 8 月 18 日　　星期六　　晴转大雨

武夷山之旅

暑假夏令营，我参加了厦门一武夷山之旅。

坐了一整夜的火车，终于到站了。导游小刘姐姐接我们乘坐上旅游大巴，我们都高兴地舒了一口气。汽车飞驰在柏油马路上，路边的树木飞快地向后奔跑，远处青山连绵，苍苍茫茫……看着这秀美的美景，带上一路的开心心情，我们来到了武夷山脚下。

一开始，我们坐游览小火车上山，山间的空气清新无比，一下子驱走了浑身的炎热，顿觉清凉宜人，我们穿梭于林海之间，像是来到了“天然氧吧”。

我们高兴地欢呼尖叫，小刘姐姐被我们的兴奋之情感染了，讲起了武夷山的吃、喝、玩……我们的第一站是天游峰，这是武夷山第一险峰。抬头仰望，只见山路陡峭无比，有些山岩仿佛刀削斧劈一样，奇险无比。山腰间，一条羊肠山道蜿蜒盘旋，伸向山顶，像是从天降下一条天梯，也像是从山顶垂下一丝绸带。山路上，人头攒动，密密麻麻，导游小刘姐姐说：“大家看，一群蚂蚁在搬家，待会儿你也会是其中的一只。”此情此景，我不由得倒吸了一口凉气，心里打起了退堂鼓：我能登到山顶吗？小刘姐姐仿佛看穿了我的心思，笑着说：“来到武夷山，不登天游峰是人生一大遗憾！”于是，我鼓起勇气，同时心里暗暗提醒自己注意脚底，千万小心。开始爬山了，我和弟弟一马当先，率先冲在前头，可是山路太窄、太陡了，还没有登到一半，我们就累得汗流浃背，大喘粗气。烈日当空，发出强烈的光，火辣辣地“打”在我们的皮肤上，感觉到灼烧般的疼痛。可是，凭着坚强的毅力，我俩坚持着爬到了四平台，回头一看，天呀！太险了，两边是悬崖峭壁，下面是深不可测的谷底，让人觉得头晕目眩，我再也不敢往后看了，赶紧往上攀登。还有两层了，这也是最难爬的一段，加油！冲！我和弟弟相互鼓励，用尽全身的力气，手脚并用，拼命地向上“爬”，终于爬上了山顶，这时我才觉得有些体力不支，口干舌燥了。吃了碗冰镇水果和莲子汤，感觉舒服多了。

站在山顶，极目远眺，一切景色尽收眼底：远山连绵，树木葱茏，登山游人如织。观赏完景色，我们一起拍照留念，从后山下山。俗话说：“上山容易下山难”，下山时，我们就是一颠一颠地往下跳，有时感觉腿都有些发软。下到山脚，看到一块岩石上面写着“云窝”两字，原来我们一路下山，顺便游览了云窝景区，真是不虚此行。

（四年级作品）

（原载《半岛都市报》2012 年 8 月 27 日）

2012年8月18日　　星期六下午　　晴转大雨

雨中游虎啸岩

武夷山远近闻名，暑假里，我们《半岛都市报》小记者团来到武夷山，就领略了她的秀丽。下午，我们来到了山下。只见这里苍松屹立，鲜花簇簇，两条路向前延伸。一条路崎岖不平，陡如斧削，直入云天；另一条虽平坦宽阔，却枯枝败叶，遍地皆是，往远眺望，除了干黄的土地，就只有几棵有气无力的小树了。“刚才一线天我们选择左面的路，现在走哪条好呢？”我正踌躇着，纪尚昆老师发话了：“走陡的那条路吧，不是说无限风光在险峰吗？”到底是女孩子胆怯，加上爬天游峰累趴下了，阿姨们和几个女生放弃继续登山，我和弟弟自告奋勇，妈妈带我俩和导游、老师一起出发，说干就干，我们手拉手，一个跟着一个，攀着奇岩怪石，踏着斜坡倾道，可是好景不长，我们进山不久。就下起了大雨，走在雨潇潇的武夷山中，满眼茂林修竹青窣欲滴，遍地芳草、山花娇羞俏丽。雨雾迷蒙，山路湿漉漉的，云雾缭绕，给武夷山蒙上神秘的面纱。我们听从导游的提醒，看景不走路，走路不看景。特别是现在大雨瓢泼，我们一路小心翼翼，很快就来到虎啸岩景区。在通往虎啸岩、好汉坡和命定桥的山路上，妈妈抓紧时间给我拍照。这时，天公作美，雨逐渐小了下来，我的心情也更加好起来。站在一处观景台上，放眼望去，武夷山的神秘和羞涩，武夷山的俏丽和钟灵，都尽显眼前。

再往前走，就是虎啸岩了。相传那里曾有仙人骑虎咆哮而上，其“虎啸”声传空谷，震撼群山。想着想着，我向前望去，哺！这家伙块头真大，黄褐色的“皮毛”金光闪闪；炯炯有神的眼睛，杀气腾腾，气势磅礴；结实宽厚的身躯威武非凡，令人为之一振。它的四周布满了浩瀚无垠的林海，远远望去，犹如一只猛虎，弓着背，卧在丛中。真不愧为“四面皆丽画，居然与世违”。其实虎啸之声，来自于岩上一石洞，山风穿过石洞，犹如虎啸，声传空谷，震撼群山。最后，我们来到“天成禅院”。寺院缀于虎啸岩半壁，这里千仞悬崖向外斜覆，形成一个巨大的洞府，上覆危崖，下临绝壁，整座殿堂不施片瓦，无柱无檐，却风雨不侵，浑然若天成。禅院也许因此而得名吧。天成禅院大殿旧址后的岩壁上，雕刻着一尊观音浮雕像。小刘姐姐告诉我们，这尊观音浮雕像高13米，深2米，最宽处5米。观音面带微笑，左手执如意，右手当胸礼佛，足登莲花宝座，雕工精巧，栩栩如生，人称“如意观音”。终于上了山顶，环顾四周，真有点“一览众山小”的感觉，那景色堪称一绝！雨中的武夷山更加迷人：那茂密的树林，树影婆娑，那曲折的山路，如龙似蛇，远处山头朦朦胧胧，若隐若现。

极目远眺，晒布岩、天游峰尽收眼底。清风徐来，顿感丝丝凉意，令人心旷神怡。

这次旅程令我流连忘返，它像一颗璀璨的明珠在我的记忆中永远闪耀。

（四年级作品）

2012 年 8 月 19 日　　星期日　　阴转晴

九曲溪漂流

郭沫若爷爷曾说过："桂林山水甲天下，不如武夷一小丘。"

我虽然没有游览过桂林山水，但今年暑假武夷山之旅，却让我领略到武夷山独具风格的碧水丹山，也称得上是奇秀甲东南了。这里奇峰秀水，丹岩翠壁，令人陶醉，流连忘返。

武夷山之旅的最后一天清晨，我们五点半就起床，乘车去九曲码头，准备乘竹筏游武夷山著名的胜一九曲十八弯。

九曲溪边，排列着一排排整齐的竹筏。竹筏是由 14 根粗大的毛竹绑成的，前端翘起，上面排放着 6 张油光滑亮的竹椅。为听到详细有趣的讲解，一上船我们就交给船夫 60 元。

"开船喽！"船夫用带着铜头的竹竿熟练地在岸上轻轻一撑，竹筏便缓缓地离了岸，漂向下游。

转过了第二个弯，竹筏便进入了九曲。这时，船夫指着左前方的一个小山头说："你们看，那是'乌纱帽'。"我顺着手指的方向望去。嘿！那个山包圆圆的，多么像一顶古代的官员戴的乌纱帽啊。那片山腰上的翠绿的竹林不正像镶在乌纱帽上的美玉吗？

九曲溪真是名不虚传，它清澈见底，溪底的沙石历历在目，时而有几只白鹭从岸滩飞起。溪流微微漫过竹筏，脚踩冰凉的碧水，眼观两岸迷人的风景，真令人心旷神怡，据说西游记很多情节故事都在这里拍摄，如三打白骨精、小白龙出潭。

竹筏已经进入了第八曲十六弯。船夫边撑竹筏边不停地为我们解说着。这时，他又指着溪边两块黑乎乎的石头说："这是有名的双龟石。看，它们多像两只乌龟，小龟歪歪斜斜地趴在大龟背上，一上一下地伏在水中。传说，在几万年以前，观音在这里讲经，这两只乌龟偷偷地跑出龙宫来偷听，由于听得入了迷，误了回龙宫的时辰，就变成了石头……"这乌龟石形态逼真，加上船夫那生动含蓄、娓娓动听的讲述，把我带入了一个奇妙的神话世界……这时，船夫开始提问："你们知道猪八戒最想的那个女人是谁？”《西游记》我都不知看了多少遍了，我想该会是嫦娥吧？于是冲口而出。船夫调侃道：“恭喜你答对了，猪也是这么想的。”旁边的一竹筏上的船夫接口说：“没有答出的连猪也不如。”没想到自己被绕在里面挨了骂，大家也都挨了骂，我有些不服气，马上回道：“猪才会提出这样的问题呢！”“哈哈哈……”大家都开心地大笑起来。

登上天游峰

竹筏泛在水面，穿行于山间，我不由得赞叹武夷山的岩石真是千奇百怪：有的像“泰坦尼克号”巨轮；有的像悉尼歌剧院；还有的像鹰嘴，像美少女……而每一座生动的岩石，又都承载有一个神奇而动人的传说。

九曲溪漂流——九曲十八弯，
人在画中游

当竹筏行到一处陡峭的石壁边。船夫又打开了话匣子：“石壁上洞穴里的木头就是举世闻名的武夷船棺。”我抬头望着那刀劈般光滑的石壁，上面有几个黑乎乎的洞穴，其中有一个洞穴露出一截粗大的棺木板，它就是千年船棺吧！我想：这些船棺在现代要把它取下来也很困难，何况古代科学不发达，船棺是怎样放上去的呢？经过几千年大自然的风吹雨打，它怎么不会腐烂呢……这时，一阵山风吹过，山上林立的翠竹“沙沙”作响，好像在对我说：这是武夷山的悬棺之谜，大自然的奥秘需要你去探索……

离开石壁，继续沿弯曲的溪水前行，流水时而急，激起浪花串串；时而缓，映出卵石、小鱼。我们又饱览了“仙人晒布”“双乳峰”“接笋峰”“大王峰”等奇景，个个形象十分逼真，引得大家不停地发出阵阵惊叹。

真是“泛排碧波上，人在画中游”！

（四年级作品）

2012年10月4日　　星期四　　晴

游白浪河湿地公园

为了奖励我和姐姐，姨妈要带我们去游白浪河湿地公园。

汽车飞驰，载着我们的快乐心情。不一会儿，就到达了目的地。一下车，只见一块巨大牌子立在眼前，上面写着：白浪河绿洲湿地，国家5A级景区。

进入大门，仿佛来到了植物王国，看那翠竹的挺拔、松柏的苍劲、月季花的热烈……一棵大树引起我的注意：树上挂满大大的豆荚，我从未见过这样大的豆荚。姨妈告诉我，这叫皂荚树，所结的皂荚富含胰皂质，可以煎汁代替肥皂使用；种子榨油可以做润滑剂，制肥皂。这是一种园林绿化树种，荚果均可入药。但其气味辛辣，嗅其粉末则打喷嚏，不可近距离接触。我们赶紧前行，走上羊肠小道，上面铺满鹅卵石，阳光透过树荫，温和地洒在我们身上，我嗅到了阳光的味道。来到河岸边，走在木栈道上，也许是捞鱼的小网从这儿掠过，岸边的草丛中，缀着颗颗晶莹剔透的露珠。远远看去，一片莲花延绵至对岸，大大的叶子，红艳艳的花朵，让我不由得想起诗句："接天莲叶无穷碧，映日荷花别样红。"最让我感兴趣的是河中的小鱼、小虾，姨妈为我俩买来小渔网和小桶，沿着河边，找到密集的蒲草丛，这是鱼虾最喜欢待的地方，我们饶有兴致地捞了起来。不一会儿，小桶都快装不下了。我们沿着河岸，一直走到苏公堤，只见水平如镜，岸边垂柳如烟，对岸一座宝塔巍然屹立，让我想起西湖胜景。我们沿着河堤，欣赏着如画的美景，不觉忘记了时间，此时，夕阳西下，红红的太阳隐去了刺眼的光芒，吐出柔和的余晖，天边出现灿烂的晚霞，晚霞倒映在水中，水天一色，霎时不知哪是天上的云，哪是水中的霞，好壮观啊！一句诗也冲口而出："一道残阳铺水中，半江瑟瑟半江红。"

当我们恋恋不舍地爬上堤岸，已是华灯初上，回首远看，宝塔已经灯火通明，熠熠生辉，水面上也有一座宝塔闪烁而动，那是它的倒影。此时的水面，红霞依然没有褪尽，岸边的树影婆娑，夜色笼罩，白浪河宛如一幅水墨画呈现在我们眼前，美得让人惊叹了。

美丽的白浪河！你让我陶醉，你美丽的身影，带给了我无限的留恋。

（五年级作品）

2012 年 10 月 6 日　　　　星期六　　　　晴

浮烟山摘苹果

今天下午，我们一起去浮烟山游玩，汽车沿着蜿蜒的山道盘旋而上，我们错走到山后，不想却错中有得，看到了迷人的景象：举目远眺，满山的林海碧绿成荫，林间云雾缭绕，像少女身披的轻纱，似轻烟袅袅，仿佛仙境一般，这也许就是浮烟山名字的由来。

远处一个巨大水库，水面波光粼粼，一望无边。我们转来转去，不知要走向哪里，最后只好掉头，沿着来时的山路驶回去。重新找到上山的路，我们来到浮烟寺，登了浮烟塔，塔高七层，随着层数的增高，我开始有些恐高，攀登的双腿有些发抖，但我还是坚持登上塔的最高层，站在塔上，向东瞭望，整个城市尽收眼底，向西南眺望，正面对一尊巨大的菩萨雕像。因为恐高，不敢久留，我们赶紧下来，撞钟许愿后，来到放生池边的小桥上，我和姐姐逗弄小鸽子玩，它们一点也不怕生，围绕着我们飞来飞去，有的还落在桥栏杆上，和我们戏耍，我们又喂了小鱼和孔雀。就沿着山路前往苹果园，准备亲自体验摘苹果。

路边，一位老爷爷正在卖苹果、大枣和石榴，身后就是他的果园，大姨夫经常带姐姐来摘他的果子。

我们在爷爷的带领下进了果园，哇！真是个大果园子，苹果树、枣树、石榴树、柿子树……应有尽有。苹果树居多，只见一棵棵的苹果树树干长得不高，但树冠却很大，枝叶茂密，像一柄柄大伞，挡住了强烈的太阳光，我们钻进苹果树底下，啊！一大串一大串黄中带绿、绿中带红的富士苹果压弯枝头，果然是硕果累累。苹果有的大，有的小，像一个个调皮可爱的娃娃，有的藏在绿叶间与我们捉迷藏；有的大胆地显露在我们面前，仿佛在欢迎我们的到来；有的“犹抱琵琶半遮面”，像羞涩的小姑娘，瞻前顾后。这么多的果子！我不由得惊叹了。爷爷说：“我的苹果可甜了，摘个尝尝吧！”我伸手摘下一个，解下罩在上面的塑料袋，红彤彤的苹果散发出诱人的清香，我情不自禁地咬上一口，口感真好，甘甜、清脆、多汁爽口，美味极了，苹果咽下去了，嘴里还留有一股淡雅清香的苹果香味，我意犹未尽，真想再多咬几口，看到姐姐已经钻入林中，开始摘苹果，我也顾不上吃了，递给妈妈也钻入林子中。

一个个苹果像一个个绿色、红色的水晶球，水灵灵、沉甸甸，我都看花了眼，不知摘哪一个好。往深处走去，我看到了一棵“苹果王”树，真的是太壮观了，只见一挂挂苹果犹如苹果珠帘，从枝头垂到地上，我蹲在地上，伸手就可摘到苹果，有的枝条只见苹果，没有叶子，简直就是一条瀑布流淌下来，只剩下了果子。我兴奋地摘苹果，一边摘，一边赞叹。摘完了苹果，拍拍有些酸疼的腰，直起身来，向远处看，只见还有一大片沙枣树林郁郁葱葱，枣子虽然已被采摘了很多茬，但树上仍有不少红色、青色的枣子点点缀缀，多么美丽呀！我伸手摘下几个，放入嘴里，又脆又甜，非常可口。

摘完果子，我们又驱车往山的深处驶去，路边的树叶多姿多彩，有的变黄，有的变红，有的绿中带黄、黄中透红、红绿相间，秋风吹过，有的叶子像蝴蝶一样飞舞，打着旋儿飘落下来，真是“一叶知秋”啊！

（五年级作品）

2013 年 4 月 29 日　　星期一　　晴

游牡丹园

“天上有香能盖世，国中无色可为邻。”春游牡丹园，我才真正理解了这句诗。

牡丹园终于到了，我和伙伴们飞奔下车，欢呼雀跃地跑进园里。

一进大门，广场中央是一尊牡丹仙子的雕像，只见她身着七彩绸衣，头戴金钗，手捧牡丹花，姿态优雅，神色安详，让人肃然起敬。

为饱览园内胜景，一睹牡丹国色天香之芳容，我们不敢耽搁，顺着甬路匆匆前行，只闻见一股沁人心脾的清香迎面而来，放眼望去，我看到了一朵朵绽放的牡丹花：红的、紫的、淡粉的、黄的、白的……有的完全盛开，有的刚刚绽放，有的含苞待放，还有的才是小小的花骨朵儿。我惊喜万分，跑到几朵开得正艳的牡丹花前，一边使劲闻着醉人的花香，一边仔细观赏。啊！它们是如此美丽，看，这一朵紫色的，雍容华贵，如同一位穿着豪华晚礼服的贵妇人。它的花瓣多么细腻，厚嘟嘟的如玉琢冰雕，摸一摸有如丝绸一般，滑滑的、柔柔的，那触手之间的质感，给人一种不可言喻的妙处。瞧，那朵朵大红的，开得热热闹闹、轰轰烈烈，像逼人的火焰。我看看这一朵，闻闻那一朵，一会儿趴下身子看得出神，一会儿用手拢住花朵舍不得离开。特别惹人喜爱的是那些双层花瓣的花朵，层层叠叠，花团锦簇，开得十分热烈、饱满。

一路游园，陶醉其间。牡丹花有的没有绽放，花骨朵儿有的大，有的小，有的像颗颗饱满的心，有的像串串糖葫芦，有的饱胀得马上要破裂开来。已经盛开的牡丹花，白的如玉，冰清玉洁；粉的如绸，细腻无比；红的似火，开得热烈；黄的高贵，宛如绣球；放眼望去，一朵朵，一片片，灿烂若朝霞，芬芳扑鼻，美丽无比……

我们徜徉在花海里，穿梭于牡丹花丛间，时不时地拍照留念。就在我蹲在花丛间，妈妈要为我和牡丹花特摄“人面花儿相映红”的镜头时，无意间，我发现了花蕊里的小蜜蜂，顿时惊叫起来：“哇！蜜蜂！”再也顾不上照相了。伙伴们“呼啦”一下子围上来，争先恐后地观察起小蜜蜂来，既想趴上去细细观察，又怕被蜇到。

“我被蜜蜂蜇过，可疼啦！”王威武告诫大家，一副仍心有余悸的样子。

朱邦良却大声嚷嚷：“不用怕！蜜蜂不会轻易蜇人。”

“是的，如果它蜇了人，自己也就性命不保了。”我附和道。

“真是这样吗？”

……

大家变得大胆起来，但有的伙伴仍半信半疑，不敢靠近。很多大牡丹花的花蕊里，都可以看到五六只小蜜蜂呢，它们毛茸茸、胖嘟嘟的，勤劳地采集着花粉，两条后腿粘得满满的，仿佛两根粗粗的“小棒槌”，真有趣！

牡丹花，娇艳多姿，雍容大方，被誉为“花中之王”，今日一睹芳容，果然不虚此行。难怪蜜蜂也欣舞于灼灼之间，勤奋于妖妖之行。

（五年级作品）

2013 年 10 月 13 日　　星期六　　晴

游八大关

今天，我们小作家协会的活动地点定在八大关，小作家们准时来到嘉峪关路小学门口集合，准备一起游览闻名中外的八大关景区。

潘老师对我们说："八大关其实是十条关，由于八字吉利，才起了八大关这个名字。八大关一关一树，关关不同，大家都看看，这条嘉峪关路种的是什么树？"

我仔细观察路边的树，小声说："这是五角枫吧？"

老师惊喜地拍拍我的肩膀，说："答对了！这条嘉峪关路种的就是五角枫，它是枫树的一种，由于它的叶子有五个角，所以叫五角枫。"

我们继续往前走，见到了许多别墅，这些别墅是由俄国著名的工匠尤利甫设计的，其中的几座乡间别墅给我们留下了深刻的印象：静谧的庭院，雕刻精美的喷泉，宽大的水池，多样的果树，上面还结了许多果子呢！

八大关里面有二百多处风格不同的别墅，由二十多个国家的建筑师，建于 20 世纪 30 年代，其中一座比较著名的建筑，也是由俄国的建筑师尤利甫建造的，名叫公主楼，整个楼体呈墨绿色，最高的楼上有一个尖尖的顶，看起来像童话里的楼房，由于这里长期无人居住，所以就被当成医院了。究竟这座公主楼拥有着什么样的传奇呢？潘老师为我们讲述了一个美丽的故事：1929 年，丹麦王子坐豪华游轮来到太平湾，看到这里风景宜人，就买地建宅。让俄国建筑师尤利甫来建造一座童话般的城堡，城堡建成以后，那位丹麦公主却一次也没有来过，因为这是王子为公主建的，所以还是得叫它公主楼。参观完公主楼，我们继续前行，又参观了花石楼，整座楼用花岗岩建成，楼顶有观海楼。因为蒋介石曾经居住，又称"蒋介石公馆"。

沿着清幽的小径，欣赏着异国风情的建筑，感受到中西方建筑艺术的和谐与伟大。渐渐地，我们已经看到蔚蓝色的大海，碧海蓝天，远远看过去，水天一色，特别通透。

来到了海边的沙滩上，我们围成圆圈做游戏。金色的沙滩上，我们噘起嘴巴，仰起脸，像海狮顶球一般，顶着棒棒糖从旗杆下穿过。我是队长，和副队长扛着旗杆，不断降低高度，随着难度增加，小作家们使劲弯曲膝盖，仰起脸、鼻子和嘴努力夹着棒棒糖，摇摇摆摆，有的像笨拙的小鸭子，有的像胖胖的小企鹅，从旗杆下蹒跚而过，一不小心，棒棒糖就掉在沙滩上，有的为了抢救棒棒糖，一个大马趴摔倒在沙滩上，样子十分狼狈，但却玩得不亦乐乎，欢笑声荡漾在天海之间。

活动结束了，我们一起合了影，我自豪地举着会旗，站在最高点，美好的瞬间定格在蓝天碧海之间。

（六年级作品）

我举着会旗和会员们合影留念

八大关别墅群

2014 年 3 月 16 日　　星期日　　晴

踏青毛公山

听到小作家协会要举行春游活动，和我们一起随行的是大作家王宜振爷爷，我真是高兴极了，盼望这一天赶紧到来。

早晨八点，二姑载我们出发，直奔城阳毛公山。汽车飞驰，路边的树啊、房子啊，迅速向后退去。我突然发现，不经意间，柳树已泛出鹅黄，鼓鼓的嫩芽焕发出生机。悄悄地，悄悄地，哦！我们已经听到了春姑娘的脚步声……

带着一路的愉快心情，来到毛公山脚下，已经有很多小作家在集合了。我和弟弟赶紧去签到，领到了王宜振爷爷《21 世纪校园朗诵诗》这本书，我们还邀请爷爷为我们在书上签名留念。

开始登山了，我发现山脚的一块巨石上写了“革命道路”四个遒劲的大字。一路走来，只见山路的两边一张张图片，记录了艰辛的革命历程，毛主席一生的丰功伟绩尽在其中，有时驻足观看，心中的敬佩之情油然而生。时代造就英雄，我们的伟大领袖毛主席，领导了二万五千里长征，建立了新中国。当了解到毛公山周边也曾有过“驯虎山战役”“铁骑山战役”“丹山战役”，我们非常自豪，因为我们正在追寻革命先烈的足迹。

毛公山不是很陡，今天天气太好，衣服穿得稍微有些多，爬起山来并不像想象中那么简单。站在仿木栈道上，有一种眩晕感，沿着山路一步一步往上爬，腿不久就变得像灌了铅一样沉重。只一会儿就汗如雨下，真后悔今天竟然还穿了一条套裤，这倒好，身上黏糊糊的，觉得套裤像八爪鱼一样，紧紧地缠在腿上，让我的双脚变得更加沉，步子更加慢。不得不走一会儿，休息一会儿，一开始，我还坚持打着小作家协会的会旗。走到半山腰时，身边的付老师听到我“气喘如牛”，再一看我满头大汗的样子，笑着把旗接了过去说：“我来吧，你休息一下。”我是真的累得都快要不行了，特别是衣服已经粘到了身上。就把旗递给了付老师，在路边的荫凉地里坐了一会儿，山风徐来，好舒服啊！再出发时，妈妈也把水杯拿了过去，轻装上身，脚步一下子变得轻快了许多。一路走一路看，也看到了登山的老人和小孩子，心里真是由衷佩服，也在为他们加油。

今天天实在太热了，不一会儿，又累得气喘吁吁了，弟弟和二姑已经累得停在半山腰了，但我的心里没有一丝想要放弃的念头，“五岳之尊”泰山我都爬上去了，更何况小小的毛公山。坚持，坚持，再坚持，我们闷着头，猫着腰，咬着牙，铆足了劲，向最后的几段木栈道发出挑战。

当我喘着粗气爬到山顶，才发现山路上密密麻麻全是登山的人。这时上来的小作家寥寥无几，心里不仅为自己这个“小胖子”叫好，我对自己说：“今天，你征服了毛公山。”这时，我发现竟然有两个伯伯，光着膀子了，只穿了个“两根筋”背心。擦擦头上的汗，我接过付老师手中的会旗，等着所有的小作家上来集合。

站在石阶边，向西眺望。啊！我又一次看到了毛公石。

（六年级作品）

2014年4月19日 星期六 阴转多云

再游鹤山

今天是全民健身登山节，大姑、二姑、妈妈带我和弟弟一起去游鹤山。

汽车飞驰在马路上，我们一边谈笑，一边观看窗外的美丽景色。路边的绿化树木各种各样，高的、矮的都发出绿芽，充满勃勃生机。淡绿的并不一样，有的泛着鹅黄，有的透着新绿，有的郁郁葱葱，有的满目苍翠，还有的树叶一片红色、一片金黄，胜似鲜花。

连翘花、樱花、梧桐花……让人目不暇接，更让我们惊喜的是不仅仅满树的鲜花，还有地上的各色各样的小野花，紫的、黄的、红的……在微风中频频点头，相互诉说着春天里的故事。车窗外，连绵起伏的青山迅速向后退去，有的山头怪石林立，有的树木光秃秃，所以透出斑斑点点、稀稀拉拉的绿意。

大约过了半个多小时，我们就来到了鹤山脚下。啊！空气好清新啊！景色好美啊！登山的人们熙熙攘攘，摩肩接踵。抬头仰望，花花绿绿的山脊一座连着一座，裸露的、巨大的岩石形状各异，姿态万千：像驼峰，像金蟾……顺着山路向上攀去，不一会就到了山门，两块巨大山石真的像是鹤山的天然门户，我爬过去，仔仔细细地端详传说中的仙人巨大的掌印。两只铜做的仙鹤，一只伸长脖子仰天鸣叫，一只弯着脖子梳理羽毛，真是栩栩如生。许多游人拍照留念，我和弟弟惦记着“水鸣天梯”的神奇与好玩，顾不上拍照，匆匆忙忙穿过山门，向上登去。路边的树木仿佛在向我们招手，欢迎积极健身的人们；巨石耸立山头，让人担心它是否会从山上滚落下来，仔细观察，不时会发现有的爬山虎攀满岩石，长年累月，在岩石上留下深深的印痕；有的小野花竟然开在岩缝间，大姑感慨：“哪来的水分呀？”妈妈说：“有的植物，为得到水分，根系非常发达，据说有一种沙漠植物的根长达几十米。”我心里不由得感叹它们那顽强的生命力。

今天的天气很适合爬山，太阳时不时躲进云层休息，山风习习，随着山势增高，甚至还有一些凉意。弟弟小声嘟囔：“‘水鸣天梯’呢？什么时间才能到？”“应该到了吧。”我也小声嘟囔。看来，我和弟弟真的迫不及待地想听听“水鸣天梯”的神奇流水声了。

话音刚落，山路一转，一座陡而长的高大台梯立在眼前，“水鸣天梯”终于到了。一步步拾级而上，我们一边仔细侧耳倾听。嘀！听到啦！类似于泉眼“汩汩”的冒水声，隐隐传来，脚步声密，它也仿佛水流得急；脚步慢下来，它也慢下来，走的人越多，泉水“汩汩”冒个不停，有时人太多，太乱，那流水声似乎又听不到了。当你蹲下来，或是凝神细听，声音又从地底下冒出来，真神奇啊！

神奇的招鹤回鸣，咱也拍手试试

我和弟弟兴奋极了，一个在下面跑，一个在上面听，来回跑了好几次，就为了聆听那神奇的流水声，直到累得气喘吁吁才停下。

（六年级作品）

2014年8月29日 星期五 晴

游世园

今天是一个令人开心的日子，我要和弟弟一起去游览世园会，心中早有了这个愿望，今天终于能如愿以偿了。

汽车飞快地行驶在柏油马路上，阳光明媚得很，暖洋洋地照在我们身上，我和弟弟兴奋极了，在路上就幻想着我们的旅程，小树也在路边朝我们招手。

经过半个小时的奔波，我们很快就到达了世园大道，那里花团锦簇，所有的灯都是风力太阳能发电，既环保，又省力，真是一个好办法，大约四百米的路程，我们就到达了世园会的五号门。

二姑带领着我们，一起进入了世园的大门，一幢白色的建筑出现在我们面前，真像一把大伞。我和弟弟一起小跑到一个资讯站，拿了两份地图，当起了小导游，“嘿！前面就是大嘴猴园！”我开心地大叫，“看！风车，一定是荷兰园。”弟弟肯定地说。

我们坐上了世园环游电瓶车，一阵阵凉爽的风迎面而来，一个个有创意的雕塑是一道亮丽的风景线，泰国馆，中华园……许多美丽的景色从我的眼前掠过了，我连忙拿起相机，将这些美好拍摄下来。

我们的第一站是植物馆，一个薄壳结构的场馆展现在我们面前，壮观极了，走进去，一棵金光闪闪的耐冬花映入眼帘。然后，我们走进了海洋牧场区，哇！真是太美了，一群群鱼儿，排着整齐的队伍，四处游荡，海葵摆动着它那绿色的触角，珍珠贝张着它的贝壳，露出了洁白的肉体，我还看到了海带与裙带菜是怎样养殖的，站上海底隧道，来到了一个小通道，哇！好多鱼呀！中华鲟、大黄鱼、小黑鱼、美国红鱼、梭鱼……好多我叫不上名字的鱼在水里穿梭，那场景真是美极了。出了海底隧道，我们看到了有史以来最高的海藻：巨藻，它高达七八米的身躯令人望而生畏。

出了海洋牧场，我们又来到了竹制工艺品那里观赏，只见用竹子编的《八骏图》栩栩如生，那精美的毛竹根雕，更是让人感觉到作者丰富的想象力和他深厚的雕刻技术，然后，我们又去参观了竹林，那里的竹子长得真茂盛，还有不同的品种呢！紫竹的枝干是黑紫色的，细长而又有弹性，是竹艺编织的最佳首选，还有毛竹，这种竹子长得粗大，适合扎竹排或做根雕，真是美极了！

我们又来到了热带植物区，在这里，我们看到了许多有趣而又神奇的植物，从墨西哥引进的象腿树粗壮极了，真的好像大象的腿，而美丽又妖娆的沙漠玫瑰，虽然枝干像一只干巴巴的手，但是粉红色的花朵鲜艳无比，美丽极了。继续往前走，几株仙人球映入我的眼帘，只见它那黄黄的尖刺与灰白色的沙地形成了鲜明的对比，仙人球圆滚滚的绿色身躯里，似乎藏着无限的活力。高大的仙人柱则伫立在它的身边，黑色的尖刺一看就知道充满了毒性，它们有的像一位高大的巨人，有的像一个巨大的手掌，还有的像一个远古图腾，各种各样，看得我眼花缭乱。棕榈树展开它那油亮亮的叶子，纺锤形的树干像一个大酒瓶，看着这么多有趣的植物，我在心里不禁赞叹大自然的神奇。

我们来到了主题馆，那一幢造型独特的建筑使我迫不及待地跑了进去，一进去，哇！风信子的香味使我陶醉，你可别小看了这些花儿，它们的香气是很熏人的。于是，我继续往里面跑，好一个花艺展园：美丽的紫蝴蝶兰，鲜红色的玫瑰，还有用辣椒拼成的房子，用瓜子拼成的墙，为了证明是不是真瓜子，我和弟弟还悄悄抠下一颗来尝了尝。第二个主题馆主要是生命，　　幅幅 3D 巨画向我们诠释着生命的起源，环幕 3D 投影使我们仿佛身临其境，我们还看到了古人们的各种发明，文房四宝、茶道、《孙膑兵法》等，我们中华民族是强大的，我们的民族文化源远流长。

到了晚上，夜色渐浓，我们却迎来了世园最精彩的节目——水舞秀。我们坐在看台上，整个世园里灯火缭绕，那朵红红的莲花也绽放出了光彩，突然，水面在彩灯的映衬下，突然蹦出几道金色的水柱，我们立刻开心地大叫起来，那磅礴的音乐带着一根根冲天而起的水柱，那水柱时而变化成莲花状，时而变化成二龙戏珠，在翻飞的水花中，一个个螺旋的水柱有时冲天而起，有时缓缓落下，像仙女的水袖，想伸到哪儿就伸到哪儿，真是美轮美奂，美不胜收。

夜深了，到该回家的时间了，我还是依依不舍，回头遥望，那朵红色的莲花像一颗明珠矗立在山顶上。

美丽的世园会，你是我们家乡的骄傲。

（六年级作品）

2014年10月6日　　星期一　　晴

游墨河公园

国庆节期间，我来到墨河公园，游玩了一番。

眼前的墨河公园，还是童年那个样，我禁不住感叹。

走在墨水河畔，随意翻玩着随手捡起的树叶，向桥下望去，墨水河好似一条碧绿的飘带，深情地拥抱着大地，它不停地流淌着甘甜的乳汁，哺育着墨城这一座历史小城。

向远处望去，点点绿萍漂浮在水面上，一些沙洲裸露在水面，上面长满了香蒲和芦苇，像美丽的衣装点缀，小心翼翼地维护着小沙洲，看起来像娇羞万状的小姑娘，真是可爱极了。正望着水面出神的我，突然看到岸边的林地里，三只小狗追逐、嬉戏，渐渐地停止了遐想，迈开步子向前走去。

公园里的改变倒是不小，草坪被挖开准备种树。广场上，人依然是那么多，有的打球，有的健身，有的聊天，有的垂钓，各干各的事情，互不干扰。在台子上，坐着几位鬓发苍苍的老人，台上摆着茶壶，杯子里热气缭绕，飘出袅袅茶香，原来，老人们品着茶，赏着秋，谈笑风生，好不惬意。看！运动器材场上，则是小孩子们的快乐天地。穿梭在其间，走过了一个又一个孩子的身边，感受着他们的天真和快乐，孩子们的笑脸再次打开了我尘封的记忆。这里，也曾经是我儿时的乐园，曾留下我蹒跚的脚印，收藏过我童真的欢笑。我禁不住心痒，想重温当年的探险与尝试，摇摇晃晃地踏上独木桥，歪歪斜斜地走着，嘿！一如当年的我，恐惧中带着些许的欢愉，追逐着前面的小伙伴，嘴里面催促着，提醒着，开心地大喊着，还蛮有意思，嘴角的一丝笑意荡漾开去。

夕阳西下，吐着红色轻纱般的余晖，淡淡的光晕散发在蓝天之上，白云一霎时变成了火烧云，五颜六色，好似仙女的五彩纱衣，美极了！

夜，姗姗而来，天空蓦地由浅蓝变得深蓝，看起来深不可测。我站在木桥上，望着碧绿的墨水河，秋风带来了微微的凉意，我陶醉着，沉吟许久，喃喃道："秋风起，碧波荡，黄昏临，少年游，留恋儿时心未了；难忘此处，烙在心头。追忆，追忆，随风归去。"

（七年级作品）

2015年2月3日 星期二 雨

野柳地质公园

今天是台湾环岛游的第二天，下一站，我已经从导游口中知道，我们要去野柳地质公园看大海，看风蚀岩石，看东海。叶导说，站在这一端，就能遥遥相望大海另一端的家乡青岛。当然，路途太遥远了，看到是不可能的了，只能站在这里遥望冥想而已。

雨越下越大，望着车窗外迷迷蒙蒙的景物，我们也是有些担忧，但更多的是兴奋与期待。风蚀岩石到底什么样子？更多的是对“女王头”的好奇。

到达野柳地质公园时，雨仍然很大，为了一睹“女王头”的风采，我们还是勇敢地冒雨下车了。一进入公园，只见树木葱茏，不似是冬天。沿着栈道前行，海风突然变得很大，吹斜了雨丝，有雨滴钻进我的脖领，好冷！我打了个寒战。幸亏我穿得多。跟随着游人继续冒雨前行，栈道上，大大小小，各种花色的雨伞越发增添了野柳地质公园的魅力。“看，风蚀岩石，像一个个小蘑菇！岩石群开始出现了，我的眼尖，指着不远处的海岸大喊起来。拿出相机，我远远地捕捉下了第一个镜头。走近去，我仔细观察，看表面上留下了坑坑洼洼的小洞，伸出手去摸一摸，感觉岩石很光滑，洞的底部光滑无比，并且感觉岩石很软，孔洞里留下的水洼在手的触摸下顿时变得浑浊不堪。想到经过海风、雨水的侵蚀，岁岁年年，天长日久，不知到何时，这些岩石终会化成一堆细沙，这道壮观的美景也将不复存在。心里就感到隐隐有些惋惜，还是借此机会好好地欣赏一番吧。风越来越猛，雨越下越大，只见东海如同一头发了怒的雄狮，海浪咆哮着扑向岸边，因为海岸的礁石阻了它们的去路，顿时也发了脾气，怒吼着掀起滔天巨浪，猛烈地撞击着岩石，把自己摔成千万碎片，散成丝丝缕缕的泡沫，消失在海水中，又一次鼓足力量，再次发起冲击。这不仅让我亲眼目睹了这一奇观，还体会到了风和海的合力，造就了大自然的奇观。

我站在雨中，迎着海风，遥望碧蓝碧蓝的海水，清澈无比，每逢一个大浪头撞击到岩石上，它就会瞬间变成白色泡沫，又随着海潮唰地后退，融入蓝色的大海中，我不由得看得出神了。

前面传来惊喜的欢呼声，原来是“女王头”到了。我赶紧沿着栈道转过去，啊！终于看到了“女王头”，果真，一位高贵的女王，正翘首期盼，凝望着东方，她是在思考自己来自何方，还是在思念自己的家乡？我凝视着栩栩如生的“女王头”，心里慨叹造物主的神奇与伟大。当然，我更不会放弃美好的机会，为“女王头”留下许多靓照，也不忘为自己和她留下难忘的合影。

夜晚，我们逛了台北著名的夜市——六合路夜市。吃了著名的台湾特色小吃和来自异域的风味小吃，美美地过了一把美食瘾，灯火阑珊中，香味缭绕中，心里有说不出的幸福。

（七年级作品）

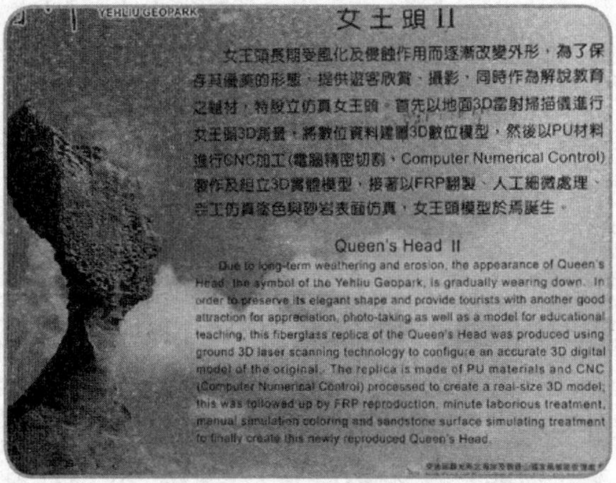

神奇的女王头

雨中观“女王头”

2015年2月5日　　星期四　　晴

美丽的日月潭

今天是台湾环岛游的第四天，我们开启了向往已久的日月潭之行。

来到码头，一汪碧蓝的湖水呈现在我们眼前，这就是美丽的日月潭。潭里的水真清啊！清得可以看见水底的小鱼；潭里的水真绿啊！绿得像一块镶在宝岛台湾的美玉。

坐上游船，我们徜徉在日月潭上，分不清哪是日潭，哪是月潭。凉爽的风轻轻拂过我们面颊，可舒服了。驾驶游船的小刘向我们介绍：右手边的码头，叫作水社，让我想起关于日月潭传说中的大山哥和水社姐，也许，这就是为纪念水社姐而起的名字吧？他又指着水面矗立的两个高大的建筑说："那就是日月潭的水力发电站，夜晚进行水力发电，这时候，潭面水位下降；而白天，它又会把水'吐'出来，水位立刻会上升到原来的样子。由于整个过程不用一丝燃料，所以潭水依旧那么清澈，那是因为没有受到一丝污染。"

坐在船舱外，极目远眺，湖面上有浮动的小岛，小岛上绿意茵茵，其中有一座上面有神鹿的雕塑，环着湖面的是连绵起伏的群山，有的山上建有寺院，山里居住着原住民，这里生产茶叶、烤烟等台湾著名的特产，欢迎五湖四海的游人观光选购。我尽情欣赏美丽的景致，不知不觉陶醉了。

船沿着湖面绕了一个大圈子，停靠岸边，我们小心翼翼地下船，踏上码头，我有些不太相信，我已经真的置身于日月潭中，用力地跺了跺双脚，一阵痛感告诉我，我不是在做梦。赶紧匆匆地跟上叶导的脚步，登上观景台，近距离地观赏日月潭的美丽风光，山美、水美、人美、景美的日月潭啊！在我的想象中，在我的梦幻中，变得如此真实起来，我心里有说不出的快乐。沿着水边的小路信步走下去，一大片一大片热带雨林与蕨类植物，铺满了整个山坡，也勾起了我的好奇心，我不由得仔细观察起来，一下子发现了叶面背部的孢子。

下山时，我们品尝了美味无比的金婆茶叶蛋，一接过鸡蛋，一股带着茶叶清香的味道便扑鼻而来，让你迫不及待就剥开了蛋皮，外面是浸染成茶褐色的蛋清，咬上一口，咸滋滋的，有酱油和香菇的鲜味，而内部的蛋黄也被酱制得香浓无比，吃着如此美味的金婆茶叶蛋，大家开心极了，互相称赞“金婆茶叶蛋”，果然名不虚传。

我们随叶导观光了慈恩塔，然后做客日月潭中一个原住民——邵族。大家不仅了解了邵族的民族文化，体味他们的风土民情，参观他们的特产，还品尝了他们独具民族风情的特色小吃：山笋、灵芝鸡汤、潭中名鱼——嘟嘴白……每一道菜都鲜美无比。

美丽的台湾日月潭，向往已久的日月潭，终于留在我美好的记忆里。

（七年级作品）

美丽的日月潭

2015 年 2 月 6 日　　星期五　　晴

阿里山之行

今天，我们准备上阿里山，看山景，品山茶。据说，这是八天行程中最辛苦的一天，即便是平时不晕车的人，今天也难过这一关，叶导提醒大家吃上晕车药，贴好一条根。

一上盘山公路，我们仿佛进了摇篮里，随着车子的转动大幅度地左摇右晃起来，不久，我的头随着每一次晃动，打鼓似的痛了起来，我暗暗叫苦：不好！难道我也晕车了？幸亏早有准备，耳后贴上了晕车贴，丝丝清凉若隐若现传过来，减轻了我那份难受。慢慢地，我昏昏沉沉地睡去了。

当我醒来时，阿里山车站已经到了。一下车，只见雾气蒙蒙，云雾缭绕，我晃晃发蒙的脑袋，揉揉双眼，以为我们已到了人间仙境。小伙伴王一冰却脸色蜡白，忽的一下倒在地上，我赶紧拿出巧克力，递上一瓶水。过了一会儿，一冰才缓过劲儿来，原来是晕车晕得太厉害了。难怪叶导一再提醒，山实在太高了，可见这盘山公路绕得有多厉害。

凉爽的山风轻抚我的面颊，我不禁打了个寒战，刚才的不适因为呼吸到新鲜的空气，消失了很多。放眼远眺，高大的山峰隐在云雾间，高大的树木一层一层，一簇一簇，到处是深深浅浅的绿。啊！这就是我向往已久的阿里山，我已经脚踏在阿里山的土地上了。

沿着木栈道往山上去，尽情欣赏一棵棵高耸的树木。叶导介绍：这种林木，叶子扁平，叫作红桧，用它做家具，不仅质量好，结实耐用，还有一股淡淡的清香，防虫蛀。叶导又指着前方高大的树木，我仔细一看，这种树木高大挺拔，叶子苍翠，但与红桧叶子有所不同，整枝长得密密麻麻，我刚想发问这是什么树，叶导介绍说：这种林木叫云杉，它的树龄很高，山里有很多云杉都有上百年的树龄了，也是一种很好的木材了。当初，日本从阿里山输出多少珍贵的木材啊！

沿着木栈道，一路欣赏一路前行，发现很多樱花树，枝干弯弯曲曲、遒劲有力。这是日本樱花，日本人驻扎台湾时种植下的，可惜现在是冬天，看不到花开满树的情景，但樱花树上已经鼓起小小的芽苞，看来正在积蓄力量。而台湾本地的山樱花现在正开得一片红艳艳，我拿出相机，捕捉了几张精彩的画卷。虽然日本樱花儿还没有绽放，叶导仍然带领我们去看了樱花树王。树王正对面的林业局可是台湾最大的地主呢，叶导笑着向我们介绍。

接下来，我们穿行在阿里山间，准备去看三代木和千年神木。一路上，林深涧长，时不时有小溪流欢唱着奔流而下，高耸入云的树木比比皆是，树龄高的几个人都抱不过来，树干上青苔密布，大自然造就了这一道神奇美丽的风景线。

我们终于来到树王——香林神木的跟前。好高啊！我仰望神木，只见它粗大强壮的主干像一根插向大地的金刚杵，直指苍穹，树皮层层叠叠，有奇形怪状的花纹。叶导介绍：“香林神木腰围达十二米之多，生长了大约 230。年，也就是说，这棵树公元前就开始生根发芽啦！”看看那盘虬卧龙般的须根，经历了两千多年的风风雨雨，变得愈加顽强。树木高得我几乎看不清它的树冠了。

下山后，我们品尝了阿里山茶，我代表我们这个团队，上前选了三款茶品，精致的茶具、甘甜的阿里山水，赏心悦目的茶艺，一下子吊起了我们的胃口，我们一一品尝，特别是产在海拔两千米以上的高山茶，味道真是好极了。

（七年级作品）

美丽的阿里山香林神木

2015年2月7日 星期六 晴

美丽的垦丁国家公园

今天，我们开始了来台湾的第六天旅程。我们将来到台湾最南端的垦丁国家公园。

首先，我们坐大巴车一路南行，一路的美丽风光让我举起相机，不断隔窗拍上一张。在巴士海峡处，我们先去观看著名的船帆石，隔海远眺，只见一块巨大礁石屹立于茫茫大海之中，上面布满深黑色的海苔，洁白的海浪不断地拍打着礁石，发出“哗、哗”的响声，海水真清啊！远远望去，碧蓝色的海水犹如一面镜子，映着蓝天，天显得更蓝，海也显得更蓝。海面上不断翻起雪白的浪花，好伙伴韩恒诚大喊：“江致远！快看！是海豚吧？”我们俩兴奋极了，不听妈妈的指挥，再也顾不上照相了，而是站在大海边，仔细地寻找海豚的身影。

叶导听到我俩的欢呼，走过来，指着大海深处，告诉我们，如果夏季来台湾这里看海，还会看到鲸鱼呢。我们很是向往，期待夏天能够再次来到这里看海，看鲸鱼。

紧接着，我们又来到了热带植物景区，来到猫鼻头寻找大猫石、小猫石，猫鼻头，猫鼻头，顾名思义，就是海边的两块礁石酷似猫的形状。叶导带我们登上观景台，耐心地将“大猫”和“小猫”指给我们看。顺着叶导手指的方向，我凝神细看，嘿！好神奇！一只“小猫”张着大嘴，面向前方；而“大猫”却扭转过头来，似乎在叫唤“小猫”。大家一边观看，一边议论，都说两只猫惟妙惟肖，太像了。在观景台，向那个相反的方向观看，目力好的话，可以看到刚才看的船帆石。

最精彩的要数海边玩耍的情景了。一到大海边，立刻耳目一新，金黄色的沙滩，碧绿的海水，雪白的浪花，一棵棵高大的椰子树，蓝天、白云……一派热带风光。从小就喜欢海的我，根本没有听叶导“不准下水”的告诫，身先士卒，第一个脱下鞋袜，撒丫子向大海跑去。

受我的影响，华庚、俊言、梓均姐姐等几个伙伴也都脱下鞋袜，高兴地跑向大海。

我早就有准备，拿着空矿泉水瓶，和林俊言一起仔细搜寻海生物，准备做一个生态瓶。洁白的浪花冲刷着岸滩，搔着我的小脚丫，痒酥酥的，我爬上一块巨大的礁石，采下了几株小小的石蓮，装上一点细细的海沙，灌上一些清澈的海水，准备工作已做好，就是还没有发现小鱼、小螺之类。

“江致远！快！这里有东西！”林俊言惊喜地大喊。我连忙冲过去，仔细一看，一只软软的像没壳的蜗牛一样的动物。

“是海参吗？”林俊言小声地问。

“不太像，也许是只海姑岭吧？”我一边嘟囔，一边开心地把它捉起来，放进生碰中，看到第一个战利品，我们信心大增，獭认真地寻找目标。

下一个目标很快出现了，礁石岩缝间，一个硕大的凤螺正在缓慢地移动。嘿！我小手一探，凤螺到手了，我高兴地向着妈妈欢呼，让她过来看我的收获，它真的好美呀，漂亮的花纹，美丽的外壳，向外伸出很多触角。妈妈“啪”地一按相机快门，拍下精彩瞬间。

唉，觉得玩得正嗨，导游规定的时间已经到了，我只好恋恋不舍地离开沙滩，浪花“哗哗”地欢笑着，蹦跳着，好像也在挽留我们……

（七年级作品）

看大猫石小猫石：太像了！

海滩上玩得嗨，嘿！
抓住一个小海螺

2015 年 2 月 8 日 星期日 晴

马太鞍湿地

今天已接近台湾之行的尾声了，我们游览的景点是马太鞍湿地。

听叶导讲，马太鞍湿地，是当初国民党抓去的老兵建造的。路上，大巴车里一直播放着老兵的影片，我是含着热泪看完的。这些可敬可亲的老兵们，现在你们在哪里啊？此时，我的心里充满思念与激动。

高大的芒草与槟榔树互相辉映，远山连绵起伏，山上树木葱茏，参差不齐，颜色有深有浅，因为天气的原因，山腰间云雾弥漫，缥缥缈缈，似人间仙境一般。置身于马太鞍湿地，满眼的绿色，一个又一个的小池塘，到处回荡着小野鸭和小水鸡欢快的叫声，浮萍铺满水面，水清澈见底，许多大鱼游来游去，马太鞍湿地不愧为生物的美好家园。

我们沿着木栈道浏览美景，不时有水鸟从草丛中蹿出来，它们拍打着小巧的翅膀，从我们的眼前掠过，那美丽的身姿，真是优雅极了，路过一条小溪，水潺潺流过，冲洗着溪底大大小小的鹅卵石，我对水充满留恋，忍不住又沿着阶梯走过去，俯身抚摸那些滑溜溜的卵石，没想到竟然有意想不到的大收获，摸到几个大泥螺，怕打扰它们安适、静谧的生活，我又小心翼翼地把它们放回到水中。

从溪底走上来，踏上古香古色的小木桥，转过去，又是一番新的洞天福地。我顺着曲折的小路前行，一个又一个的鱼池展现在我们眼前，趴在栏杆上，才发现水塘里的鱼儿好多啊！有的伙伴抛下面包屑，密密麻麻的鱼儿立刻开始了抢食大混战，你抢到鱼食，我就在后面咬你的尾巴，你迎面冲上来，我就一扭身，从侧面撞向你的身子，总之，就是不能让你吃得清闲。那边的水池边围了很多人，伙伴们的嬉笑、欢呼吸引了我，我赶紧跑向前去，哇！竟然有近二十多斤的大黑鱼，它们摇头晃脑，来回穿梭。叶导告诉我们，这种鱼叫乌鳢。我们买来鱼食，围在水边喂大鱼，开心极了。

正在我盯着大鱼，看得入神的时候。妈妈突然激动说：“致远！快往对面树顶上看！”

顺着妈妈手指的方向仰望，嗬！是一只大型水鸟，白白的羽毛，闪着圣洁的光芒，长长的细腿，红红的喙，它站在树的最顶端，那细枝一颤一颤的，我都担心它会掉下来，是一只白鹭吧。只见它悠闲地望着远方，似乎并没有听到我们的欢呼和惊叫，伙伴们纷纷拿出相机，拍下它美丽的身影。

马太鞍湿地，山环绕着水，水围绕着山，丰富的水源，滋润了万千绿色植物，给动物们营造了一个美好家园，它们在这里休养生息，生殖繁衍，赋予大山以灵魂，也带给游人以快乐。

（七年级作品）

2016 年 4 月 30 日　　星期六　　晴

难忘鼓浪屿

阳光微曦，初雨乍晴，走进老街，鸡蛋花的阵阵幽香掠过鼻尖，心灵在棕榈叶香中浸泡，味蕾上却绽放着鱼丸汤鲜美的味道。

那是鼓浪屿，她美丽空灵，端庄典雅，古老的街道，爬满岁月的诗行，令人神往，更是我怀念的时光码头。

踏上鼓浪屿，才感受到她虽然没有三亚的澎湃，却有着独特的“温柔”，有着美妙的“鼓浪”声韵。她就像是一位薄纱遮面的绝代佳人，婀娜多姿，娇艳迷人，静静地坐落在海的一隅。只是偶尔撩起面纱，冲人间粲然一笑，便惊艳了整个尘世，陶醉了来自五湖四海的游人。

我们上岛时，天气晴朗，迎面吹来的海风让人心旷神怡。一路走来，岛上的椰子树、棕榈树、榕树等热带植物比比皆是。沿着老街向前走，两旁的凤凰树高大挺拔，树叶在阳光的照耀下透出光来，就像一只只神态各异的凤凰，有的迎着阳光展翅欲飞，有的正在低头沉吟。

走在鼓浪屿的小路上，看不到任何车辆，我们像是徜徉在花的世界、树的海洋之中，空气里到处流动着醉人的香。那融合东西方文化的小阁楼，形状各异的小别墅，错落点缀在鲜花绿树丛中，使鼓浪屿更加诱人。流连在窄窄的一眼看不到头的林荫小巷，脚尖踢着小石子，一路欢唱着，无法用语言形容我当时的快乐心情。穿梭在那些精致的小店，有些小店墙皮脱落，甚至连招牌都没有，但它们的商品却有着独特的魅力：琳琅满目的糖果，老字号的点心，俘获着每一个路过人的心。在中华路特色小吃街，妈妈为我买了当地特产肉干、酥饼，还为我买了一个小螺号，吹起它，我仿佛看到了停靠在岸边、斑驳的油漆、散发出淡淡的腥味的渔船，听到了海浪冲击岸边、犹如鼓点般的涛声和由远而近的汽笛声。

来到天然浴场，站在海滩上，放眼四望，湛蓝的海面是那样的浩瀚壮阔，我又一次被一望无际的大海震撼！远处，几只美丽的海鸥在空中自由自在地翱翔，时而低飞，时而盘旋着冲下来，为静谧的大海增添一份动态的美。可惜天公不作美，下起了大雨，我们离开海滩，因为雨一直不停，只好静静地坐在老街的露天平台上，欣赏着雨中美景，聆听着打在帐篷上的雨声，真是惬意极了。品尝着鼓浪屿著名小吃——沙茶面、鲜虾饼、鱼丸汤、酱五香、土笋冻……才知道什么是舌尖上的美味。

走向街口，买来紫亮亮的西番莲，再来一串娇艳欲滴的莲雾，面对着小贩朴实的微笑，将香甜的果肉吸入口中，那种滋味，一直甜到我的内心深处。

雨后，空气里氤氲着薄薄的水汽，古老的巷子被雨水冲刷得一尘不染，三三两两的游人坐在靠街的咖啡厅里，品一杯热气腾腾的咖啡，湿淋淋的街景为鼓浪屿增添了一种浪漫的情调。沿着僻静、幽雅的小路往前走，街角的小店里传出一阵阵优美曼妙的乐声，听得人心醉。一棵高大的古榕，如同一位耄耋老人，静静地守望着小岛，风霜侵蚀脸庞，它依旧站在原地，等着流年。

时光未央，乱了流年。难忘的、记忆深处的鼓浪屿就像一座时光码头，那长满青苔的老街，那低矮的屋顶、斑驳的墙面，那一花、一草、一木，承载了每一个到过那里的人的思念，渐渐消失在远去的尘烟中，却终将会把这些美好的时光，紧紧包裹在记忆深处。

（八年级作品）

小记者在鼓浪屿上与记者老师合影留念

第五辑

感悟篇

2011年2月10日　　星期四　　晴

读《历史的选择》有感

寒假里，我读了《历史的选择》这本书，知道了许多许多。

1921年，中国共产党诞生，当时党员只有几十名，然而这却是中国历史上的大事变，从此，中国的命运开始了翻天覆地的大改变。中国人民站起来了，实现了独立自主；中国人民吃饱饭了，逐渐走向繁荣富强。是党把我们从黑暗带到光明。

书上写了很多动人的故事，感动得我热泪盈眶。刘胡兰“生的伟大，死的光荣”，她才17岁，就死在敌人铡刀下，以短暂的青春年华，谱写出永恒的诗篇，以不朽的精神，矗立起生命的宣言。江竹筠面对刑具毫无惧色，1948年6月14日，由于叛徒出卖，她在万县被捕，6月下旬，被押到重庆。当敌人知道江竹筠是中共重庆市委委员彭咏梧的妻子后，就千方百计想从她的嘴里得到川东暴动组织的名单，江竹筠只说了一句话：“不知道！”敌人见江竹筠不说，就让她坐“老虎凳”，还把竹签钉进她的十指。面对酷刑，29岁的江姐视死如归，没有泄露任何秘密，终于惨死在敌人的枪口之下。

过草地是长征途中一次令人难忘的战斗。荒无人烟的草地到处是野草丛生的沼泽、散发臭味的淤泥潭。一位战士不小心踩空，掉进泥潭，身子逐渐下沉，他知道自己上不来了，怕拖累战友，连忙摘下背上的枪，用力扔给战友，然后吃力地说：“不要管我了，你们要好好活着，革命一定会胜利的！”多少英雄就这样为了祖国和人民倒下了，烈士们凭着一腔爱国之情，用生命的热血铺平前进的道路。终于，伟大的中华人民共和国成立了。

当我们享受着今天幸福而美好的生活时，千万不要忘记过去。作为新中国的小公民，作为祖国未来的接班人，我们应该怎样做呢？让我们牢记胡锦涛总书记的亲切教导：经过60年的奋斗，中国特色社会主义事业取得了举世瞩目的巨大成就。要实现中华民族伟大复兴的宏伟目标，还需要一代又一代人长期艰苦奋斗。今天的预备队必将成为明天的生力军。希望全国少先队员牢记党和人民的重托，在德、智、体、美等方面全面发展，争当热爱祖国、理想远大的好少年，争当勤奋学习、追求上进的好少年，争当品德优良、团结友爱的好少年，争当体魄强健、活泼开朗的好少年，时刻准备着为建设富强、民主、文明、和谐的社会主义现代化国家贡献智慧和力量。

“我们是共产主义接班人，继承革命先辈的光荣传统……爱祖国、爱人民，鲜艳的红领巾飘扬在前胸……”当歌声再次响起时，我暗下决心：跟着共产党，当好接班人！

（三年级作品）

2011年3月6日　　星期日　　晴

看《阿凡达》有感

今天晚上，妈妈带我去即墨新时代影院，一起观看了詹姆斯·卡梅隆的一部科幻巨作——《阿凡达》。

我看到睡梦与现实中人与阿凡达的相互切换；

看到潘多拉这颗美丽的星球就如同我们的地球家园一般，色彩斑斓；

看到各种奇异的野兽、灵异的神树……这新奇的植物和动物令人叹为观止。

看到战斗中负伤而下身瘫痪的前海军战士杰克·萨利变成用人类基因与当地纳美部族基因结合创造出的“阿凡达”混血生物。杰克的原本目的是打入纳美部落，说服他们自愿离开世代居住的家园，从而SecFor公司可砍伐该地区的原始森林，开采地下昂贵的“不可得”矿。可当他遇到了纳美部落的公主娜蒂瑞，向她学习了纳美人的生存技能与对待自然的态度。正义感使他将立场放在外星人这边，并使之用真诚的力量战胜强大的人类。

看完影片，我被深深地打动了。在《阿凡达》中，我竟看到了人类的邪恶。我第一次为征服万物、头脑发达的人类感到可耻。呵，头脑发达究竟有了什么用？仅为了利益不择手段地去侵略外星人？仅为了坚持个人观点而破坏团结？仅为了自己的生活而去破坏自己的家园——地球！是的，地球是人类唯一的星球，就算我们发现了其他有生命的星球，我们也是不可能占领的，因为那个星球，亦有它自己的居民，而那里，也是他们唯一的家园。在那里，人类也只是被当作外星人、侵略者，而侵略者也是永远都战胜不了正义的保卫者的……那位饱经风霜的上校，他很强大，但他没有人性！

纳美人，爱护身边的每一寸土地，不忍其被人类破坏；纳美人珍惜身边的每一种生物，不论其凶猛还是神圣，他们都真诚地为它们的死而忏悔、祈祷；纳美人有着自己不灭的信仰，不论爱娃是否当真存在，他们始终团结一致，相信奇迹，相信神的存在。纳美人感化了许许多多的人类——善良的人类，用他们善良的本性、纯洁的心灵去感化。如此热爱家园、团结如一的纳美人、这样的潘多拉星球是不是给我们人类立一个榜样，让我们也能同样珍爱地球、和平相处呢?

勇气与责任、文明与野蛮、神奇与环保，《阿凡达》在带给我们视觉盛宴的同时，不禁引起我们深深的思考。虽然我只是一名小学生，但当我看到影院满地的食品袋、果皮等垃圾时，看到影片中美丽的潘多拉星球，想到纯洁、善良的纳美人和人类的邪恶，我深感惭愧。

我想：热爱和平吧！热爱我们的家园吧！地球只有一个，不要让它毁在我们人类自己的手中。

（三年级作品）

2011 年 11 月 6 日　　星期日　　晴

《一路花香》续写

自从破水罐听了主人的话以后，知道自己原来有用处，帮了主人的大忙，就再也不自卑了，它整天默默无闻地浇灌着路边美丽的鲜花，心里有说不出的快乐与喜悦；看着路边的鲜花绽放，它感到无比的欣慰与自豪。现在，它终于明白了一个道理：世界上万物都有自己存在的价值，要正确对待自己和别人，认识自身存在的价值，既不能骄傲自大，也不能妄自菲薄，而要充分发挥自己的长处和优点。

那个完好无损的水罐呢，总觉得自己有多么了不起，经常扬扬得意地吹嘘。有一天，它又在向破水罐夸自己多么能干，怎样把水运到家时，仍然是满满的一水罐，还嘲笑破水罐每次到家时只剩半罐水，破水罐没有理会完好水罐的嘲笑，它默默无闻地把水洒向一路的鲜花身上，根本顾不上完好水罐的絮絮叨叨。但完好水罐的话被挑水工听到了，他对完好水罐说："难道你没闻到这一路花香吗？这可都是破水罐的功劳呀！如果没有它，我们哪能欣赏到这美丽的鲜花呢？如果没有它，又哪里会有这一路花香？"听了主人的话，再看看路边灿烂绽放的花朵，完好的水罐非常惭愧，不好意思地低下了头。

只见路边的鲜花五颜六色，色彩缤纷，像花枝招展的小姑娘，在微风中一会儿弯弯腰，一会儿招招手，一会儿点点头，好像在感谢破水罐的细心浇灌呢！

（四年级作品）

2012 年 9 月 2 日　　星期日　　晴

《开学第一课》观后感

昨天晚上，我们看了一档节目——《开学第一课》，我感慨万千，思绪如泉水喷涌而出，心情像荡起涟漪的湖面，久久不能平静。

被称为“最美司机”的吴斌，在最危急的时刻，在生命垂危之时保持清醒的头脑，将车及时溜到路边，刹车、停车，完成一个司机最后的神圣使命，挽救了一整车人的生命，用生命谱出一支英雄壮歌。叶诗文，一个正值青春年华的女子，竟然突破自己的最高极限，创造了中国游泳队辉煌的未来。最美教师邓丽，带着她的学生们快乐学习，快乐生活，用真心、爱心帮助学生们走出因家境不好而失落的心灵阴影。中国男子体操团队团结一致，努力拼搏的精神让人振奋。普通农民刘大成，能用各种东西吹出美妙的声音，那些古里古怪的“乐器”真可谓“无奇不有”，他的歌喉更是让人佩服……吴斌舍己为人的精神令我感动；刘大成自学成才使我备受鼓舞；最美女教师邓丽的爱心使人温暖。我赞美体操男团的团结，为他们骄人的业绩感到自豪；我佩服叶诗文的无上荣耀，要知道这荣耀的背后是汗水与泪水的结晶……

“你不认识我，我不认识你，互相牵牵手，旅途就有了伴侣；你不认识我，我不认识你，互相帮帮忙，生活就少了风雨；你不认识我，我不认识你，互相暖暖心，冬天就有了寒衣；你不认识我，我不认识你，互相加加油，心中就多了勇气。好人就在身边，也许是老张小李，好人就在身边，也许是大叔阿姨。好人就在身边，也许是同事邻里，好人就在身边，也许就是自己。”

《开学第一课》让我认识到了身边“最美”的人，他们是最普通的人，他们有着金子般的心；他们的行为值得我们学习，他们的精神鼓舞着我们前进。

心灵美、和谐美，探索美、创造美，这令人难忘的开学第一课，在触动我心灵深处的同时，已像一颗充满勃勃生机的种子，永远生根、发芽，铭记在心。

（五年级作品）

2012 年 9 月 20 日　　星期四　　晴

好书伴我成长

古人云："读万卷书，行万里路。"我非常喜欢这句话，把它当作座右铭，时刻激励着自己多读书，读好书。

从小，我就和书结下了不解之缘，它十分奇妙，好像一个"百宝囊"，能变出许许多多的人物、故事，把我带入知识的殿堂。

上幼儿园时，妈妈给我买回第一本绘本故事——《海的女儿》。那时我还不识字，就让妈妈读给我听，立刻，我被书中跌宕起伏的故事情节深深吸引住了，小公主的善良让我感动地流泪，当她变成泡沫时，我又深深地感到惋惜。在妈妈的帮助下，我走进了绘本的彩图世界：白雪公主和七个小矮人真诚地邀请我去做客；小红帽兴奋地告诉我如何智斗大灰狼；多萝茜和她的朋友让我知道什么是勇敢与智慧……这一个又一个精彩的故事引人入胜，娓娓动听，打开了我幼小的心扉，使我了解到什么是真善美，感受到世界的光明与黑暗。就这样，好书带着故事中的神奇，飞入了我的内心世界，留下了第一个无法褪去的印迹。

时光飞逝，转眼间，我上小学了，一些优秀作文书成了我的"朋友"。当我欣赏着小伙伴们的作品时，也为自己今后的写作打下了良好的基础。上四年级时，妈妈又送给我《十万个为什么》《少儿百科全书》《上下五千年》……在书中，我了解到了科学带给人们的无限奥秘。它带着我在科学天地中遨游，展开了想象的翅膀；它带着我游历祖国的大好河山，看到了千姿百态的大千世界；身在其中，我们可以穿越时空，感受历史的厚重……今年暑假，"好书伴成长"活动又为我们推荐了大量的书目：《吹着小哨前进》《穿越天空的心灵》《独闯天下》《我不想不想长大》《樱桃沟的春天》……每一本都是我的至爱。坐在房间里，就能看到全世界。一篇篇有趣、催人泪下的故事也时时萦绕在我的心中。我多么盼望自己，也能像男孩扇贝一样，吃好一点，睡好一点，每天都过得开心一点，我也不想不想长大，最好一直做小孩儿；《吹着小哨前进》——描写小时候的爱、傻、不懂事与游戏，不也正体现了我们的快乐与无忧无虑吗？而书中呼吁人们，要保护我们的地球母亲，正敲响了当今资源缺乏的警钟，把我们带进了低碳、环保的探梦之旅。

书，就像是一叶风帆，把我带进了知识的海洋和智慧的天空，给了我自信和力量，充实了我的生活，使我的生活变得多姿多彩。读书，不仅给我带来了莫大的鼓舞与乐趣，也为我的成长路上添上了更多彩的一笔！

好书伴成长！我爱读书！

（当我站在台上，在全校师生面前进行演讲时，我又一次体会到读书带给我的自信与快乐。当我演讲完毕，从容走到台下时，我看到了老师赞许的目光，听到了同学们如雷的掌声）

（五年级作品）
（此文获《好书伴成长》演讲一等奖）

2013年1月6日　　星期日　　晴

提着灯笼上路

曾经听过这样一个感人的故事：从前，有一个盲人，晚上出门总是提着一盏灯笼。路人都笑话他："你又看不见，还提着个灯笼干嘛？这不是瞎子点灯——白费蜡吗？"盲人不紧不慢地说："是的，我自己是看不见，可是这样别人就可以看见我呀！"是啊，盲人的眼睛瞎了，可是他的心是多么明亮啊！盲人的那盏灯笼，不仅照亮了别人的路，不也保护了自己吗？盲人的这种关注安全、自我保护意识，多么值得我们学习啊！

再来看一个发生在高速公路上的惨案，车主因酒后驾驶撞在路边围栏当场死亡。远方，他的妻子正牵着女儿的小手等候在村口，小女孩儿依然问妈妈："爸爸怎么还不回来？"她哪里知道，爸爸永远都不会回来了，母亲抱起女儿，泪流满面。这是一个发人深省的悲剧。

每当学校组织我们观看安全纪录片，看着屏幕上那些触目惊心的、血淋淋的场面，听着那揪心的事故报道，我的心好痛好痛！唉！为什么人们总在危险发生以后，才珍视自己的生命呢？但一切都已经来不及了……

我不由得想起发生在身边的事情：有一天，下课铃声一响，同学们争先恐后地跑出教室，完全忘记了"上下楼梯靠右行"的规则。一个低年级的小同学正低头往楼上跑，没想到一个高年级大哥哥也从楼上冲下来，结果撞到一起，小同学"一骨碌"从楼梯上滚了下来，摔得鼻青脸肿，大同学吓得面如土色，手足无措了。一位经过的老师赶紧抱起小同学，迅速送往医院，经过检查，这位小同学只是皮外伤，没什么大碍，真是不幸中的万幸啊！记得那次路队放学，班主任刘老师带着我们，排着整齐的队伍下楼，大家已经养成靠右行和慢慢行的好习惯，一位同学不小心踩到我的鞋带，我不是也从楼梯上摔了下去，虚惊一场吗？还有放学路上，我经常看到一些中学生骑自行车路过，他们有的为了显示自己技术高超，双手撒把；有的三五一群，边骑车边聊天；还有的一边骑车一边打电话……这是多么危险的行为啊！让人看了心惊肉跳。

溺水、车祸、踩踏、火灾……是呀，那一个个本不该发生的事故，带给我们太多的思考与启示，那血的教训难道不足以敲响我们的警钟吗？

请让我们每个人，都在心中点亮一盏安全之灯，不仅照亮别人的路，也照亮自己的人生之路吧!

（五年级作品）

2013年2月16日　　星期六　　晴转多云

读《女生贾梅全传》有感

寒假里，我读了《女生贾梅全传》这本书，书中讲的是贾梅和她的伙伴们一起演绎出的一段段丰富多彩而又让人感慨万分的成长故事。

贾梅是一个可爱、令人羡慕的女孩儿。她天真活泼、心地善良，富有同情心。说她可爱是因为礼仪大赛时她说话十分幽默，引得大家哈哈大笑。说她心地善良是因为一开始“斑马”十分野蛮，使得女生们十分愤怒，她们组成了“白色闪电”队，决心追捕“斑马”这个坏蛋，后来由于“斑马”的妈妈不幸去世，“斑马”闷闷不乐。有一天，她们发现有人围攻“斑马”，贾梅便率先冲上去带领几个同学制止他们，终于把那拨人给赶走了。说她富有同情心，是因为简亚平没有妈妈，贾梅看到她心里十分痛苦，后来便去帮助她，大家对她也变得十分热情。从做饭一件小事就能看出，贾梅也体会到了父母的辛苦和不容易。

读了贾梅的故事，我知道了每个人都要拥有一颗善良、同情的心。贾梅其实也十分平凡，“当女孩难，当好女孩更难，特别是那种人人叫好的出色女孩”，这是她日记中的一句话。可是她坦诚待人，懂得感恩，对坏人敢恨敢为，积极上进，坚强勇敢，真诚帮助同学的形象，永远留在我心中。贾梅也十分的幸福，她也曾经为别人付出过爱，最终获得美好的结果，它好比人间至高无上的甜果子。贾梅成长的故事，有校园的酸甜苦辣，有对美好未来的憧憬与向往，也有对亲情和纯洁友谊的渴望。贾梅这种五彩缤纷的成长故事会一直伴随着她和我们直到长大成人，我们也要能够去积极向上地面对人生道路！

（五年级作品）

2013年4月21日　　星期日　　多云转晴

相约读书季　共筑中国梦

我是一个小书迷，和书相约在读书季。每当走进图书馆，踏进这书的天地，也仿佛被带到世界各地；每当翻开厚厚书本，遨游于知识的海洋，我的思绪就驰骋于远古和未来。

看到过成千上万的海星聚集海滩吗？橙色、粉色如同地毯，绵延千米望不到边，可惜它们都已经死去，送给我们的不是壮观而是毛骨悚然。听说过一场特殊的丧礼吗？那是为拉丁美洲巴拉纳河的塞特凯达斯瀑布而举行。土地逐渐沙化，山林被乱砍滥伐。我仿佛看见失去家园的动物们在流泪，听见被污染河流的一路哭泣。沉迷于《恐龙世界》，我手不释卷。而如今，恐龙震撼大地的脚步声已经消失了，又有多少的生物濒临灭亡的危机；多少能源就像那条曾经辉煌的瀑布几近枯竭。从书中，读到一条条令人揪心的信息，看到一组组触目惊心的数据，除了震惊和痛心，我倍感身上的责任。

我是一名小学生，也是一个小小的追梦人。我有一个美好的愿望，我愿意做一名“环保小卫士”，从美化我们身边的环境做起，保护自然生态，绿化美好家园，让我们的墨水河变得碧波荡漾，鱼虾成群。我的梦想很简单，正如这悄然来到我们身边的春天。公园里，单瓣樱花灿烂怒放，迎来人们驻足观赏；小区里，玉兰花枝头绽放，引来蜂飞蝶舞；墨水河畔，垂柳依依，小燕、风筝比飞高低……我们小朋友们脱掉厚厚的冬装，换上轻松的春装，纷纷走出家门，打篮球，踢足球，或踏青，或登山，走进自然，徜徉在花海和绿色里，呼吸新鲜空气，享受阳光和快乐。

水是生命之源，民以食为天。如果没有水，树木、庄稼不能生长，花草不能开放，生命会停止呼吸，地球也会变成一个枯竭的星球。我们中国是一个水资源短缺的国家。我国有六个省、市、自治区的水资源已经低于起码的生存线。另外，世界上还有很多地区闹旱灾、闹饥荒，对着这么多的灾难我们应该怎么办？节能环保，一刻都不能放松！我们每一个人从小事做起，从身边的点点滴滴做起。洗手后关紧水龙头，离开房间随手关灯，不扔掉吃剩的馒头……

我愿意做一名低碳生活“小小志愿者”，积极加入“节约能源，爱护地球”的宣传行动中，愿小手拉动大手，节约一度电，节约一滴水，爱惜一张纸，爱惜一粒米……

有梦想才会有希望，我也走在追梦的路上。让我们行动起来吧，因为梦想只有脚踏实地去奋斗才会实现；因为梦想唯有勤奋付出才会成真！

（五年级作品）

2013年7月31日 星期三 晴

图书馆——我成长路上的亲密伙伴

人的一生应该交三个好朋友，图书馆就是其中之一。

从小，我就和书结下了不解之缘，它十分奇妙，好像一个“百宝囊”，能变出许许多多的人物、故事，把我带入知识的殿堂。因为喜欢看书，妈妈经常给我买回书，可是，时间长了，总是看了这一本，没有下一本。对我这么爱看书的人来说，没有书就等于没有饭吃。当妈妈带我到青岛书城时，我多么希望我们墨城也有这么一座书的城堡。

2010年，即墨图书馆成立并于国庆节期间开放了。记得我第一次去图书馆，妈妈带我楼上楼下走了个遍，参观了整个图书馆。我简直都不敢相信自己的眼睛，原来我们身边也会有一座大大的“书的城堡”：许许多多崭新的、五彩缤纷的图书整齐地摆放在书架上，每一本都散发着墨香。我连忙在一排排高大的书架前徘徊。从书架上拿下一本，轻轻地翻开，真有趣！翻开另一本，正是我喜欢的，爱不释手。就这样，不一会儿，我就捧回了一大摞书。急忙翻开，一页、两页……我如饥似渴地读着，完全忘记了时间，忘记了自己，忘记了周围的一切。直到图书馆闭馆的时候，我才恋恋不舍地跟妈妈回家。

知道我喜欢看书，妈妈索性给我办了张图书卡。也许是对书有所向往吧，每当我走进宽敞明亮的图书馆时，就有一种走进知识的海洋的满足和愉快。每当我怀着期待的心走进图书馆大门，闻到那股熟悉的油墨香，温馨感也会随之而来。

自从办了图书卡，去图书馆就几乎成为我的一种习惯。只要一没有书看了，我就会和妈妈去图书馆看上一天，回家时再借上自己喜欢的两本。《十万个为什么》《少儿百科全书》《上下五千年》，西顿、沈石溪的动物小说，曹文轩的童话，杨红樱的校园小说……每一本都是我的至爱。在书中，我了解到了科学带给人们的无限奥秘，它带着我在科学天地中遨游，展开想象的翅膀；它带着我游历祖国的大好河山，看到了千姿百态的大千世界，身在其中，我们可以穿越时空，感受历史的厚重；它带我走进大自然，和动物们做朋友，使我收获到那么多的感动；它带我走进快乐的童年，犹如饱饮温暖的“心灵鸡汤”……读着这些书，我仿佛置身在快乐的海洋。随着我的成长，我对书的感情也越来越深，去图书馆的次数也越来越多。

“书香即墨，从阅读开始。”如今，即墨图书馆陪伴着我走过快三个年头了，图书馆为我们提供了一个读书、学习的窗口，它通过文明微笑服务，让我们享受精彩“悦读”的同时，还开展了许多有趣的读书活动。在图书馆组织的众多活动中，我当过小主持，体验过义务小馆员，参加过儿童故事大王比赛，进行过小提琴才艺展示……而不定期举办的书画展、摄影展、邮票展，更是增长了我的知识，开阔了我的眼界。

“读万卷书，行万里路。”我非常喜欢这句话，把它当作座右铭，时刻激励着自己多读书，读好书，好书伴成长！而图书馆，也将成为我最最亲密的朋友，伴着我一直走在读书成长之路上。

（五年级作品）

2013 年 11 月 30 日　　星期六　　晴

观《森林战士》有感

今天，妈妈带我去观看了《森林战士》这一部电影，我立刻就被 3D 动画的气质吸引，神奇的立体和那些可爱的动画人物给我留下深刻印象。

女主角玛丽的爸爸 Bomba 教授长期居住在森林小屋里做研究，他在森林各处安装了动态捕捉摄像机，企图发现证据证明这个隐藏得很好的微观世界的存在。但是就连他自己的女儿都不相信他，觉得他是走火入魔了，直到玛丽自己无意间进入了那个世界。

两个平行时空相交的那一刻，就是奇迹发生的时候。有些东西，不是你看不见或选择不相信，它们就不存在了。在故事末尾，在爸爸就要放弃的时候，是女儿努力去告诉他："你是对的，我们不应该不相信你。"如果你一直相信着一些与众不同，不可思议，特别美好的东西，可是别人都不理解你，不明白你，看不起你。那时候是有多孤单，得多有勇气才愿意坚持。而当爸爸知道自己一直相信的世界真的存在时，他只想把这个消息分享给自己已经离开的妻子，告诉她一直以来的坚持是值得的。看到这里，我心底的一阵阵感动化成眼泪，这就是相信的力量。

森林战上的首领告诉女孩玛丽："很多树叶，一棵大树。"他的意思是，每一个生命，它是一个个体的同时也与周围的一切事物联系在一起。没有谁是孤单的。这是继之后我再一次被动画片里透露出来的哲学思想给折服了，有些人们总以为很复杂的概念就被这么轻巧地、以一种儿童都可以理解的方式诠释了出来。

反派首领说："森林不是一天形成的，但是我们可以在一天内毁灭它。"故事的主角们却用不懈的努力对抗证明，Tara 公主努力用生命来保护的花骨朵儿将把森林的生命永远地延续下去，那是大自然薪火相传、生生不息的力量，从不畏惧死亡。

看完这个电影我想呼吁："我们一定要保卫森林！"

（六年级作品）

2014年2月8日　　星期六　　多云

走近《小·王子》

今天，我们这些小作家又聚在一起，准备举行一次新年读书交流会。

这次读书交流会的阅读书目是一本世界名著——《小王子》，在欧洲印刷量上，它的排名仅次于《圣经》。今天，我们就要跟着潘老师一起品读、感悟这本世界名著，一起走近《小王子》。

金黄色的软发，威风凛凛的长袍，脚蹬紫色皮靴，肩上两颗小星星……

瞧！一个帅气的童话人物跃然纸上。通过读书，我知道《小王子》是法国作家圣埃克苏佩里的创作。

小王子的家来自于B612小行星，这个星球很小，只有小王子一人，当然，还有一朵不寻常的玫瑰花，小王子每天都给玫瑰花浇水、施肥，精心照顾它，怕它受伤害，还给它弄了一个罩子。

在自己的小行星上，小王子觉得很孤单。于是，他离开了B612小行星，来到另外几个星球，分别遇见了国王、商人、地理学家、点灯人等，在这几个人中，小王子最喜欢点灯人，因为他总是为别人着想。最后，小王子又来到地球上，遇到一只小狐狸，小狐狸告诉王子，如果你和一个东西处熟了，那就要有责任。小王子终于明白了B612星球上的那株玫瑰花为什么是独一无二的了。于是小王子又毅然决然地回到了自己的星球上。

这一节阅读课，我们品读了《小王子》这本书，我喜欢上了小王子的善良。我还从中懂得了要关心别人，本质不是用眼睛就能看得到的，如果你和一个人或物处熟了的话，就要对他（它）们负责，要识别人间的善与恶。让小王子与他的“正能量”永远留在我们的心间。

潘老师的课堂生动有趣，同学们回答问题滔滔不绝，绘声绘色。我完全被吸引住，不时地起来发言、互动。

时间飞逝，不知不觉下了课，我们意犹未尽地离开了教室。

（六年级作品）

2014 年 3 月 9 日　　星期日　　多云（雾霾）

文学中的想象力

今天，我们又一次上了一节引人入胜的课。

今天上课主题是：文学作品中的想象力。潘老师说要考考我们，她说：“《春晓》这首诗中有没有用到文学的想象？”同学们有的犹犹豫豫地说有，有的摇摇头，小声地说没有。我看着那首诗，细细品味，突然灵机一动，冲口而出：“有！那一句‘花落知多少’，就有想象，很明显的。”潘老师赞许地朝我点点头，然后指着这句诗说：“你们看，诗人孟浩然通过诗句，巧妙地表现出自己的心情大起大落，从高兴到忧伤再到感叹，感慨春光短暂，表达自己喜爱春天和怜惜春光的情感。”我们恍然大悟，赞同地点点头。

接下来读流沙河的《贝壳》，我就有了自己的感悟：诗歌《贝壳》讲述了一只贝壳，经历了沧桑，上面有着纹理和珠光，虽然它没有生命，却反射出海月盈盈的珠光。作者大胆变身成贝壳，对曾经沧海的自己充满叹息、苍凉与无奈。这首诗把作者的想象，注入到贝壳身上，使它变得更有文学色彩。

最后，我们又品读了印度大诗人泰戈尔的《金色花》，与大家一起分享：

假如我变成了一朵金色花，为了好玩，长在树的高枝上，笑嘻嘻地在空中摇摆，又在新叶上跳舞，妈妈，你会认识我吗？

你要是叫道：“孩子，你在哪里呀？”我暗暗地在那里匿笑，却一声儿不响。

我要悄悄地开放花瓣儿，看着你工作。

当你沐浴后，湿发披在两肩，穿过金色花的林荫，走在做祷告的小庭院时，你会嗅到这花香，却不知道这香气是从我身上来的。

当你吃过午饭，坐在窗前读《罗摩衍那》，那棵树的阴影落在你的头发与膝上时，我便要将我小小的影子投在你的书页上，正投在你所读的地方。

但是你会猜得出这就是你孩子小小的影子吗？

当你黄昏时拿了灯到牛棚里去，我便要突然再落到地上来，又成了你的孩子，求你讲故事给我听。

“你到哪里去了，你这坏孩子？”

“我不告诉你，妈妈。”这就是你同我那时所要说的话了。

整首诗幽默诙谐，充满童真童趣。看得出来，泰戈尔对儿童了解有多深，对儿童的爱又有多真。

我最喜欢的是日本作家金子美玲的《如果我是男孩》，整首诗有着独特的文学想象，体现出文学独特的魅力，让人体味到其中的趣味和人生的真谛。再读读这首诗，还能看出作者喜欢故事，喜欢想象，把自己当成一个善良的海盗。

哦！文学中的想象使我们欢乐，文学中的想象让我们在文学王国里遨游，使我们的写作更胜一筹。

（六年级作品）

2014年3月10日　　星期一　　晴

美丽的鹦鹉螺

听完潘老师的课，我仍然沉浸在文学的想象里，老师为我们布置了想象的练习作业。

当老师布置我们当堂创作想象作文，我提笔沉思了一会儿，一气呵成了《美丽的鹦鹉螺》。

从前，有一个平凡的小海螺，它生活在辽阔的大海里。它的壳不美，既没有凤尾螺精致的、一圈圈相互交错的美丽花纹，也没有黑色和黄色的小斑点、雪白无瑕的白色空隙像金钱豹外皮的神奇。它并不漂亮，它在海里就是一只普普通通的贝。所以，它的朋友都嘲笑它，小海螺只好默默地忍受。不过，它有一颗善良而充满热血的心。

一个夜晚，下着大雨，海面上波涛汹涌，狂风掀起巨浪，像狮子的怒吼。黑蓝色的夜空仿佛被风雨伤了元气，一道道耀眼的闪电，划破夜空，像巨兽张开的血盆大口，简直想吞噬一切。小海螺带着昏暗的心情，爬到礁石边，仰望大雨笼罩的夜空。突然，它看到一只鹦鹉，也许被狂风伤了翅膀，也许被暴雨冲昏了头脑，它一下子坠落到海面。鹦鹉在海浪中挣扎着，努力着，眼看就要被吞没。小海螺毫不犹豫地冲过去，使尽全身力气，将鹦鹉的身体托上去。有了小海螺的帮助，鹦鹉一次又一次地展翅，一回又一回地飞起，终于，它们的努力没有白费，鹦鹉最后飞起来了，顶着风雨飞走了。可是，小海螺却累得跌倒在礁石边，不知不觉睡着了。

一觉醒来，它发现自己已经变成了一只绚丽无比的鹦鹉螺。它想：这也许就是善良的回报吧。

它眺望着鹦鹉飞远的海面，幸福地笑了。

（六年级作品）

2014 年 4 月 10 日　　星期四　　晴

勇敢坚强　做生活的强者

——读《鲁滨逊漂流记》有感

没有食物，没有房屋，没有衣服，没有武器，没有被救的希望……如果你流落到这样一个荒无人烟的孤岛上，会怎么办呢？对！很多人面临这样的处境，都会伤心、绝望，甚至失去生存的意志。但我知道有这么一个人，他是一个真正的强者，他不仅坚强，有勇气，而且拥有智慧、信心和力量，在难以想象的困境中依然活了下来，在孤岛上创建了一个自己的王国。他就是英国作家丹尼尔·笛福笔下的著名人物鲁滨逊。

假期里，我读了《鲁滨逊漂流记》这本男孩必读的经典书。主人公鲁滨逊喜欢航海和冒险，一次海难中，他被大浪冲到一个孤岛边幸运地活下来。在恶劣的环境里，他用难以想象的坚强开荒种地、砍树建房、饲养山羊、制造船只，并搭救、驯服了野人“星期五”。一艘无意间闯入的船，帮他结束了荒岛生活，在凭着超常的勇气帮助船长平定了船员的叛乱后，他终于在失踪二十八年后，奇迹般地回到了久违的家园……

二十八年啊！多么惊人的一个数字，鲁滨逊那勇敢、顽强、智慧、善良、热爱劳动、坚韧不拔的品质深深感动了我。历险是所有男孩子心中向往的事情，希望在海阔天空的梦想和险象环生的历险中自由、独立。跟他相比，我看到了自己性格中的软弱：如果我是他，我不可能像他那样自信地与死亡和孤独较量；如果我是他，我没有能力面对灾难，积极自救；如果我是他，当看到食人的野人时，我也没有足够的胆量勇敢地站出来与他们搏斗。

是呀！从小到大，我们的生活都一帆风顺，大家习惯了遇到难题就叫爸爸妈妈帮忙，向老师求助。我们享受父母的温情，享受老师的关爱，就像温室里的小花，那是多么的幸福啊！

鲁滨逊说过这样一句话：“我的脾气是，要决心做一件事情，不成功决不放手”；“我要尽全力而为，只要我还能划水，我就不肯被淹死，只要我还能站立，我就不肯倒下……”他的这番话，让我对这个面对困难毫不妥协的人，有了更深刻的认识。再次回味书中主人公在孤岛上求生和生活的经历，心里便不由得升起一股敬意。鲁滨逊，一个人身陷绝境，竟能如此对生活充满信心，勇敢地面对生活，创造生活，这多么值得我们学习啊！

这时，我回想起自己登泰山的情景。为看日出，我们夜间爬山，登十八盘时，山路太陡，天气又冷，我差一点儿想放弃，但当我想起勇敢坚强、逆境生存的鲁滨逊时，就立刻信心倍增，自己背着包登到泰山顶上，终于看到了美丽壮观的景象。这让我深深懂得：不论遇到什么困难，都要勇敢地去面对，只要积极向上，从容乐观，就能像鲁滨逊一样，成为生活的强者。

书是人类精神的食粮，书是人类进步的阶梯。读一本好书，我们收获到的不仅仅是丰富的知识，还有做人的道理。《鲁滨逊漂流记》就以其扣人心弦的细节、妙趣横生的语句、一波三折的情节在我的脑海中留下了深刻的印象。勇敢坚强，做生活的强者——主人公鲁滨逊的高大形象，也永远在我心中扎根下来。

同学们，读书吧！爱书吧！让书香芬芳我们的心灵！

（六年级作品）

2014年8月18日　　星期一　　晴

和谐共处的信仰

今天比完赛，妈妈为了奖励我和弟弟，便带我们去电影院看电影，我和弟弟开心极了，到影院一看，现在播放的电影正好是我喜欢的《驯龙高手2》，我连忙叫妈妈买了票，和弟弟拿着零食，向播放厅冲去。

幸亏影片才开始12分钟，我们连忙坐好，戴上3D眼镜，哇！是没牙仔，一只黑色的萌萌的小龙出现在银幕上，我和弟弟大叫起来，渐渐地便融入到了电影中。

这是一个关于龙与维京海盗的故事，在《驯龙高手1》中已经讲到，电影中的主角小嗝嗝，帮助博克岛上的居民认识并驯服各种可怕的飞龙，维京人与龙成为了好朋友。在第二部里，讲述了一个和谐相处的故事，小嗝嗝已经20岁了，他已经成为了一名驯龙高手。在一次与伙伴们外出游玩时，无意间发现一群人正在这里捕龙，于是，小嗝嗝便到他们的船上，劝他们别捕龙了，龙是我们的好伙伴，我们要保护龙，不过，那些人不但不听，而且还说要让他们的老大来抓他，小嗝嗝只好将自己抵押在那里，当作人质，而他的爸爸又把他给拉了回来，他对爸爸说出了自己的决定，而他爸爸又坚决反对，小嗝嗝只好闯了出来，在半路上，他遇到了一位头戴面具的怪人，那位怪人将他带到了一个冰窟里，里面有许多飞龙，小嗝嗝英勇地与它们对峙，这时，那位怪人突然揭下了面具，原来她是小嗝嗝失踪20多年的妈妈，妈妈向他讲述了自己多年的经历，原来，小嗝嗝的妈妈也是一位驯龙高手，当小嗝嗝的妈妈邀请小嗝嗝与她们一起生活时，小嗝嗝的爸爸又出现了，他们一家终于团聚了。

而小嗝嗝的女朋友不放心他，就出来寻找小嗝嗝，没想到见到了那位捕龙的人，小嗝嗝的女友便要挟他要他帮忙找到小嗝嗝，没想到碰到了故事中的大反派，他把所有人都抓了起来，扬言要杀掉好龙王，毁掉博克岛。

没想到，他真找到了龙的洞穴，要和龙王大战一场，小嗝嗝的妈妈和龙王率领着众龙顽强抵抗，没想到大反派也带来了一只坏龙王，在激烈的战斗中，真龙王被杀死了，所有的龙都被坏龙王控制了，没牙仔也不例外，它突然向小嗝嗝发起了进攻，小嗝嗝的爸爸为了救他，被没牙仔害死了，小嗝嗝伤心欲绝，没牙仔又开始向小嗝嗝进攻，在小嗝嗝的真心呼唤下，没牙仔恢复了意识，与小嗝嗝心连心，加上伙伴们的协助，一起对付大反派，没想到，坏龙王在大反派的指示下将没牙仔冻住了，当大家以为小嗝嗝也已牺牲时，那块冰在一道闪亮的雷光下，应声而破，没牙仔进化了！只见他全身都闪着骇人的雷光，额头上是一个闪电的标志，他不断地向坏龙王发起进攻，而众龙也愿认没牙仔为王，和它一起进攻坏龙王，坏龙王大败，落荒而逃。

小嗝嗝的爸爸牺牲了，小嗝嗝成为新的酋长，而没牙仔也成为了至高无上的龙王！

看完后，我不禁在心里感叹：《驯龙高手2》大段的飞翔场面看得人惊心动魄，心潮澎湃，对于飞翔和天空的向往是人类永远无法舍弃的，因为天空的辽阔，让我们总想去到更远处，自由地探索未知的天地，发现新鲜的世界。也正是对未知的好奇，对自由的渴望，才带领我们不断地向前向前。或许前方等待的不只是新天地，还能在峰回路转处找回失去的东西。

第一场战斗来得太突然，团聚才刚刚发生而已，父亲用生命保护了小嗝嗝，小嗝嗝这时必须要昂起头，继续战斗，这样父亲的牺牲才有意义。故事的结局当然是皆大欢喜，爱当然是战胜了暴力和仇恨。“你不用成为你的父亲，但是你会和他一样，成长为真正的男人。”是呀！飞翔会继续，探索会继续，对于未知和自由的追寻不会停止。

这部影片真是好看极了，它向我们诠释了和谐共处的信仰！

（六年级作品）

2015年2月25日　　星期三　　多云转晴

苦难的童年

——读《童年》有感

寒假里，我阅读了高尔基的一部自传体小说——《童年》，不仅了解了作者小时候的苦难生活，同时，也为当时俄国的黑暗统治而感到悲愤无比。

小说的主人公阿廖沙在父亲去世后随母亲来到了外祖父这个冷漠的家庭。外祖父拥有一家染坊，由于家业败落，生活的艰难使外祖父变得生性贪婪，残暴无比，所以经常毒打做错事的家人。他的两个儿子米哈伊尔和雅科夫也没有出息，常常因为分家产的事而打得头破血流，疯狂地虐待妻子。就这样，年幼的阿廖沙过早地体会了人间的痛苦与丑恶，在这样一个弥漫着残暴与仇恨的家庭里，除了外祖母的疼爱，阿廖沙少了许多家庭的温暖与亲人的爱，度过了长达七年的苦难童年。

在《童年》这本书里，虽然阿廖沙经历了许多苦难，但是就在这样一个苦难的环境里，也不乏光明和温暖。外祖母慈祥善良，聪明能干，热爱生活，对谁都很忍让，有着圣徒一般宽大的胸怀和慈悲的心。尤其是对阿廖沙，她的爱如同一盏明灯，照亮了阿廖沙敏感而又孤独的心。在阿廖沙的童年时光里，她不仅给予他细腻的关怀与疼爱，还经常讲一些怜悯穷人和弱者、歌颂光明和正义的民间故事给阿廖沙听，使他变得充满正义感，变得坚强。

另外，书中塑造了许多栩栩如生的人物形象，有乐观淳朴的小茨冈、正直的大胡子老师傅格里高里、献身于科学的知识分子“好事情”先生，他们都给阿廖沙以力量和支持，使他在黑暗污浊的环境中仍然保持着生活的信心，并逐渐成长为一个坚强、勇敢、正直和充满爱心的人。

作为一部自传体小说，作者高尔基在小说中叙述了自己童年的苦难，让我在读书的时候与作者共同感受，我常常因为作者遭受苦难而感到难过，时常陪伴着一起流泪。想想自己童年的那些美好时光，看看阿廖沙悲苦的童年，我暗自惭愧，真的应该好好珍惜现在的幸福，享受自己美好的童年。

小说虽然严肃而又深沉，揭露当时社会的黑暗统治，反映底层社会人民的生活，但毕竟还是以阿廖沙这样一个孩子的眼光去看待社会和生活，句句话语透露出阿廖沙的天真和对美好生活的憧憬。

正如高尔基后来写的那样："在她（外祖母）没有来之前，我仿佛是躲在黑暗中睡觉，但她一出现，就把我叫醒了，把我领到了光明的地方……是她那对世界无私的爱丰富了我，使我充满坚强的力量以应付困苦的生活。"这本书就如话语中所提到的"她"，也给我带来了光明和力量，我相信，《童年》会使我变得坚强与正直，而记忆中的阿廖沙也会一直鼓舞我前行在人生之路上。

（七年级作品）

2015年3月28日　　星期六　　晴

《最后一课》改写

早晨，我慢慢地踱着步，走向那个破旧的小教室。天空阴沉沉的，厚密的云层中透出几缕明亮的阳光，照在我苍白无力的面庞上。我摩挲了一下教室的木门，推开走了进去……

说来奇怪，今天早晨的课堂出奇得安静，往日的喧闹不再响起，再看看这些可怜的孩子们，一个个静坐在座位上，有的托着腮帮、一脸忧愁，有的低着头，有的竟然趴在桌上无声地啜泣。啊！这些孩子们已经明白了许多……在异常里，我激动地发现，课堂后面一排板凳上已经坐满了镇上的人，他们也是带着悲痛而严肃的心情，来纪念这最后一节法语课。

这动人的一幕，让我浑身充满无限的力量，我还有教授下去的勇气，我还能见到亲切的同胞！讲桌上的戒尺，此时也是冰凉的，它好像也沉浸在祖国被侵略的悲愤中……

要上课了，可小弗朗士的座位依然空荡荡的，我十分焦急，心想：这孩子怎么还不来？是不是又在外面玩了？还是出了什么事呢？我背着双手，在教室里踱来踱去，焦急之中满怀担忧。不久，教室的门“吱呀”一声开了，小弗朗士低着头、红着脸小心翼翼地从门缝里挤进来。我一见是他，悬着的心终于放下了。又想：这孩子是怕我说他吧？于是我温和地招呼道：“快坐好，小弗朗士，我们就要开始上课了。”见我没有生气，他如释重负地吁了　口气，然后坐在凳子上。

开始上课，我对孩子们陈述了柏林来的命令，悲痛与亡国之恨使我的声音变得有些嘶哑。我注意了小弗朗士的一举一动，只见他双拳紧握，眉头快拧成了一个疙瘩，眼里似乎还含着泪花儿。啊！这个顽皮的孩子的举动让我心里更加难过。我想他现在的心情肯定是后悔莫及，以前的学习内容因为贪玩没有掌握好，现在想学也为时已晚。

为了让孩子们上好这节法语课，我讲得特别认真，讲得特别仔细，所有的学生都坐得很端正，听讲格外认真。说到法国语言时，我激动地说了许多，真希望孩子们能永远铭记我的话：有了语言，就相当于有了打开监狱大门的钥匙。

习字课上，孩子们都在埋头习字，教室里很静，只能听得见钢笔的唰唰”声。我心里默念：孩子们，你们要记住，我们是法国人，绝不能容忍侵略者践踏我们的土地。我愣在椅子上看着周围的一切，心里却在感叹：四十多个年头了，一波又一波的学生走出这个小教室，而现在这美好的一切都断送在普鲁士帝国的野心中！不久，我就要离开我爱的一切了。再见了，亲爱的孩子们，再见了，阿尔萨斯的人民！

“咚、咚……”祈祷的钟声响起，空灵而又悲怆，我的脸色惨白，望着窗外。啊！可恨的普鲁士军队收操了，最后一节法语课也要结束了！我猛地站起，心里满是悲凉与气愤。“我的朋友们啊！”我说，“我——我——”但是我早已哽咽住，只好用尽全力，在黑板上写了几个大字：法兰西万岁！

我呆立着，倚着门框，心中尽是不舍与惆怅，目送着孩子们一个一个走出教室……

（七年级作品）

第六辑

趣事篇

2012年5月14日　　星期一　　多云

“护蛋”行动

星期天，老师布置了一个作业——“护蛋”行动。

“护蛋”？当小母鸡吗？哈哈哈！多奇怪的作业啊！同学们议论纷纷，有的马上学着老母鸡的样子，扇扇翅膀，“咯咯”地叫了两声，有的还嘿嘿地笑出了声。看着我们不以为然的样子，老师提醒我们说：“不要以为这是很容易的事情，大家试试看吧！”

果然，刚过了一天，我们就再也笑不出来，我开始同意老师的看法，看来，当一只“小母鸡”并非那么容易啊！

晚上回家，我马上行动，开始挑选鸡蛋，为了保险，还是先护个“熟鸡蛋”吧！我们很重视这次活动，妈妈特意为我煮了六个鸡蛋呢！我认真地从中选了一个我认为结实的蛋，然后层层包裹，足足有五层“保护膜”。第一层纸巾，第二层棉布，第三层报纸，第四层保鲜袋，第五层纸盒。看着被包裹得像个伤病员的鸡蛋，已经臃肿得赛过鹅蛋大了。我认为完好无损了，方才准备睡觉。刚上床，又不放心地下来，将小盒子放在床头，才沉沉睡去。第二天一醒，马上检查，看到鸡蛋稳稳地躺在小盒里，我松了口气，把鸡蛋又放进可比克筒里，觉得这样更防挤压，放进书包，准备带到学校去。

“丁零零……”下课了，这本是我们快乐的户外活动时间，因为有了“护蛋”行动，很多同学老实了很多。我呢！自然也是乖乖地坐在位子上，老老实实地做起“小母鸡”来。旁边有同学蹿过，我双手护住书包，赶紧提醒他们离我远点，没想到后面一位同学挪桌子，差一点报销了我的鸡蛋，幸亏可比克筒是圆柱形，耐挤压，才护住了我的蛋逃过一劫。当时同学发出一声惊呼，然后是一脸的歉意，我也暗暗地嘀咕：“完了！”结果小心地翻开保护层检查，哈哈！没事！我心里庆幸蛋躲过了一劫。

“哎！我的蛋！”有一位同学的蛋终于报销了，因为是生蛋，蛋液流了一手，狼狈不堪。

“完了，我的蛋也报销了。”另一位同学一声惊呼，引得同学都围上去看。因为大多同学护的是熟蛋，所以乘机把蛋给吃了，一边吃，还一边解释，这回吃到肚里一定最保险，把大家都给逗乐了。

“护蛋”行动仅仅才一天，很多同学就遭遇失败，不窘态百出，有的不得不重新开始“护蛋”行动。看来有些事情看起来简单，做起来难啊！

（四年级作品）

2013年6月16日　　星期日　　晴

快乐滑草

6月16日上午8时许，我们“半岛”小记者团到金山去滑草，一路上，我们高兴地欢呼雀跃。

到了滑草场，好优美的环境啊！极目远眺，满目绿意。我们先试穿滑草靴，哎呀！太沉了，穿上走起来就像脚下坠着万斤巨石，也像电影里的钢铁侠一样，走起路来咔咔响，叔叔教我们，走的时候要踮起脚来走，否则会摔跤的。穿好滑草靴，我们便去领履带，这下就没有那么好穿了，沉沉的履带，我们要一边紧着一边往上按，最后弄了一大顿也没弄好，只好拿了出去再穿。

穿好了滑草靴，我走到场地边拿了滑草杖，就先在场地上滑了起来。我摆着电视上的滑雪运动员们的姿势，回味着滑旱冰的感觉，慢慢地弓下腰，将滑草杖轻轻向后一拔，身子就随着滑草靴向前滑去。哈哈，我能滑行了，还真是个无师自通的滑草天才啊，实在是佩服我自己啊！不过，一会儿，冏冏的事情就来了，我滑着滑着，脚下的履带靴就失控了，一个劲地往外滑，最后，“扑通”一下摔倒了，刘方旭连忙过来扶我起来，看来这东西要掌握平衡呀！

过了一会儿，我爬上半坡后再往下滑，还没拿稳，我就飞速地往下滑，结果，我发现弯着腰，或者身体前倾，都可以掌握平衡。

我撑着滑草杖，和几位“仁兄”一起忍受着攀爬的艰辛，缓缓向上。好不容易才到了顶端，就一下子瘫倒在草地上，“呼呼”地直喘气。休息了一会儿后，我又率先往下滑，感觉不错，没有想象中的那么困难。我正得意着，哎哟，一不留神之间，又是人仰马翻了。我急忙爬了起来，继续向前滑行……

滑了一会儿后，我去滑小车，小车飞速从草坡上滑下来，那感觉真是又爽又酷！

走！我们一起去滑草吧！

（五年级作品）

（原载《半岛都市报》2013 年 6 月 21 日）

2013年10月2日　　星期三　　晴

姥姥家的动物

从小，我是在姥姥家长大，姥姥家的动物真是有趣极了，它们伴我快乐地度过每一天。

“胆小如鼠”的狗

姥姥家的小狗“绵羊”弄丢以后，姥爷又要回一只小狗，现在已经长大了，身上有几大块棕色的斑，其余都是雪白色的，长得很漂亮，唯一不足的是它的嘴两边有一些像胡子一样的长毛，高高的长腿，大大胖胖的爪子，真像家狗与雪纳瑞的结合体，最有意思的是，这只小狗的胆子不是一般的小。

这次回姥姥家，我算是真正领教了。一下车，突然发现姥姥家门口有一只黄白花色的狗，一定是姥爷新要的狗。我正想好好地看看它，突然眼前一花，它已经惊慌失措地跑远了。姥姥说：“这只狗真小胆气，恐怕一时半会儿不会回来了。”果然，直到晚上，它才悄悄地溜回家，晚饭也没有吃，就趴进它的狗窝里，一宿没有声音。第二天天还没亮，姥爷去菜园子开了大门，花狗趁机蹿了出去，又一次失去了踪影。早晨起床，本想去看看小狗，可是当我探头向狗窝一瞧，狗窝里已经空空如也，我心里有些失望。

姥姥忙着做早餐，想起昨晚姥姥看到我的胖肚子，提醒我应该减肥了，我赶紧快步跑出去，跑到小河边，呼吸着新鲜空气，弯弯腰，踢踢腿，好好放松了一下，又跑回家，感觉挺舒服。妈妈陪着我跑了第二圈。

上午，妈妈找出小铲子，要到田野里去挖野菜。我呢，找到我以前钓鱼用的小壶，抓上一把花生，打算钓上几条小猫鱼。来到小河边，啊！黄色的土地上点缀着鲜花、野草，美丽极了，有黄的，有紫的。天空上，到处都是燕子的呢喃细语：“叽喳叽喳，啾啾！嘀哩……”它们仿佛在说：“春天真美，真美，赶紧安家，嘀哩……”对面的大树上，喜鹊们喳喳喳喳地叫着，忙着料理它们的新家，你看，一只只喜鹊穿梭在树丛间，嘴里还不时叼着小树枝、小石子做窝。妈妈很快就挖满一篮子野菜：苦菜、荠菜、麦蒿……可是，我却没有一点收获。妈妈说：“可能水凉，鱼儿还在水底吧。”我收起小壶，捡来石头，和妈妈一起打了一会儿水漂。

回家路上，突然，一个熟悉的身影从我们家的草垛蹿出来，啊哈！原来是小花狗，我忍不住去逗逗它，没想到它畏畏缩缩地后退了两步，我便只好在远处不停地招呼道：“狗儿狗儿快过来！”那只花狗惊恐的眸子里透露出不安，身子也不停地颤抖，尾巴也摇得厉害，爪子曲折，弓着身子，似乎随时就准备落荒而逃的样子。我有些不耐烦，往前走了两步，没想到那只花狗哀嚎两声，连滚带爬地抱头鼠窜，只见它撅着腚，夹着尾巴，拼命地逃跑，它屁颠屁颠地想跳过石墙，没想到，由于心急，蹬松了一块石头，滑下去摔了一跤，又狼狈地爬起，无力的爪子抓着石墙，后腿一使劲儿，又匆匆地跳上了石墙，摇摇晃晃的，那“胆小如鼠”的样子逗得我直想发笑。狗儿临走时还回头望了望我，那懦弱的眼神注定它就是一只天生胆小的狗。

小黄狗跳下石墙，一溜儿烟，沿着西胡同狂奔而去。

鹅也“疯狂”

姥姥家原来有四只鹅，有着黄黄的冠，大大的脚蹼，肥肥的身子，走起路来一摇一晃的，有趣极了。可惜好景不长，有一只下雨时被淹死了，还有一只被杀了吃肉了，悲了个催啊！

现在，姥姥家就剩下两只大鹅了，一只公的，一只母的，那只公鹅长得可好了，长长的脖子，头上的冠如同金子做的。

那只公鹅和母鹅相依为命，它们渐渐有了感情，常常形影不离，公鹅不时为母鹅梳理梳理羽毛，母鹅也常常为公鹅理理脖子上的羽毛，亲密无间。有一次，姥姥进圈给鸡添食，没想到这公鹅小眼睛里闪着凶光，屁股上的毛一抖一抖的，张开翅膀，挡在母鹅身前，伸长脖子：“咯嗬咯嗬！！”发出了警告，并拿嘴拧了一下姥姥，这一拧可不轻，姥姥腿上立刻泛出一块大青。也许是公鹅保护母鹅心切，它不让人靠近母鹅，总像个好斗的勇士，梭巡于母鹅的身边，不时地发出警告。

姥姥还告诉我，因为公鹅总有攻击性行为，每当姥姥把鹅放到大门口时，总要跟出去看着，以防有人从这儿经过时，公鹅扑上去咬了别人。果然，当有人从门口经过时，公鹅似乎感到了威胁，伸长了脖子，张大嘴巴，

追着去拧行人。姥姥连忙驱赶公鹅，把它逼到矮墙边，有时公鹅太凶，姥姥不得不狠狠地敲它一下，但也总是不能打消公鹅保护母鹅的心。以至于经常从我家门前经过的人，都会早早地自己准备一根小木棍，以防公鹅的攻击。即便是这样，每次经过我家的门口，都要被公鹅追出很远。公鹅真是有点要疯了，面对着挥舞的小木棍，它总是毫不畏惧，伸长着脖子，“嘎嘎”大叫着扑向行人，直到他们吓得落荒而逃，它才唱着胜利的歌，慢慢踱回到母鹅的身边，一边相互偎依着，一边交颈厮磨，像是低声细语，又像是切切安慰：“亲爱的，你好吗？有我在，不用怕。”

唉！鹅也疯狂啊！都是“爱情惹的祸”！

“走正步”的鸡

姥姥家有一只“走正步”的鸡，听起来你应该觉得很奇怪吧，鸡怎么会走正步？告诉你吧！姥姥家真的有一只“走正步”的母鸡。

这只“走正步”的鸡还有一个曲折的经历呢。听姥姥说，这只鸡以前还是好好的，当把它和两只又肥又大的公鸡放在了一起，“悲剧”就开始了，这只鸡整天被挤在笼子一角，腿也在别着，这样的日子一长，腿就渐渐变得无力。有一天，姥姥把它放出来，才发现它的腿已经不能动了，也不能缩了，这不听使唤的双腿就像人瘫痪了一样，只能半蹲在地上，可怜极了。姥爷见它不太中用，便想杀它，善良的姥姥说：“先别杀它，再养养看吧！”从此，姥姥就把这只鸡放在院子里，亲自来喂它，还不时给它按摩按摩脚，也许是姥姥的爱心感动了上苍吧！没有几天，那只鸡竟颤巍巍地会站起来了。姥姥开心极了，更加细心地照料那只鸡，总是一边喂鸡，一边抚摸它，不时地摩挲它的脚和腿。那只鸡在姥姥的细心照料下，也许有了活下去的勇气，它顽强地站起来了，但不时地歪倒在地上，整天不停地四处跳跶，又经常摔个嘴啃泥。

又过了几天后，奇迹再次出现了，那只鸡会走了，只不过是和其他鸡走得不太一样。其他鸡走路是爪子朝下，而这只母鸡却是将爪子向上

高高跷起，它这样走路别有一番特色：挺着的胸脯，高高昂起的头，高抬腿，走正步，坚定的步伐，悠然的神态，活脱脱一个巡逻的军人，对，像个“走正步”的军人。它那种慢条斯理的样子，常常让我哈哈大笑，但笑过之后，却被姥姥的爱心感动，就无限爱怜地看着母鸡一步步地、坚定地走下去。

勇敢的“走正步”的鸡，一天比一天结实了，它用自己的这段经历告诉我：学会坚强，笑对人生！

“芦花”和“大黄”

姥姥家养了五六只母鸡，其中有两只年龄稍长，恐怕得有四岁了，一只是黑白相间的芦花鸡，叫“芦花”；一只是浑身金褐色的黄母鸡，不知怎的，我特别喜欢这只毛色金黄的大母鸡，给它起名叫“大黄”。

说来也怪，这两只母鸡俨然成了鸡一家的家长，每天带着鸡们在姥姥门前的大街上、屋西面的小院里刨土、觅食，吃饱了就在矮墙边上秧地瓜苗的沙坑里，懒懒地躺下，展开翅膀晒太阳，有时候还故意弄自己一身的土。

我不到一岁时就住进姥姥家，打小就喜欢这些鸡，尤其喜欢芦花鸡和黄母鸡。不仅仅是因为它们两个年长，生蛋下力，也不仅仅因为它们下的蛋总能被姥姥变着花样给我做成美味：有时是两个白水煮蛋，有时用油煎成焦黄的鸡蛋饼儿，有时候是小半碗蜂蜜蒸蛋羹儿，有时又变成一汤碗鲜美的木耳蛋花汤，反正不管是什么，总能让我这个小馋猫儿舔着嘴唇，回味无穷。实话告诉你们吧，其实我喜欢这些鸡，不只是因为蛋美味好吃，更是因为每天到鸡窝捡蛋时的那种欢喜，总能让我兴奋上老半天。

姥姥也喜欢她的这几只母鸡，尤其是“功臣”——芦花和大黄，四年来，它俩辛勤地生蛋，看家，立下了汗马功劳。为了给它俩多个伴儿，这不姥姥又抓来一群小鸡仔，好容易养大，也只剩下了四只，如今也都能下蛋了。

每天姥姥一定会早早地去菜园子，弄来新鲜的菜叶子，仔细地剁碎，拌上玉米面儿，麦麸皮儿，让鸡们吃个够。鸡们也争气，每一只都铆足了劲儿，各个下的蛋都比邻居家的鸡蛋个头儿大，虽然并不是每一只鸡每一天都能够下蛋，但我一天捡上三四个鸡蛋不成问题。

我每天最盼望的事情就是看着下蛋的鸡们一一趴进窝里，再一一离开鸡窝，于是就满心欢喜地去捡蛋，当我捡起热乎乎的、还带着鸡的体温的蛋，先是兴高采烈地大喊："姥姥，姥姥，快看！鸡又下蛋啦！"然后小心翼翼地把鸡蛋一个一个地摆好，仔细地数一数，再心满意足地放进姥姥专门准备的放鸡蛋的小米缸里。因为是老母鸡了，芦花和大黄下的蛋格外大，皮也特别光滑和结实，每年清明吃鸡蛋，我拿着煮熟的芦花和大黄的鸡蛋，和小伙伴们玩"撞鸡蛋"的游戏，总能赢，被大家信服地称为"常胜将军"，由此，我也更加疼爱芦花和大黄，常常捉来小蚂蚱、小鱼小虾单独给它们两个吃，它们俩生蛋更下力了，蛋也变得更香了。

每年母鸡们生蛋的季节，也是我最高兴的一段日子，每天和姥姥一起剁菜、喂鸡，每天享受着捡蛋的乐趣，看着米缸里的鸡蛋越来越多，我心里甭提有多高兴了。

生软蛋的"大黄"

可是有一阵子，我却发现了怪事，每次捡蛋的时候，我数来数去，总觉得蛋少了一只，窝里却莫名其妙地多了一些软的碎蛋壳儿。几次后我就把怪事儿告诉了姥姥，姥姥也发现了大黄有问题，就把其他的鸡圈进栅栏里，唯独留下了大黄自个儿在院子里悠然自得地刨食、散步。

该下蛋了，大黄"咯——咯——"地叫着，不紧不慢地踱到鸡窝旁，看看无人，照例蹲了下去。我耐心地等啊等啊，等到院里响起大黄"咯哒咯咯哒"的叫声，我就一溜小跑儿地来到鸡窝旁，迫不及待地伸手去摸蛋。可是又晚了一步，窝内只剩下了一堆软塌塌的皮儿和一摊蛋液渍，蛋又没了。"蛋哪儿去了呢？"我看着屋檐下觅食的大黄，抓了抓后脑勺儿，百思不得其解，"难道是你自己个儿把蛋吃掉了？"

第二天，担心大黄又把自己的蛋啄破吃掉，我早早地就起床，从姥姥给鸡喂食起，我就盯紧了大黄的行踪，过了半晌儿，听到大黄又"咯——咯——"地拉起了长腔，我知道大黄该下蛋了，当我发现它蹲进鸡窝时，干脆我也蹲在鸡窝旁不走了。

就这样，我和大黄你盯着我，我盯着你，大眼瞪着小眼，一声不吭。大黄似乎感觉到了一丝丝危机，它好像很不情愿我待在旁边，蹲下去又站起身，嘴里“咯咯”地叫着，似乎表示不满，似乎有些着急。我不管，万一我要是离开，你再把蛋吃掉咋办？我双手抱着肩，头往边上一歪，大有不捡到蛋誓不罢休的架势。无奈，大黄只好站起来，左转转，趴下去；似乎不舒服，又站起来，右转转，再趴下去，很是不安的样子。

“好吧，好吧，”我小声嘟囔着，妥协地站起身走开了一些，低头趴在墙上，“我不看总可以了吧？”我并不甘心，悄悄地扭转头，用眼的余光瞄着大黄。也许是大黄真的憋不住了，它老老实实地趴进窝里，不再理我了。奇怪的是它的喉咙里却发出了异样的声音，羽毛似乎也挓挲了一些，它的红鸡冠似乎变得更红了，就连圆圆的小眼睛也似乎更红了。“咦，它下蛋会疼吗？”看它辛苦的样子，“是在用力吧？”

不一会儿，母鸡大黄变得安静了，稍加休息，它似乎要站起身，却低头要寻找什么？

“不好！”我惊呼一声，“大黄又要吃蛋了”

我赶紧拿起身边的一棵玉米秸去戳大黄。我的意外举动把大黄吓了一跳，它一起身逃了出去，又扭转身瞧向窝里，似乎有点不舍。

“去——去——去——赶紧一边去！”我使劲挥动着玉米秸赶它走。

大黄只好溜走了，它“咯哒——咯咯哒——”一路高唱着向大家伙儿去报喜了，似乎已经忘掉了自己的蛋。

我探进手去一摸，“嘿！”蛋还热乎乎的，是个软皮，有点湿湿的，“幸好还没有破”。我赶紧小心翼翼地捧着这个软皮蛋，一路小跑儿去找姥姥。

“唉，母鸡们缺钙了，蛋都下成了软皮。”姥姥有些惋惜地说，“赶明个儿让你姥爷去赶集，买点海蛎子和蛤蜊吃，剩下的皮我把它们碾碎，拌到鸡食里面去，吃上一阵子就会好的。”

姥姥家的动物真是有趣极了，它们陪伴我度过幸福而又快乐的童年！

（六年级作品）

2014年2月16日　　星期日　　晴

捉狗记

今天,是返校第一天,我们又回到熟悉的校园。向老师、同学拜年之后,我们就交流起春节中的趣事。也许是过大年玩得好，吃得好，我发现同学们个个变得胖乎乎的，个子似乎也长高了许多。

时间不知不觉过去了，放学路上，我和妈妈也不例外，一路谈论今天上午的所见所闻和所感。进入小区，为了安全，我们拐进楼群，沿着小路回家，刚刚走上那个小斜坡，突然我发现一只小狗沿着冬青树往西跑去。我一声惊呼：“妈妈，快看！一只小狗！”只见一只小花狗，它实在是太小了，甩动着小尾巴，扭动着小屁股，使出了吃奶的劲儿，一个劲儿往前跑。我太喜欢小动物了，立刻追了上去，可是，当我跨上那十几层台阶后，小狗已经消失了，我估计小狗不会跑得太远，就沿着楼前的冬青树丛一直追踪，直到拐角处，也没有再看到小狗的踪影，我的心里还真的有些失落。

中午回家，我的心里还挂念着那只可爱的小狗，对妈妈说：“妈妈，我很想把那只小狗捉回家。”妈妈说:“这么小的小奶狗,还不能离开妈妈,如果没有主人，说不定是野狗妈妈刚刚下的崽儿，看样子，还没有分窝，是正在吃奶的小狗，先不用着急，以后再说吧。”我没有吱声，但是心里却想：我一定要把小狗捉回来。

中午上学的时候，我仍不死心，故意经过那个楼群，我沿着楼前一边走，一边仔细观察、搜寻，走到小狗失踪的那个地方，我猜测，狗妈妈会不会把家安在空调机下面？于是穿过冬青树丛，走过去查看，可是空调机下空空如也。因为怕迟到，我顾不上仔细查看，匆匆忙忙向学校赶去。

第一次侦查

以后每次放学，我都会在那些楼群之间侦查、搜寻，我坚信，狗妈妈的“家”就在小狗出没的附近。

果然，第二天中午，我又从沿着上次拐弯的那条小路蹒跚前行，眼睛不时地四下观望，就当我走到那片竹林边上时，突然冲出一只母狗，它远远地就向我狂吠，它的孩子肯定就在附近，我心中一阵暗喜。但看到母狗龇牙咧嘴，不停地吠叫，我知道它是护子心切，想起妈妈警告过我：狗妈妈在生了小宝宝之后，怕人伤害它的孩子，会变得非常凶恶，不会让人靠近的，我只好灰溜溜地避了开去，转个弯，绕过狗妈妈，赶紧回家去，把我发现狗的好消息先告诉妈妈去。

第二次侦查

当我兴奋地把发现母狗的事告诉妈妈，妈妈紧张地问我：“发现小狗了吗？你没有惹它吧？刚下崽的狗妈妈可是很可怕的啊！”我急切地问妈妈：“那怎么办啊？我真的想捉到那只小狗。”妈妈见我这么想要小狗，说：“这样吧，小狗还这么小，离不开妈妈，你先继续观察，看看它们的窝到底在哪里。我们准备好手套，有机会就提回家吧。”得到妈妈的支持，我的心里可高兴了，以前中午的时间总是很快过去，我总是匆匆忙忙地吃饭，匆匆忙忙地赶着上学，而今天时间却显得那么漫长。中午上学的时候，我就提上了一个袋子，也准备好可防护的手套。

又是一个中午放学时间，我走到竹林附近，突然看到两个小孩，拿着竹竿，正在往冬青树丛里戳，一边戳一边大声喊：“我发现啦！就在这里，在这里！”是小狗吗？我一个箭步冲上前去，果然，冬青树丛的深处一堆毛茸茸的小东西在蠕动：嘿！一只黑的，一只黄的，还有一只花的，那只花的正是我看到的那一只。还没等我下手捉，出去打食的狗妈妈回来了。哎呀！不好，赶紧逃，孩子们一哄而散，我也扫兴而回。但还是按压不住心中的喜悦，把发现三只小狗的事告诉了妈妈。妈妈只是淡淡地说：“我劝你不要太心急，一是小狗太小，二是吃奶的小狗，你捉回来不一定能照顾好它，还是从长计议。”

下午放学时，我悄悄地靠近竹林，一心想趁狗妈妈不在家，捉到其中的一只小狗。当我小心翼翼地从竹林背面包抄过去，嗯！没有动静，我长吁了一口气，狗妈妈肯定不在家，这真是千载难逢的好机会，我胆子大了一些，探头扒开草丛。咦？小狗竟然不见了。

原来，孩子们的戳弄让狗妈妈感到了危机，它担心自己的孩子遭遇不测，已经把孩子们安全地转移了。我很失望，四下环顾了一番，没发现什么迹象，看来，要提到小狗，又要费一番周折了。真是个机警、多疑、负责的好妈妈，我心里不由赞叹，因为小狗由于妈妈的及时转移，的确是逃过了一劫。

追踪一

第一次捉狗虽然落空，但并没有打击我的积极性，我想，要想叼走三只胖乎乎的小狗，也不是那么容易，狗妈妈的“新家”离这儿不会太远。我在放学路上，更加留心，一直在竹林的附近四处追寻，希望发现新的蛛丝马迹，可一连几次都没有结果。正在我有些失望的时候，一次下午放学，我和妈妈经过竹林，我停了下来，扒开冬青树丛，把小狗们趴过的地方指给妈妈看。“汪汪！”突然，一声狗叫吓了我们一大跳，声音是从竹林西南端传过来的，哦！怪不得我总也找不到，原来狗妈妈把宝宝们转移到另一座大楼的前面的树丛，因为远离路边，又被一座小房子挡住了视线，的确非常隐蔽，又离原来的旧窝并不远。真是只聪明的狗妈妈，它原来也懂得，最危险的地方往往就是最安全的地方。我们做梦也没有想到，狗妈妈的新窝，还没有离开我们的眼皮底下，只是我们猜测有误。因为狗妈妈在家，护犊的母狗会不顾一切，知道今天我们是讨不到什么便宜，妈妈一直催促我，我只好一步三回头，有些不舍地跟妈妈回家。

回到家里，我就有些担心，跟妈妈说：“我敢肯定，狗妈妈会第二次搬家。”妈妈安慰我说：“让狗妈妈再多带一会儿小狗，等小狗长大些，一定会想个办法捉一只回家。”

追踪二

果然，狗妈妈和小狗们又销声匿迹了。

今天，我又来到那些楼附近仔细搜索，没想到这只母狗竟然这么狡猾，和我们几个小朋友打起了游击战，昨天的狗窝还在，今天就搬走了。唉！

碰上了一群调皮、捣蛋的孩子，狗妈妈怎能放心，把孩子们叼来叼去的好辛苦哦！

围着楼群，一直追踪，绕来绕去，东藏西藏，七拐八拐，真是把我们给转晕了。看来，这是一只有经验的母狗，我们只能智取。

我先派了一个小伙伴在楼的隐蔽处埋伏，其他全都藏得远远的，就这样，大家都耐着性子等着等着，等了许久，那只母狗终于中计，只见它小心翼翼、探头探脑地走了过来，先是走走停停，警惕的目光向四下扫射。我们虽然高兴，但都紧张地屏住了呼吸。母狗见没有人，便以一个灵巧的转身，悄然无声地转进了树丛。我向伙伴们递了个眼色，蹑手蹑脚，从四面包抄上。当我们再一次进入视线，向树丛逼近时，母狗预感到了危机，猛地从树丛里跳了出来，只见它全身毛发恣张，耳朵直竖起来，双目血红，怒视着我们，尾巴摇来晃去，拍打着草地，嘴里“呜呜”地叫着，像是发出恶毒的诅咒。它恨我们这帮“坏小子”搅了它们母子的安宁生活，害得它每天每天提心吊胆，坐卧不安；为了孩子们的安全，它被迫带着狗宝宝东躲西藏，寝食难安。仇人相见分外眼红，它咆哮着，大有些豁出去的感觉。见母狗如此护子心切，我们胆怯了，无心恋战，只好一走了之。

捉狗成功

我在放学的路上，一直没有忘了继续追踪小狗的下落，这样日子像流水一般过去。几个好朋友也都知道了我想捉到小狗的计划，大家也在帮忙追寻小狗们的下落。

一个中午，天气变暖了很多，因为寻找小狗耽误了回家的时间，妈妈一边吃饭一边埋怨我回家晚了，连饭都变凉了。对于妈妈的关心，我感到理亏，所以一声不吭，匆匆地往嘴里扒拉着米饭。妈妈也没再说我，吃完饭到卧室里休息去了。

我的饭还没有吃完，妈妈就喊我接电话：“是你的同学玄盛君的。”

我接过电话。“阿姨，我找江致远。”

那个冒失鬼还没弄明白接电话的是谁，一开口就喊阿姨，我差点喷饭，大吼一声：“什么阿姨？是我！”

玄盛君激动得连声音都变了："快快！江致远，赶紧过来，我找到小狗了！"我的饭还没有咽下去，兴奋得已经顾不得吃饭了。

只听电话里还传出一句："吃完饭再来吧，到我家找我，你知道我家吗？"电话一提，我抓起外套，蹬上鞋子，正想飞奔而去，被妈妈喊住了："拿上手套，再拿一个袋子！慌张什么？真是个冒失鬼！"

真是太幸运了，原来昨天我们对狗窝的包围，让狗妈妈再次搬家，只是，她只叼走了身材还小的黑老二、黄老三，这只胖嘟嘟的、已经很重的花老大还没有来得及转移，就被暂时留到旧窝。被玄盛君发现了。

真是天助我也！趁狗妈妈不在，我只是举手之劳，就把这只我盼望已久、还很弱小、颤颤巍巍的小花狗从窝里抱了出来，也许是没有了妈妈的庇护，也许是突然闻到了陌生人的气息，这只狗仔，在我的怀里瑟瑟发抖，发出不安的哼哼声。玄盛君也非常喜欢这只小狗崽，但是他的姑父有洁癖，不可能养小狗。他只好眼巴巴地看着我抱走，看着我的背影，他大声地喊道："以后我要经常去你家，我要看看小狗。"

这是我的小狗了，我第一眼就看中的小狗终于归我了，从今天开始，我就是他的小主人啦！

旺财的新家

当我满头大汗地把小狗抱回家，小花狗从袋子里露出小脑袋，它的眼里流露出的是惊恐与不安。妈妈见了，连忙叫我上楼去拿了一个大盒子，将小狗放了进去，旺财似乎很喜欢它这一个新家，在里面蹦来蹦去。过了一会儿，它唧唧地叫了起来，眼里似乎还有眼泪，我急得不知所措。还好妈妈有点经验，往茶杯里倒进一点牛奶，找出一个小瓷匙子，舀牛奶放到小狗的嘴边，旺财果然是饿了，吧唧吧唧地吃了起来，我赶紧拿了一个塑料饭盒，给小狗旺财当饭盆，中午妈妈正好熬的米粥香喷喷的，我盛了一些放进盒子里，旺财一会儿抬头舔舔奶勺子，一会儿低头舔舔米粥，兴奋得不断地甩甩小尾巴，踢踏小脚丫，一不小心踏翻了饭盆，它惊吓地一跳，头又撞翻了奶勺，这回可惨了，只见旺财脚爪上沾了黏糊糊的米粥，奶又溅了一身，显得有点狼狈。不过它还真是一个小贪吃鬼，用爪子抹抹脸上的牛奶，又迫不及待地张开嘴，吃得直咂吧嘴，把我和妈妈都给逗笑了。

考虑到它刚刚离开妈妈，妈妈给它找了我的一个最软的毛绒兔子，再给它在箱底垫了一块海绵，这就是小旺财的新家。

旺财真乖

第一夜，小狗搂着毛绒小兔子，一觉睡得很香，没有叫唤。它在梦中时常咂吧嘴，好像还在妈妈怀里。看来小狗喜欢它的新家，喜欢我这个小主人。

给旺财洗澡

这是个周末，爸爸说："小狗虽然可爱，但从树丛里抱回家，肯定很脏，今晚给它洗澡吧。"

旺财洗澡时，一声不吭，要多乖有多乖。我们帮它打上沐浴露，好好地洗了一番，也许洗的时间太长，到最后，旺财浑身直打哆嗦，为了让它不冷，妈妈抱着小狗，爸爸帮它吹风，我赶紧找出一把小梳子，帮它梳理弄乱的狗毛。毛吹得半干了，也许冷，也许害怕电吹风的"呜呜"声，旺财抖得更厉害了。妈妈翻箱倒柜，找出一个棉衣帽子，把旺财整个放了进去，只露出小脑瓜。

哈！旺财的样子别提多有趣啦！

（六年级作品）

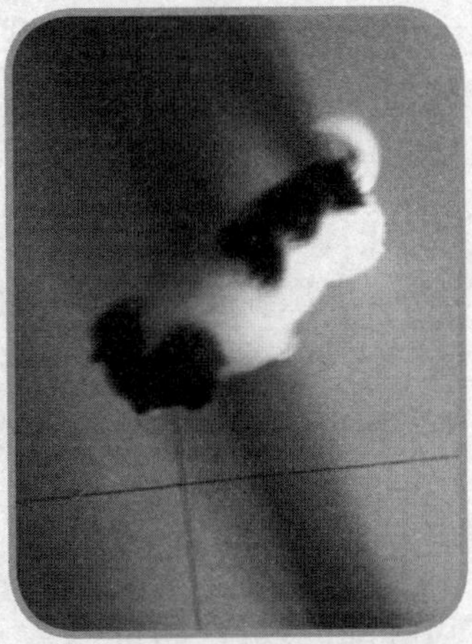

旺财小像

2014 年 3 月 29 日　　星期六　　多云

马山一日游

(一)“爬山”

今天上午，天气温暖，太阳公公时不时躲进薄薄的云层，不冷不热，特别适合户外运动。妈妈和二姑带我们一起爬马山。

我拿上饮料、水，妈妈洗好水果，早早等在阳光城北门。一接我们上车，弟弟就迫不及待地和我研究起来：上山的路程，怎样搭帐篷？如何观察小昆虫？

路不很远，不一会儿，就看到了马山。只见几座山峦连绵起伏，并不是很高，有点像马鞍，我想，这也许就是马山的来历吧。山上遍布树木，有的已经发芽，有的还光秃秃的。一到山脚下，我和弟弟赶紧跳下车。啊！好清新的空气啊！我贪婪地嗅嗅这春天的气息，大口大口地进行了几次深呼吸，心情真的很舒畅。路边的小野花已灿然开放，蒲公英绽开黄黄的小花朵，像一个个调皮可爱的娃娃，戴上黄黄的绒球帽子，微风中似乎在向我们点头呢。那些紫颜色的小花遍地都是，二姑和妈妈说她们小时候一到春天，这样的小野花，山坡上、野地里到处都有，很是美丽，只是想不起它们的名字了。金灿灿的连翘花开得正旺盛，一片金黄，耀人的眼。我大声赞美：“这里的连翘真多、真美啊！”二姑说：“这是迎春吧？”我告诉二姑迎春花不仅花瓣多，花朵像个小喇叭，仰起脸儿朝着天空，像是向人们报春。而连翘的花瓣裂成四片，而且花朵向下低垂，一串串那么整齐。另外，两种花的颜色也不尽相同，迎春花黄灿灿的，花朵的背面带红，显得更漂亮。连翘的黄色稍显浅一些，却是满眼一片黄色，那么纯净，那么灿烂。二姑笑着夸我：“大侄子，你懂得还真不少哩！”我笑着摇摇头，她哪里知道我现在的心思。去年小区里的连翘和迎春开时，我也是分不清哪是迎春，哪是连翘。是妈妈引导我进行了仔细的观察，还上网查了资料呢。

我和弟弟背上行装，吃的、喝的装满了背包，装帐篷的背袋很沉，我自告奋勇背在后背上。弟弟提着烤鸭，背上背包。妈妈和二姑提上轻便的包，带上挖野菜的铲子，我们一起出发，开始登山。凉风习习，迎面而来，真是爬山的好天气。虽然山不是很高，但有些地方仍很陡峭，到处都是沙土，石块也遍地都是，如果一不小心踩空，随时都会滑倒滚下去，或是绊倒。我和弟弟的行装都挺沉，只好弓着身子，一步一步艰难地往上爬。为了挑战自己，我们有时并不走台阶，而是走山中杂草丛生的小路。二姑不断提醒我俩要小心，告诉我们太陡的斜坡重心低下去。弟弟有几次都猫着身子，手脚并用，的确是在“爬山”了。

（二）赏景

初春的山显得很寂寞，平静极了。

老槐树满树的豆荚挂了整整一个冬天，仍不见一丝的生机。枯草遍地都是，偶尔有绿色从中冒出来，星星点点，是返青的荠菜，发绿的苦菜，也有已经发芽的“山蚂蚱菜”，但是瘦得可怜。干旱的一冬，让万物多么需要一场及时的春雨来滋润啊！

但这些花花草草也预告着春天的到来，几只小蝴蝶在低空“扑扑”地飞，洁白的颜色，小小的身体，显得十分有灵性。刚出芽的小草和枯草形成鲜明的对比，在这都要干裂的土地上，小草顽强的生命力此刻方显示了出来。“野火烧不尽，春风吹又生”，一点也不假。

妈妈不时在路边的草丛中挖野菜，掐“山蚂蚱菜”，还一边感叹：“这野菜太小了，‘山蚂蚱’太瘦了，真需要一场春雨啊！”我和弟弟则累得满头大汗，一边站在路边的松树下歇息，一边呼呼地喘着粗气。二姑越走越快，站在上面给我们摄像、拍照。

爬上山顶，才觉得山风比较大，显得比较凉爽，驱走了刚才的燥热。我们回首南望，只见蓝岙公路像一条绸带，延伸远去，公路上的汽车变小了，就像一辆辆玩具车，有趣极了。远处的树啊，房子啊，大楼啊，都变得矮小了许多。山下、山间的柳树泛出一片鹅黄，玉兰花开得正旺，春天正迈着轻快的脚步来到山里。我们欣赏着美景，呼吸着新鲜空气，真是惬意极了。

（三）野餐

开始下山了，走到半山腰时，有些累了，也有些饿了。赶紧寻了一块比较平坦的斜坡，开始搭帐篷。(第一次寻找不成功)我是第一次搭帐篷，拿出说明书，一边看一边学。本以为是件简单的事情，没有想到真做起来还挺难。打开行装，照着说明书，一步一步认真去做：从铺开铺皮、扎下地刺、接起支架、穿上帐篷到落地支帐，真是一项复杂的“大工程”。搭帐篷过程中，我嫌石块会硌人，就掀起一块石块，妈妈赶紧制止，担心地问：“有人在石块下抓过蝎子，应该没事吧？”二姑对我们说：“不用动这些石块了，铺在底下就行了，让这些小虫子们好好地活着吧，是我们入侵了它们的家园。”

帐篷搭起来了，虽然很累，但我和弟弟很有成就感。找到拉链门，拉开拉链，脱下鞋子，一迈脚就钻了进去。“哎呦！”不好！斜坡有点大，弟弟差一点翻了跟斗，幸亏帐篷挡了挡，但一百多斤的重量，愣是拽出了一根地刺。我得了教训，不敢再冒失，小心翼翼地挪了进去。妈妈和二姑把所有的好吃的放进了帐篷里，我们四人坐进帐篷，开始了盼望已久的野餐。真是一顿“美味”啊！美味的烤鸭，松软的面包，爽口的酸奶，酸甜可口的果汁。妈妈和二姑又把水果摆出来：橘子、苹果、小柿枣。因为我的舌头溃疡，妈妈又洗上四个大大的西红柿……真佩服我的老弟，没有买到一次性塑料手套，他灵机一动，买上了一卷保鲜膜，我们用湿巾擦了手，套上保鲜膜，把鸭子撕开，大，快朵颐。帐篷里真是太舒适了，挡住了山风，却还能透过阳光（有一层外篷我们没有搭），我们吃得很开心。路边经过的行人不断看过来，也许为我们的点子而叫好吧。

我们野餐之后，聊了一会儿，二姑把拍下的照片发给了老爸。老爸的回信让我们开心得笑掉了大牙。因为要到石林去，我们只好意犹未尽地收帐篷，没想到，却意外地发现一只臭虫和一只猎蝽，也许是被美味所吸引，也许是要到帐篷里小歇一会儿，它们一只在地上慢慢地爬，一只在棚顶上慢慢地爬，悠闲得很哪。

我笑道：“小昆虫也喜欢住帐篷。”

“也有可能更喜欢我的烤鸭。”弟弟小声地嘟囔。

只见帐篷顶上的小猎蝽一边踢蹬着细腿，一边有条不紊地梳理着长须，有趣极了。我是非常爱护小动物的，把它们轻轻地放了出去，再抖抖帐篷，生怕里面还有小生灵。二姑建议把帐篷翻个个儿，一是抖掉吃剩的食物渣渣，二是别落下其他的小昆虫，无意间伤害它们的小生命。

（四）观石林

下一步是走下山去观石林奇景，刚刚吃饱饭，我觉得步子轻快了许多。

路上经过水库，我想起小时候妈妈曾经带我在这里提过小蝌蚪。水边有几个人在捉鱼，其中有个人比画足有半尺长，吸引几个过路人也下去提起来。

远远看到石林了，只见山石如刀削斧劈一般，一大块一大块的页岩裸露在外面，高高地耸立，形成了独特的自然奇观。走到近处，只见一块大石碑上，“马山石林”几个大字遒劲有力。二姑给我和弟弟拍照留念，我们顾不上照相了，奔跑着到了石林底下。

啊！好壮观啊！山石耸立，如树如林，有的高，有的低，仔细看去，石头上有的地方还留有炮眼儿，我抚摸着这些炮眼儿，也许这是当时开采石头时留下的吧？我抬头仰望，不由得肃然起敬，大自然真是一位神奇的画家，给我们留下如此壮观的画面；更像是一位伟大的造物主，万物都在他的手中诞生。

我发现石林脚下有不少的小石块薄薄的，就捡回了一些，准备在街心花园的水塘边打水漂儿，这可是我刚刚学会的一招儿。

哦！美丽的马山，你是我们即墨的一颗明珠。

（六年级作品）

马山石林

2015年2月18日　　星期三　　晴

故乡的“年”

在我的盼望中，“年”的脚步一天天近了。

一大早，我和爸爸妈妈赶在回老家的路上，一想到回家过年，心里便有说不出的喜悦。

“爆竹声中一岁除，春风送暖入屠苏。千门万户曈曈日，总把新桃换旧符。”一进胡同，就看见爷爷大门上贴着崭新的春联，墙壁上一个大大的倒“福”字，堂屋内，红红的中国结使家里洋溢着喜庆的气氛。

看到我们回来了，爷爷招呼着我一起挂族谱。看着桌上已经摆好的鸡、鱼、猪肉等三牲供品，我心底升起一股敬意。爷爷神态庄重，小心翼翼地展开珍藏的族谱，为我介绍家族的前几代人，奶奶去世了，她的名字也被添写在上面。说来也怪，我心中竟涌起一种莫名的神圣感，看着族谱，感觉心里暖暖的，与亲人间的距离一下子消失了，对老家也感到更加亲切自然了。“月是故乡明。”无论在天涯海角，故乡才是我们心中真正的家园，难怪“回家过年”已成为中国年的标志。

午饭后，爷爷带我去“送吊子”。所谓“吊子”，就是系有许多彩带的一根木棍。不知爷爷在精心制作“吊子”时，花费多少心血，饱含多少祝福。爷爷带我来到家族墓地，虔诚地把“吊子”插在“太爷爷”的坟头，头发花白的爷爷像个孩子般在坟前叩头，然后认认真真地拔除荒草，清扫墓地。我想他此时一定在追忆自己和爷爷、和父母度过的那些美好时光。爷爷又默默地来到奶奶坟前，那是一座刚添的新坟，坟包光秃秃的并不大，爷爷小声地念叨着，说是让奶奶千万记得回家的路，跟他一起回家过年。看着爷爷的背影，我觉得他的腰佝偻了许多。“吊子”上的彩带随风飘舞，把我们对故去亲人的思念用如此优雅、低碳的方式呈现，多么智慧的家乡人呵！

太阳快要落山时，鞭炮声此起彼伏，爷爷和爸爸一起去大街上接灶。接灶回家后，在宗谱面前，爷爷带我上香、磕头，祈求祖先保佑我们生活幸福，世代平安。接着又给灶王爷上香、磕头、焚纸钱，顺便把灶王爷的像也焚化了。趁妈妈包饺子时，爷爷和我坐在一起，一边喝茶，一边围绕着年的风俗聊了开来，爷爷笑呵呵地一一回答我心中的疑问。说到刚才的举动，爷爷说：“灶王爷上天去，会向玉皇大帝报告人间的是是非非。正所谓‘上天言好事，下界保平安’。所以每年才会有供奉灶王爷的风俗，刚才上香时，爷爷已经做了祷告，让灶王爷上天言说的都是咱家一年中做的好事，也祈求神仙保佑全家新的一年平平安安。”

当然，除夕的“重头戏”，一直是传统不变的全家人团圆，吃年夜饭，看春晚……

故乡的“年”，是大门上那抹喜庆的红；故乡的“年”，是我们牵挂亲人的心；故乡的“年”，是游子盼回家的情……

哦！故乡的“年”呦，难忘的“年”！

（七年级作品）

（原载《中学生·初中作文》2016年第6期）

2016年4月23日　　星期六　　晴

童年那些事儿

“摇啊摇，摇啊摇，摇到外婆桥……”熟悉的歌谣在耳边响起，我仿佛又回到了童年。

我的童年是在姥姥家度过的，那是一个有青山绿水的小乡村，和城市里的同龄人相比，我的童年更像童年。

我常常想起童年的那些美好的时光：追蝴蝶、挖野菜、逮知了、捉小鱼……累了，便来到乐园一般的小河边，四脚朝天地躺在那片松软如毡的草海里，嗅着泥土的馨香，仰望蓝天悠悠的白云，一任阳光活泼地洒满周身，一任无数彩色的梦幻在心中流淌。

春天，小伙伴们常常奔跑在乡间那片长满快乐的绿草地上。看，那小小的土坡上，闪着黄色的小朵的野花，狗尾巴草如同一条条毛嘟嘟的“狗尾巴”，摇来摆去，有趣极了。来到小河边，垂柳依依，一抹鹅黄映入我的眼帘，太美了！小溪从柳树下流过，蜿蜒西去，如同一条银白色的绸带飘过。在太阳的照射下，那水特别清，特别晶莹，好像一层透明的玻璃。那些铺在溪底的平滑的青苔清晰可见，柔软光滑，如同丝绒毯一样美丽可爱。水底还有各种水草，在微风轻动溪水时，它们也轻轻舞了起来，不少游鱼在水草缝儿里钻进、钻出，不时有几只大蛤蟆从水底爬上岸，吓得我们大气不敢出，看它们慢吞吞地爬走。

世宁用手托着腮，坐在草地上，手里拿着石块往河里扔，激起一片片水花，河面顿时漾起涟漪，一圈圈、一圈圈……我和涵琦挽起袖子和裤腿，脱掉鞋子，找一处浅的溪水，下水捉鱼。我们在溪底摸来摸去，慢慢地把小鱼逼向河边，然后双手一捧，就会有那么几条鱼儿在我们的手中蹦来蹦去，弄得手心酥酥的、痒痒的。我们捉到的小鱼不止有一种：小鲫鱼、小黄鳝、“麦穗儿”、蝼蛄……有趣的是，这些小鱼在我们的“围剿”下，惊慌失措，有一些竟然傻傻地往石块底下钻，有的翻了肚皮，还有的露出一条小尾巴，哈哈！顾头不顾尾，更容易就被捉住了。

这时，我突然踩到一个“硬邦邦的石头”，滑溜溜地一下子沉了下去，我感到奇怪，伸手一摸，咦？竟然摸到一个大家伙，举起来一看，哺！好大的一个河蚌！只见它深色的蚌壳上有着一圈圈花纹，还带着一些青苔。

“嘿！大收获！”我刚喊出口，还没来得及高兴，只觉得脚底下一滑，“扑通”一下坐在水里，把世宁和涵琦吓了一大跳。看到我水淋淋地成了“落汤鸡”，她们哈哈大笑起来。

如今，涵琦已经上大学了，回到城里上中学的我，也早已离开了那个魂牵梦萦的小山村，但每当回忆起童年的那些人，那些事儿，心里便不由升起一丝暖意。

（八年级作品）

（原载《课堂内外》微刊第 30 期 2016 年 5 月 6 日）

2016 年 4 月 29 日　　星期五　　多云

姥姥那个小山村

“哎哎，是姥姥啊！琦琦，你又长高了……考完学就回姥姥家住一段日子吧。”姥姥坐在电脑前，在我的帮助下，和姐姐在视频对话。

姐姐就要高考了，只聊了一会儿，就和姥姥道了再见，离开电脑前，专心去复习了，姥姥又和姨妈絮絮叨叨聊起家常来。

隔山隔水，远在几百里甚至千里之外，却像是在一间屋子里，这样面对面地打电话，真是太神奇了。打完电话，姥姥放下耳麦，一边离开电脑桌，一边啧啧赞叹：“这玩意儿真好，就像看到真人一样呢！”姥姥哪里知道，就算是在另一个半球，照样可以面对面地聊。高科技的信息时代，让地球人真的同住一个村啦！

我呱呱坠地那年，姥姥正抚养不到两岁的涵琦姐姐，刚刚能走稳路，等到我断奶时，姐姐就被送回到姨妈身边，她经常哭闹着要找姥姥。没办法，因为姥姥又要看着我啦。为让姐姐睡前能喊一声姥姥，姨妈为姥姥家安装上一部电话。红红的小匣子，“丁零零”一响，拿起话筒，“姥姥，我想你……”电话那头就传来姐姐奶声奶气的叫声，弄得姥姥眼圈直发红。

上小学时，我回到城里，舅舅又把妹妹送回到姥姥家里。姥姥养大了自己的三个儿女，如今又把我们拉扯大，当我们姐弟几个一天天长大，都一个个离开了姥姥。姥姥特别想念我们，因为路途遥远，功课又紧，我们只能在周末或假期的时候才能回家看姥姥。

看大了我们姐弟几个，姥姥一下子空闲下来。村里实行惠民政策，勤劳农民或包地种植，或承包鱼塘养鱼，有的办起了养鸡场、养猪场，有的买了机器制砖烧砖……村里人家家户户走上了致富之路。姥姥和姥爷是勤快人，商量了一下，包了几亩地，搞起了绿色蔬菜种植，姥姥还在园地里养起了鸡。

人们有钱了，生活条件提高了，环保意识也提高了。刚回到姥姥身边时，每当下雨时，村里的道路就泥泞不堪，还有成堆的垃圾没地方处理。现在，却不一样了，水泥打的路面，两边排水的沟渠，渠边整齐的花圃，还有道旁的一个个崭新的绿色垃圾桶，成为村里一道亮丽的风景线。

因为姥爷和姥姥的绿色蔬菜颇受欢迎，不得不扩大规模。姥爷本来就是种菜的高手，他觉得自己的经验不够用了，买回了书一边学一边试验，经过姥爷的悉心照料，各种蔬菜都长势喜人，卖得总比别人家的好。姥爷尝到了科学的甜头，跟妈妈学会了使用手机，联系客户方便了很多。每年姥爷都让大姨妈从潍坊捎回优良的菜种子，今年，我们又给姥爷买回了电脑，有时他碰到什么难题，还可以上网查查资料。

如今，每当我们姐弟几个回姥姥家度假，都成了姥爷的“小老师”，这不，就连姥姥也学会视频对话啦！

姥姥家的那个小山村，一个偏僻落后的小山村，变了，变得这么美丽、富饶；人们变了，变得更加勤劳，他们学科学，用科学，依靠知识走向了致富之路，过上幸福的日子。

十几个春秋转瞬即过，我们亲眼目睹了小山村的巨变；风风雨雨六十六年，它却见证了祖国的成长与变迁。

（八年级作品）

（原载《中学生·初中作文》2016 年 30 期）

第七辑

成长篇

2011 年 11 月 13 日　　星期日　　晴

第一次炒菜

平常都是妈妈和爸爸炒菜，看起来炒菜很简单，因为有时候妈妈几分钟就能炒出一盘可口的饭菜，我心想：原来炒菜这么简单，我为何不试一试呢？说干就干，今天我想一展身手，为妈妈和爸爸炒一盘菜。

炒什么好呢？平日我们都爱吃炒青椒，妈妈炒的青椒不仅味美，而且香脆，嗯！就炒青椒吧！

摘青椒，洗青椒，一切准备就绪后，我先拧开燃气灶的按钮，因为害怕，我的身子离燃气灶远远的，把头扭向一边，闭着眼，“啪”的一声，拧开了燃气灶。随着“滋滋”的响声，哈！火苗已经蹿出来了，上下跳动，真像小女孩在跳舞。接下来，我小心翼翼地倒进锅里一点油，“辟里啪啦”，油开始飞溅，怎么回事？我被吓了一大跳，不禁往后退了两步。妈妈见了，笑着对我说：“锅里有水就倒油，难怪往外溅，下次要注意，没关系，是不是害怕了？”我没有吭声，心想：可不能让妈妈小瞧了，他的宝贝儿子可没有那么胆小呢！我笑了笑，继续炒菜，过了一会儿，发现有烟冒出，我赶紧把菜放进锅里，只听“刺啦”一声，冒出了更多的烟雾，把我吓得锅铲差点掉在地上，站在那儿愣住了，不知该干什么了！妈妈笑得更欢了，对我说：“油可以烧至七八成热，菜就下锅，要不油温太高，容易糊，而且易出现刚才的现象。”哦！我恍然大悟，原来炒菜也有这么多学问。妈妈拿过铲子，娴熟地把菜翻了几下，说：“做什么事情千万不要慌，要一步一步来。你刚才做得不错嘛！”听了妈妈的鼓励，我心里舒服多了，战战兢兢地又拿起锅铲，学着妈妈的样子翻炒青椒，不过还是心有余悸，身子仍瑟瑟发抖呢！没想到青椒在妈妈的手下听话得很，到了我的手中却像调皮的娃娃，一会儿铲到左边，一会儿挤向右边，就是不肯翻身，其实还是害怕，身子离得远，手腕又没有用力，妈妈又指导了我几下，哎，有些门道了，我又翻炒了几下，“乒乒乓乓”真是太刺激了。不一会儿，锅里飘出了香味，真让人垂涎三尺，我迫不及待地加了一些作料，连忙把菜盛了出来，虽不能说是色香味俱全，但第一次炒菜，让我感到自己也成了家庭的小主人。

（四年级作品）

2012 年 3 月 9 日　　星期五　　晴

为妈妈洗脚

周末，老师给我们布置一个特别的任务：回家为妈妈做一件事。同学们感到很新奇，叽叽喳喳讨论起来。

为妈妈做点什么呢？一路上，我默默地想。放学回家，我走进房间，趴在学习桌旁，托着腮帮，又冥思苦想了一会儿，突然眼睛一亮，“嗯！就为妈妈洗脚吧！”这时，厨房里传来妈妈的喊声：“致远，吃饭喽！”“来了！”我爽快地答应一声，来到餐桌前，狼吞虎咽起来并神秘地对妈妈说：“妈，您也快点吃。”匆匆地扒完一碗饭，我就迫不及待地放下碗筷，抹抹嘴，就跑到卫生间，“吃饱了吗？”妈妈感到很奇怪，平时我吃饭有些磨蹭，经常被妈妈催促，今天的反常让妈妈感到有些奇怪。“哗哗……”我已经打了满满一盆热水，妈妈刚吃完饭，我就把她拉过来，边走边说：“从小就是妈妈为我洗脚，今天让我为您洗洗脚吧！”“不用，不用，还是我自己来吧！”妈妈摸着我的小脑瓜说：“你还是去写作业吧！”我让妈妈坐在小椅子上，不由分说就把妈妈的袜子脱了下来，然后把她的脚按进水里，刚一搓，就感到妈妈的脚是那么的消瘦，脚背上青筋暴突，显得那么清晰，脚后跟上，有硬硬的茧子，和我胖嘟嘟的小脚比起来，显得那么粗糙。我一边为妈妈搓脚，一边抚摸着那些硬茧子，有些心疼。妈妈小声说：“没什么，妈妈小时候下过地，干过很多活，再说，妈妈走的路很多，磨出茧子是很正常的事。”我的眼圈红红的，鼻子一酸，眼泪差点掉下来，这时，一丝不经意的微笑从妈妈脸上滑过，妈妈又说：“姥姥和姥爷的脚上才布满又硬又厚的茧子呢，他们一生辛劳，吃了很多的苦，我们现在吃的这点苦，和他们比真是差远了。”我若有所思地点点头。低下头，我使劲搓着妈妈的脚，脚腕、脚背、脚趾……因为脚太瘦了，我又太用力，好几次妈妈差点叫出声，看着妈妈欣慰的笑容，我心里又增添了几分干劲，就这样搓呀搓，刮呀刮，刮去了几层老皮，妈妈的脚终于洗干净了。因为卫生间挺热的，我呢！又很卖力，额头上都渗出了几滴汗珠。妈妈爱惜地为我擦擦汗，嘴里却不停地说：“哎呀！真舒服。”

我的心里像吃了蜜一样甜。

感恩父母是中华民族的传统美德，只要对父母做出一件令他们欣慰的小事，就可以表达我们心中的感激之情。今后我要更加懂事、孝顺，让妈妈少为我操心。

（四年级作品）

2012年3月11日　　星期日　　晴

拍骊山　写骊山

今天我们小记者团首次参加活动——到骊山国际庄园去参观、采访。

虽然天气有点冷，但我们格外开心。汽车飞快地奔驰在路上，我们叽叽喳喳，像快乐的小鸟。约三十分钟，我们就来到庄园门口，远远望去，庄园在蓝天、白云的映衬下，好气派呀！

我们乘着露天敞篷小车，飞驰在鹅卵石铺成的羊肠小道，满眼的美景目不暇接，正当我们一边赞叹，一边惊呼时，车子“呼啦”一声停下了，我们迅速下了车，一边往前行，一边东看看，西瞧瞧，真不知该往哪儿看了，突然前面有人喊：“好美呀！”大家呼啦一声围过去，都情不自禁地欢呼起来：“太美了！”只见我们的正前方有一个巨大水库，水库周围是一大片青翠的苍松，茂密、挺拔，看起来像一个个威武的勇士，周围还有许多花花草草，郁郁葱葱的让人舒心顿起。水库上面波光粼粼，湖水清澈见底，中心有三个喷泉，喷出的水柱可达三米，落下的水花形成了一道道亮丽的、巨大的水幕，有的喷泉泉眼大，喷出的水花不高，贴着水面如同白雪，让我想起了济南的趵突泉。我们都看得呆了，有的赶紧拿出相机，“咔嚓咔嚓”地拍起来。

接下来是要参观的是一座45。多平方米的别墅，我进去一看，只见对面是一个欧式壁炉，上面还有一幅美丽的油画，再往上走是大大的餐厅，餐桌上的刀、叉、盘子干净地发出锃亮的光，还有许多美味的食品。最里面的卧室分为主卧和次卧，我轻轻地走进一个卧室，只见里面是一张公主床，床上还放着两把洋伞，显现出少女的娇嫩与美丽，而另一个男孩的卧室，放着许多玩具，和女孩相比就知道小男孩有多调皮啦！

啊！该去植树啦，我们蜂拥着来到植树场地，每个人拿了工具，三五一群热火朝天地干起来，我们也像叔叔们一样，先挖树坑，再在树坑里浇水，一步步仔细地干着。栽完得空，我趁机采访了一位小朋友和一位老奶奶，听他们还说了植树造林的许多好处，望着栽好的小树，我真希望它们快点长大啊。

采访和植树活动就要结束了，我情不自禁地感叹道：骊山庄园真是个好地方，景色优美，空气清新。

也许，不久的将来，当我们种植的树变成郁郁葱葱的树林时，这儿会变成一个诗情画意的人间仙境。

（四年级作品）

（原载《半岛都市报》2012 年 3 月 21 日）

2012 年 4 月 21 日　　星期六　　中雨

爱的奉献

——义卖报纸 为脑瘫患儿奉献爱心

上午 8 时 30 分许，我们《半岛都市报·墨城新闻》小记者团来到宝龙广场，进行了一次非常有意义的活动——为脑瘫患儿义卖报纸，捐献一份爱心。我们想用实际行动来帮助两个和我们差不多大的同龄人，希望用自己微薄的力量帮助她们战胜病魔，坚强地面对生活。

虽然雨一直不停地下着，但小记者们准时集合，带队老师给我们分好组，发下报纸，就带领我们分头行动，我们的目的地是汽车站。外面雨下得很急，有些行人赶着去坐车，匆匆而过。一开始，一份报纸也没有卖出去。看到这些，我有些着急，不由得大声喊出来："号外！号外！买报纸，献爱心啦！您多买一份报纸，脑瘫患儿就多一份希望！"还真灵，许多人一下子涌了过来，"我来三份！""我来五份"……不一会儿，我手中的报纸就一抢而空。有位老爷爷听说报纸上报道的这两个患儿就是自己小李村的，不仅拿出了所有的零钱买了报纸，还握着我的手说："谢谢你，小朋友，你们的爱心会得到回报的。"

候车室外，雨还在下，天也有些冷，但在我们的感染下，许多要乘车的人都涌过来，奉献着自己的爱心，帮助需要帮助的人！活动现场始终洋溢着浓浓的爱，我也被大家的爱心打动，心里暖暖的。

小记者们将把当天义卖《半岛都市报》的全部所得，都捐献给这两位身患脑瘫、遭受病痛折磨的姐妹俩。我们指导老师讲，这次义卖只是献爱心活动的开始，我们还将继续通过其他形式的活动，来帮助这些不幸的孩子面对痛苦、学会坚强，微笑着面对生活。

（四年级作品）

2012年5月5日　星期六　多云

品鳌福绿茶　享鳌山之美

上午8时30分许，我们《半岛都市报·墨城新闻》小记者团准时在广泰大厦门口集——去鳌山茶园采茶并参观。

汽车飞驰，我们一边听着鳌福绿茶的介绍，一边谈笑风生。鳌福绿茶是崂山茶叶的一种。我们鳌山，依山傍海，不仅风景秀丽，而且气候宜人。所产茶叶色、香、味俱全，真是茶韵浓浓，鲜爽醇香。据说在以“发展名优茶叶，提高产业素质”为主题的青岛市第五届优质绿茶评比活动中，我市鳌山卫镇青岛鳌福茶场生产的“鳌福银毫”获特优奖呢。

青岛新东部，即墨鳌山湾，果然名不虚传。不说一路美景，一下车，但看眼前的茶园，满眼的生机勃勃，一园的绿意盎然。那一片片的茶叶田，连绵延伸；那一垄垄的茶树，青翠整齐；那一片片的茶叶，油亮嫩绿。老师给我们讲了进茶园的秩序和关于采茶的规定，我们就迫不及待地置身于茶园中。有的连忙伸手掐下一片茶叶，仔细观赏；有的弯着腰，趴在茶叶上闻；有的干脆将茶叶嫩芽放进嘴里大嚼起来……我一边学着采茶，一边采访了一位正在采茶的奶奶。她告诉我采茶也有很多的学问：既不能采那些老叶，也不能采太嫩的幼芽，而要采摘那些大小适中的叶子，茶叶采下之后，还要经过很多道工序才能炒制而成。奶奶耐心地教我采茶，我是既学了本领，又长了见识，不知不觉就帮奶奶采满了筐。见我采得起劲，奶奶还送了我一大把的茶叶呢！

当参观、采茶结束后，我们真是意犹未尽，恋恋不舍。上车之前，大家对着茶园大声喊：“我们还会再来的！”瞧，微风吹过，茶树仿佛在向我们招手，茶叶也在频频点头。哦！它们把生命献给我们，人们赏茶、品茶，精于茶道，既口留余香，又修身养性。

品鳌福绿茶，享鳌山之美。此次活动，我们不仅亲自体验了采茶的乐趣，感受到采茶的艰辛，懂得茶来之不易，还增长了许多知识，更为家乡的绿茶享誉全国、走向世界而深感自豪与骄傲。

（四年级作品）

（原载《半岛都市报》2012 年 3 月 21 日）

2012年5月19日　　星期六　　晴

故事大赛

今天是图书馆第二届“故事大王”比赛的日子，虽然我报名晚，但是满怀信心，早早就来到比赛现场。

该我上场了，也许是故事准备得有点仓促，也许前面的小朋友们表现得那么出色，我突然有些紧张起来，上台时心仿佛提到了嗓子眼儿，“怦怦”直跳。报幕时声音也有点儿抖，我想起妈妈的提醒：深呼吸，调整情绪。我微笑着看着台下的观众，开始讲述那个感人的故事：“有一个天生失语的小女孩，在她很小的时候爸爸去世了，她和妈妈相依为命……”毕竟准备故事的时间仓促，讲着讲着，突然下面的情节想不起来了，“糟了，卡壳了”。我暗暗责备自己，但脑子一片空白，什么都想不起来了，我看到下面的小观众正奇怪地看着我，只觉得手心都捏出了汗，这时，我和妈妈的目光相碰，她好像在说：“不要紧张，相信自己，展示自我。”再看评委老师，也正在微笑着看着我，向我投来鼓励的目光。我松了口气，故事内容也仿佛在和我捉迷藏，突然又都跳回我的脑中。“雨一直下，小女孩不知哭了多久，她知道妈妈再也不会醒来，突然明白自己该怎样做……”我慢慢地进入到故事中，仿佛看到小女孩站在大雨中，用手语不停地做着那首《感恩的心》，泪水、雨水从她小小的却写满坚强的脸上滑过，而此时，泪水也涌进我的眼窝。“感恩的心，感谢有你，伴我一生，让我有勇气做我自己；感恩的心，感谢命运，花开花落，我一样会珍惜……”当歌声响起，在座的很多人都被感动了，有的在擦眼泪。

当我从台上走下来的时候，台下响起热烈的掌声，我知道，大家都被我的故事打动了。坐在座位上，我的心里仍酸酸的，我知道，我更被自己的故事打动了。是呀！那个小女孩已经教会我们学会坚强，学会感恩。

故事大赛结束了，评委刘春宁老师对我大加肯定，当她知道我从没有参加过小主持班时说：“真是很难得了。”她提醒我：“你注意了表达的技巧问题，但表情、手势、神态只是辅助的形式，表达出真挚的感情是更重要的，那就是走进人物的内心。”

她温和的笑容，鼓励的话语，关爱的眼神，让我至今难忘。

（四年级作品）

2012年6月3日　　星期日　　晴

我是墨城小画家

下午2时许，我们《半岛都市报·墨城新闻》小记者团来到宝龙广场集合——参加“我是墨城小画家”绘画展活动，主题为家乡美。

我们分成两个组，小记者们跃跃欲试，准备在画纸上一显身手。该我上场了，绘画主题是表现家乡美，我们描画的将是家乡即墨的未来蓝图。近些年，即墨经济在腾飞，家乡在巨变，我的脑中仿佛出现了未来的新即墨：墨水河变清了，岸边环绕着绿树、大厦……我用彩笔流畅地勾出了图，默念着老师对我的指导：“下笔要流畅，构图要饱满，颜色要鲜明。”当我用心画完后，已经是最后一位了。这时候，评委老师已经将我们的作品展到了二楼，吸引了许多来商场购物的顾客驻足观赏，只见他们一边欣赏，一边啧啧赞叹：“这些孩子们真了不起，画得多好哇！”看着自己的作品，听着人们的夸奖，我们小记者们心里无比自豪。

绘画获得第一名

我的作品

最后，经过评委老师评比，我的画获得比赛第一名。大家还评出了最佳创意奖，最具潜质奖和最佳表现奖，每个小选手都颁发了“我是墨城小画家”的荣誉证书。

通过这次活动，我不仅了解到家乡的美丽与迷人，为家乡的腾飞而自豪，更感到身上的一种责任：我们要努力学习，将来在即墨的蓝图上添上光彩的一笔，为建设美丽的家乡贡献自己的一份力量。

（四年级作品）

2012 年 6 月 10 日　　星期日　　晴转雷阵雨

和爸爸一起打高尔夫球

上午 8 时许，我们《半岛都市报·墨城新闻》小记者团来到广泰大厦广场集合——去温泉参加“品名墅，打高尔夫球”活动，为庆祝即将到来的父亲节，这次活动还邀请了父亲们共同参加。

因为和爸爸一起参加活动，一路上，大家异常兴奋。大约半小时，我们就到达目的地——领海香澜郡。这里依山傍海，环境优美，南临青岛国际博览中心，据说要将它打造成东海岸贵族公园别墅。我们先进行参观，走在铺满鹅卵石的羊肠小道，两旁绿草茵茵，鲜花灿烂，香气扑鼻，令人心旷神怡。来到一栋栋别墅前，在售楼经理的带领下，大家领略了样板房的豪华、环保与舒适，我们一边听着讲解，一边惬意地欣赏着，不由得啧啧赞叹。心想：“长大后我也要在这里买一套房子，享受无限的生活乐趣。”

最开心的时刻终于到了，我们蹦蹦跳跳地上了车，来到葫芦岛的高尔夫球场，学习打高尔夫球。教练先给我们讲解打高尔夫球的要点，然后示范正确的打球姿势：两脚与肩同宽，挺胸收腹，两膝微屈，双手握杆，瞄准球，用力挥杆。我们认真地听，用心地学，有的小记者握杆的姿势有模有样。开始练习了，我牢记教练的指导，找准位置，放好球，用力挥杆，结果球没打着，纹丝不动地躺在原地，杆反而差点儿飞出去。第二杆一使劲，嘿！球倒是飞出去了，就是不远，看来，我还是没有掌握窍门。我一边观察，一边揣摩，连续打出第三杆、第四杆……嗨！比刚才打得好多了。练习了一会儿，我们还进行了比赛。虽然我的成绩不太理想，但是我仍然好开心，因为我不仅从中得到乐趣，还懂得了不管干什么都需要用心学习，才能把它做好。

通过这次活动，我们小记者们不仅增长了知识，长了见识，懂得做任何事都要认真、用心，还在和父亲们一块儿学打高尔夫球的亲子活动中，加深了父子间的感情。

（四年级作品）

2012年9月30日　　星期日　　晴

中秋之夜

今天的月亮格外圆、格外亮，原来是中秋节到了。花好月圆，家人团聚在一起，吃月饼、赏月亮，多么美妙的事情啊！

我们早早来到大爸爸家，大爸爸正在准备丰盛的晚餐。不一会儿，大姑、二姑带着全家人都到齐了，一家人团聚在一起，一边吃团圆饭，一边看中秋晚会。我们先向爷爷奶奶祝酒，祝他们健康长寿。爷爷高兴得满面红光，仿佛年轻了好几岁。奶奶夸我们哥儿几个真懂事，笑得都合不拢嘴了。我们小哥儿几个吃得快，鸡块、肉串下肚，已经八分饱了。我们跑到哥哥的房间里，开始玩起来。这时，夜色已在慢慢降临，圆盘似的月亮挂在天空，格外明净，清辉如水一般洒落，似母亲温柔的目光，脉脉含情，在端详着熟睡中的孩子。我探出头去，伸出小手，想捧一捧月光，啊！夜凉如水，我的小手除了感到一丝凉意，两手空空。只见圆月在薄如轻纱的云雾的映衬下，显得更加楚楚动人。夜空中，偶尔有一丝丝云霞，犹如嫦娥仙子的水袖在舞动，我凝视月儿，月儿影影绰绰，也许真的有棵桂花树，树下吴刚真的捧出桂花酒吗？嫦娥仙子在翩翩起舞吗？我任凭思绪飞驰，融在清冷的月光之下，心中不由得赞叹，多么美妙的景色呀！弟弟也趴过来，仰望明月，我俩对起诗来：

“小时不识月，呼作白玉盘。”

“床前明月光，疑是地上霜。”

“野旷天低树，江清月近人。”

“更深月色半人家，北斗阑干南斗斜。”

“月落乌啼霜满天，江枫渔火对愁眠。”

“峨眉山月半抡秋，影入平羌江水流。”

“但愿人长久，千里共婵娟。”

……

平时的古诗文背诵帮了我俩的大忙，月亮在诗人的眼中多美呀！写月亮的诗也多如繁星。我和弟弟你一句，我一句，谁都不甘示弱。诗，和月光一起，沐浴着我们，使我们沉醉了，沉醉在诗的意境中，沉醉在清幽的月色中，沉醉在这中秋之夜。

“吃月饼喽！”爸爸大声地喊我们几个。餐桌上、圆盘中，摆满各种各样馅的月饼，月饼状如明月，预示团圆，我们每人挑了一个自己喜欢的口味，津津有味地吃起来。我的是板栗蛋黄的，咬上一口，爽滑、细腻，香甜可口，一直甜到心底去。

“每逢佳节倍思亲。”远在世界各处的游子们，也许此时也正对着明月，思念着亲人。但愿月儿能够传递我们的想念之情，盼望下一个月圆之夜，能够团圆相逢，一起举杯邀月，共度中秋佳节。

（五年级作品）

2012 年 12 月 9 日　　星期日　　晴

我的烦恼

“小小少年，没有烦恼……”听到这声歌曲，我却挤出一个无奈的苦笑。

又是一个双休日，早上我做完老师布置的作业，收拾好书包，找出陀螺，正想悄悄地溜下楼，准备和小伙伴们大赛一场。不料，被正在洗衣服的妈妈发现了，“致远，你不写作业，跑出来干什么？”“作业我都做完了，出去玩一下。”没想到妈妈却说：“你都是高年级的学生了，还只顾玩？作业做好了还可以看看书嘛！来，我再给你布置一点作业。”她一边擦着手上的水，一边走了过来。我只好噘着嘴跟妈妈回到房间，她从书堆里抽出一本《积累与运用》，翻开一页说：“你先做做这几道文字题吧！”“呃”！我不由得倒吸了一口凉气，这么多阅读题，好几页呢！真是哑巴吃黄连——有苦说不出。一直“苦”到午饭时，这几道题总算做完了。

吃过午饭，趁着午休，我轻手轻脚地溜出房间，准备出去“解放解放”，刚想逃，却惊动了老爸，被他叫住了：“致远，不午睡，干什么去？都五年级了，这样随随便便，过来！”我大气不敢出一口，乖乖地走过去，老爸把《口算天天练》放在我面前说：“开家长会时，老师说了，这个每天都要做，天天练嘛！”我硬着头皮坐下来，在规定的时间内迅速答完，爸爸满意地点点头。我顿时松了口气，以为这下“万事大吉”了吧！谁知，正在看书的妈妈笑眯她说：“好，你再练写一篇作文吧，题目就是《快乐的星期天》……”

我慢吞吞地打开本子，盯着写下的题目，愣愣地发呆，唉！怎么往下写呢？

（五年级作品）

2012 年 12 月 30 日　　星期日　　晴

才艺展示

降瑞雪，迎新年，墨墨智慧加油站——元旦才艺展示如期进行。

第一个上场的是我，一首小提琴独奏——《金色的炉台》献给在座的大小观众。小提琴协奏曲《金色的炉台》是 20 世纪 70 年代由著名小提琴家陈钢根据歌曲《毛主席的光辉把金色的炉台照亮》改编的，这首歌曲取材于毛主席视察炼钢厂时与炼钢工人亲切交谈的场景，当时由歌唱家施鸿鄂演唱，歌声传遍千家万户。改编成小提琴独奏曲的旋律更是优美而富有激情，表现了当年炼钢工人与毛主席心心相印的深切情感，抒发了中国工人阶级自力更生、建设社会主义的豪情壮志。这首名曲的旋律清新柔美、舒缓而富有激情！第一次听这首曲子，那激情澎湃的音乐就深深地震撼着我的心灵。当我学习拉这首曲子时，一次又一次反复听着乐曲，每一次都让我无法不动情，让我无法不陶醉。琴声婉转、悠长、清新、悦耳，那个时代被称之为红色时代，这首曲子也被称之为红色经典。花开花落，叶落叶长间，岁月沧桑，人生弹指一挥间。我虽不能置身于那难忘的红色年代，但时间在一曲小提琴曲《金色的炉台》响彻耳边时一下子穿越，优美的旋律一下子抓住了我的心，也抓住了听众的心……

当我拉到那段快板时，我的手指灵动地跳跃在琴弦上，乐曲如流水般在指间倾泻，娴熟的技巧、流畅的旋律、打动人心的感情，感染了台下的每一个人，大家自发地为我龄热烈的掌声。

接下来的展示，让我们领略了小伙伴们不同凡响的才艺。

葫芦丝、笛子独奏引人入胜；拉丁舞、民族舞使人赏心悦目；架子鼓《西班牙斗牛士》令人激情澎湃；古筝《渔舟唱晚》婉转动听……其中有几个节目给我留下尤为深刻的印象：一个是京胡演奏《红灯记》选段，刚才如雷的掌声已显示出小选手学习的成果。一个是快板《奇奇的日记》，节奏鲜明、口齿清楚、仪表大方，传达了一个尊老爱幼的故事。难能可贵的是这个小选手年仅六岁，在台上的那个范儿，让大家眼前一亮，不由得暗暗竖起大拇指。笙的独奏让我感到耳目一新，我很羡慕这个小选手，这么有趣的一个乐器，在他手中被摆弄得出神入化，那神奇的乐声就从这么一堆的管子中发出，真有些不可思议。随着优美的旋律，我仿佛看到美丽的大草原上，蓝蓝的天，白白的云，天边有羊群，远处传来牧民的歌声……

才艺展示结束了，我们在这个小小的舞台上，大展身手，接受"采访"，说出自己的新年愿望。歌声、乐声依然缭绕，我们意犹未尽。

"台上十分钟，台下十年功。"我分明看到一个个未来的小艺术家正在勤学苦练，茁壮成长。

（五年级作品）

2013年1月20日　　星期日　　晴

百变饺子秀

下午2时许，我们《半岛都市报·墨城新闻》小记者团来到宝莱百货室内大厅集一参加“包饺子大赛”活动。

比赛开始了，我们组团结一心，分工明确。宋凯哥哥和雨欣姐姐飞快地和起面来，可是，面越揉越干，根本和不成块，原来水加少了，赶紧匆匆端盆去加水，谁知，水又加多了，面又湿又滑没法揉。看我们手忙脚乱、吃力的样子，一位妈妈上阵了，还是老将上马——一个顶俩。不一会儿，问题就解决了。

OK，两位小伙伴开始擀面皮，只见擀面杖飞快转动起来，不一会儿，一个面皮甩了过来，看来他们是胸有成竹，怪不得自告奋勇来擀面皮。我呢，早已经挽好袖子，跃跃欲试。拿起面皮，均匀夹好馅，先把面皮对折，中间捏牢，再把周边拢向中间用力一挤，呃！由于馅太多，第一个饺子“开膛破肚”了。妈妈在一旁指导，这些馅很黏，要少加一点。我镇定下来，再一次尝试，啊哈！还真灵，饺子瞬间变了样。接下来，我们齐心协力，包的饺子花样百出。“哇！你包得真不赖！”“你的也不错呀！”大家相互鼓励，长的、圆的、扁的、三角的……在一片欢声笑语中，我们完成了“饺子盛宴”。

阿姨来采访了，我作为小组代表进行解说：“我们的主题是‘幸福的一家’。”说着，我举起两个“巨无霸”饺子，“这是饺子爸爸，这是饺子妈妈，圆盖上的全都是可爱的饺子宝宝”。看到造型奇特的饺子宝宝们，真是令人眼前一亮。

我把饺子递给身边的雨欣姐姐继续进行解说：“天外来客”是几个圆圆的、飞碟状的饺子，它们预示着我们国家的科技越来越发达；后面紧挨着的饺子状如轮船、飞艇，我们给它们起名“乘风破浪”，象征我们的事业飞速发展，勇往直前；“牡丹花开”是我们精心设计的饺子，瞧！一个个饺子一层层、一簇簇，真像盛开的花朵，有几个还故意露出红红的肉馅，犹如花蕊，逼真极了，含有吉祥富贵、生活甜蜜的寓意；“墨西哥肉卷”显示出浓郁的异域风情。还有“半个月亮”“小小元宝”“蝴蝶飞飞”……最有趣的要数“糖果饺子”了。我们组六名小朋友太有才了，冰淇淋、洋葱头、水果糖、手拉手……个个栩栩如生，表现了我们小朋友的快乐生活。最后一个超大的、圆滚滚的“怪异饺子”吸引住所有人的眼球，我故意卖了个关子问：“你们知道这是什么吗？”大家正感到疑惑呢，我郑重其事地说：“这是我们的‘饺子清洁工’，我们组小伙伴们一致认为，节约是美德，把剩下的面和馅全部收到一起，揉成这个大团，美其名曰‘饺子清洁工’。”听了我的介绍，看着我们面前的桌子、盘子干干净净，采访的阿姨赞许地点点头。

我们组的饺子数量上虽然没有胜出，但是“饺子爸爸”和“饺子妈妈”带领着一群“饺子宝宝”团团围坐在一起，这“幸福的一家”千奇百怪、形象逼真，真是太有创意了，“最佳创意奖”当之无愧。大家开心地围在一起，自豪地端着自己的劳动成果，“咔嚓！”叔叔按下快门，给我们留下了难忘的、美好的瞬间。

包饺子比赛得了冠军真开心

只有亲身体验，才知道爸爸、妈妈平日的辛苦，包饺子大赛给了我们尝试的宝贵机会。虽然有的小伙伴包得不太成功，但都兴致勃勃，乐在其中。当孙老师采访我有什么感受时，我不假思索地说：“以后要帮妈妈多干点家务活儿，今年过年，肯定帮着一起包团圆饺子。”

记者采访，我给大家介绍我们的水饺作品

（五年级作品）

（原载《半岛都市报》2013年1月23日）

2013 年 3 月 3 日　　星期六　　晴

参观消防大队

上午9时许，我们《半岛都市报·墨城新闻》小记者团到消防大队参观、采访，受到了消防大队全体官兵的热烈欢迎。一位消防员叔叔，带我们进行参观，顺便讲解各种消防的安全常识。

我们参观了消防员叔叔的健身房、荣誉室和起居室。为增强体能，叔叔们平日流了多少汗水啊！那一张张奖状、一面面锦旗的背后，又隐藏着多少感人的故事。"生死关头警民情舍命相救恩如山"是他们从熊熊大火中抢救出国家的财产、挽救出一条条生命的写照。简朴的生活，整齐的内务，无不让小记者们更加敬佩叔叔们的坚强、勇敢、团结和奉献的精神。

接着是精彩的演练和体验活动：爬云梯，沉着敏捷；喷水演练时，叔叔们动作娴熟地把水管瞬间拉开，水枪迅速接上对口，倏地插上消防栓，用力拧开水阀，举起水枪，只见一条长达十多米的水柱，像一条长龙，腾空而起。动作的熟练，配合的默契，让我们由衷地佩服。接下来演练的是 15 秒上车。随着警报响起，战士们似下山猛虎，二话不说，迅速穿上衣服，背上气瓶，飞奔上车，感觉只是一眨眼的工夫，可谓"神速"！我不禁感叹："在危险面前，时间就是财产！时间就是生命呀！"为让我们亲自体验，小记者们也成了小小消防员，迅速爬到车顶上。这是我第一次踏上消防车，随着警笛拉响，消防车出动，我们仿佛是接到任务，奔向抢险一线的士兵，心底肃然起敬，很是兴奋，也很自豪。

通过参观、采访，我们小记者们不仅学到了许多知识，增长了见识，也受到了安全教育。"安全无小事，从自我做起。"让我们小手拉大手，警钟长鸣，行动起来，筑牢生命安全的防线。

（五年级作品）

（原载《半岛都市报》2013 年 3 月 5 日）

2013 年 6 月 12 日　　星期三　　晴

包粽子大赛

下午 2 时许，我们《半岛都市报·墨城新闻》小记者来到宝龙广场宝莱百货，进行一次包粽子的大赛。

分好组后，比赛立刻开始了。我牢记妈妈教给我的要领，快速地包了起来，我们组里好些人都不会包粽子，怎么办？还好有叔叔在一旁示范：先将两片洗得干干净净的粽叶折成漏斗状，舀入一勺米垫在漏斗的底部，把大枣放在米上，再舀入一勺米把漏斗填满填实，然后用“绿外衣“上的两片长长的小叶子覆盖住，最后用线一绑，一个小巧玲珑的粽子就出炉喽！看着老师麻利的身手，我们暗自高兴：这也太简单了！

之前我没按着老师的方法做，明明眼中很容易的事，变得好难好难！这是粽叶在和我们较劲呢！我一次又一次地折，怎么也不像个漏斗，都快把粽叶折烂了！有几次好不容易包好了又漏了米，真是急人呀！功夫不负有心人，这个冥顽不化的“绿外衣”和漏米的大口被我“打败了”，粽子被我左卷右卷地卷好了。我还来不及得意，新的难题又来了——绑粽子。这白线是个十分难缠的家伙，不管你怎么打结，粽叶不是松开，就是把绳子绕到自己手上。我开始心急了，把它乱绑一通，呵！没想到，粽子还真被我五花大绑地捆好了！就是形状十分怪异，完全没有老师示范的那种美感，真是难为了粽子。

不管他，接着包！一个、两个、三个……就在我们来劲时，看着桌上横七竖八、千姿百态的粽子，我们真是笑弯了腰。老师赶紧抓拍，用相机为我们合了影。有一些粽子棱角分明，有模有样，自然是获得第一名的“状元高粽”！我们也有些包得不像样。真是应了“机会是给有准备的人”这句话。那些包的好的小记者不都是提前有所准备？在家里练了又练吗？如果有下次的话，我一定也事先练习练习，争取好成绩。这次的包粽子比赛，让我回味无穷，包好的粽子也全成了我们的战利品，各自拿回家去，带着我们浓浓的爱，作为父亲节礼物送给爸爸，和家人一起品尝端午节的味道。

（五年级作品）

2013年7月28日　星期日　晴

我长大了

今天，爸爸到莱西参加20年同学聚会，早晨八点就出发了。妈妈上午回学校研修，我呢，自己在家开着空调，看看书，拉拉琴，自由自在地过得蛮舒服。

临近中午，妈妈回来了，告诉我中午有个同事聚会，要我自己在家吃饭。因为我喜欢吃土豆条，决定午饭自己动手，炒个油炸土豆条。妈妈很赞成，赶紧找出一个大大的土豆，刮了皮，迅速切成均匀的长条，放进盆里，凉水冲了几遍，去掉淀粉。妈妈虽不是大厨，但只是几分钟的时间，一气呵成，真让人佩服。尤其是切土豆条时的动作，娴熟、快速。我不由得赞叹，连声夸妈妈。妈妈笑着说："一回生，二回熟，妈妈一开始切得也很慢。"说完，妈妈为我做了最喜欢吃的豆泡菜花。

接下来，炸土豆条的工作就是我的了：我先拧开燃气灶，然后倒上油，等油七八成热的时候，我又拿了几个花椒，炸了炸，然后就在里面倒上少量土豆条，不一会儿，土豆条就散发出了阵阵香气，油光光的，像炸薯条，怕做糊了，我又将火拧得小一些，轻轻地翻搅几下，等个几分钟，土豆条就基本上熟了，透出焦黄诱人的颜色，我赶紧用漏勺捞出土豆条。同样的办法反复做了几次，一大盘香喷喷的薯条就做好了，我又加上了点切好的红肠，加了点椒盐，薯条土豆大功告成。

看我做好了菜，妈妈就放心地出门了。我想，要不我再下一包方便面吧，平时，妈妈很少让我吃方便面，今天何不展示一下我的泡面手艺，偷偷地解解馋？

说干就干，我先把锅里的水烧开，然后拿出面饼，放在烧开的水里，不一会儿，结成块状的方便面铺散开来，漂在水上，看起来真像黄黄的岩浆流淌在沸腾的火山湖里，又像香辣火锅里飘着的油麻豆腐泡，看起来真是美味呀！然后我又把菜、肉、酱和调料包通通倒进了锅里，这下好了，锅里像哪吒闹海一样，"咕嘟咕嘟"直翻腾。

我又把锅盖放在锅上焖一会儿，面条就做好了，感觉好开心呀！吃着自己做的面条和色、香、味俱全的薯条土豆，味道相当不错！真是别有一番滋味在心头。

看来，我是真的长大啦！

（五年级作品）

尝尝我的手艺

2013 年 8 月 29 日　　星期四　　晴

献爱心，吃葡萄

今天，我们要参加两个十分有意义的活动：一个是我们上次领到贫困小伙伴心愿卡的小记者，举办一个慈善会，实现贫困儿童的微心愿；第二个是我们要去惜福镇吃葡萄，举行吃葡萄大赛。

来到安利公司，活动如期进行。一开始，安利公司员工教我们跳了《最炫民族风》，拉了拉气氛，然后我们寻找自己的小伙伴，我的小伙伴叫邹欣，她是一位小女孩，来自石门中心小学，她的爱好是读书，最难忘的事是和小伙伴一起玩，我们互相介绍，我把礼物个精美的笔袋送给她，她非常开心。其他小记者也把礼物交给自己的小伙伴，整个大厅叽叽喳喳，好热闹，大家的关系变得更加融洽了！我们到楼下合了影，分组后，我们小记者就和小学生们手拉手、肩并肩，上了车，向葡萄园出发。

大约半个小时后，我们来到了葡萄园，只见一片片碧绿的葡萄呈现在我们眼前，我们来到了农家葡萄园，看到了一嘟噜一嘟噜淡绿的、红紫色的葡萄藏在绿叶之间，有些甚至没长成，连看也看不出来，我们看见了这么多葡萄，高兴地叫了起来，来到了摆满葡萄的桌边，我们享受着葡萄的醇香，呼吸着新鲜土壤的气息，真是舒服极了。

“加油！加油！”这是什么声音？这是小记者们正在举行夹葡萄比赛呢！只见小记者们一个个灵活极了，把筷子准确地一夹，一个葡萄就上钩了。终于轮到我们组上场了，我是第一个，老师一声令下，我马上飞速地夹了起来，可惜的是，刚夹到一半，老师又给加了一些沾上水的葡萄，这就比较难了，不一会儿我就败下了阵。

吃葡萄比赛更精彩，只见选手们个个“大开吃戒”，真是八仙过海——各显神通！有的拿起一把来，往口里一塞，把肉吸走，然后把皮吐出来；有的则是慢慢地、不慌不忙地吃；也有的吃葡萄不吐葡萄皮，嘿嘿！好家伙，为争第一豁出去了。

献爱心、吃葡萄，真是充实而又快乐的一天。

（六年级作品）

2013 年 9 月 15 日　　星期日　　晴

快乐的高尔夫之旅

上午，我们《半岛都市报·墨城新闻》小记者准时来到广泰大厦集合，准备一起去“天泰——圣罗尼克”打高尔夫球。老师点完名，大家一起上了校车，踏上了快乐的高尔夫之行。

汽车飞快地行驶在马路上，一路上，绿树红花，青山依依，真是美不胜收。经过一个小时的车程，我们就到达了目的地。

我们小记者们分成了两组，一组到“天泰——圣罗尼克”去参观，一组到“天泰——蓝山”去体验打高尔夫。据说，中国蓝色硅谷、滨海生态新城——蓝色硅谷核心区，在这 218 平方千米的土地上，正在诞生北中国最有魅力的滨海科技度假新城。未来这里将成为涵盖海洋科技、高等教育、低碳生态、旅游度假为一体的价值沃土，承载起青岛城市的未来之梦。蔚蓝的天空、纯白的建筑、和煦的阳光……带着爱琴海浪漫气息的圣罗尼克，正位于蓝色硅谷这片沃土之中。

最吸引我的还是快乐的高尔夫体验之旅。来到蓝山，先听了阿姨的讲解，原来这里打造的是一个具有山地特色的景观设计，蓝山高尔夫会所拥有多功能厅、红酒坊、咖啡厅，还有大陆唯一的海水矿热温泉，蓝山的业主们将在这坐拥山、海、林、泉、滩的蓝色硅谷中享受舒适惬意的生活。

站在高尔夫打击场的白色棚子里，我向东眺望，只见绿茵茵的草坪、红色屋顶的小房子尽收眼底。教练说高尔夫可是一项具有挑战的体育运动，可以和朋友一起来打一打，休闲一下。我们小朋友学习这项运动，不仅可以锻炼身体，还可以提高绅士风度，利于成长。开始打高尔夫了，我的心里既紧张又兴奋。我紧紧地握住球杆，拿起一个球，然后放在两脚中间，瞄准球以后，往外一挥杆，球“嗖”地飞了出去，嘿！第一杆就来了一个开门红，我不禁有一些沾沾自喜。没想到第二杆却把球杆打在地上了，我不灰心，再练了几个球，还是没成效，我突然想起教练的指导，双脚要与肩同宽，挥杆要成九十度角，头不要转，要盯着球，然后用出半分的力气一挥，哈！只听“啪”的一声脆响，我的球准确地落在100码外。

“耶！成功了！”

参观别墅、品味美食……时间不知不觉过去了，虽然大家意犹未尽、玩兴正浓，也只好带着依恋与不舍，坐上校车，踏上归途。

（五年级作品）

（原载《半岛都市报》2013年9月24日）

2013 年 10 月 26 日　　星期六　　晴

大作家　小作家

今天，著名大作家谭旭东教授来到了青岛，我们即将相聚在中山公园，他准备为我们小作家们讲一堂受益终生的课。

冷风瑟瑟，我和弟弟不禁打了几个寒战，可还是挡不住我们的热情，我们得到了有谭老师亲笔签名的书，老师还在上面写着：愿好书陪伴你！真是一句催人奋进的话呀，此时，我也想起了冰心奶奶说的话：好读书，读好书，读书好！小作家们都来齐后，我们就出发了，我依然是站在最前面那一个光荣的旗手，举着标有青岛市小作家协会的旗是我的荣耀！

进入了中山公园后，因我们正好赶上中山公园的秋季菊展，看着路两边盛开的菊花，小作家们不由得上前去拿着相机一阵猛拍，我也走过去，仔细地观察菊花的各种形态，还有菊花的颜色、香味、种类，这些菊花都好美呀！置身于一片花海中，我发现菊花的颜色可是各种各样，有红色、黄色、紫色、紫罗兰色，美不胜收。菊花的形态也是千姿百态，有的紫的发红，像一个大绣球，有的黄的发绿，像一朵绽放于天空中的礼花，长长的花瓣往外舒展着，如同一缕缕金丝，美丽极了。还有的品种，如矢车菊，它们如同一个个小太阳，绽放在观花群众眼前，有的花苞还没绽放，如同一粒粒花生米，绽放的矢车菊那小小的花盘黄得耀眼。我还看见了大丽菊，黄色的，富态而不失典雅，美丽极了。更有趣的是，有一些心灵手巧的园丁们用矢车菊将一些树干缠起来，就形成了一些小马，小花伞等形态。我们继续往前走，只见前面的旋转喷泉也是十分绚丽，晶莹的水珠向外喷洒，在太阳的照射下，形成了彩虹，多美呀，继续往前走，我们来到了一片路两旁都有银杏树的林荫大道，只见银杏叶都黄了，有些还是黄中带绿，像一把把小扇子。老师带我们来到了一条小路，走在山林间，只见古木参天，凉风习习吹过，真有一种曲径通幽的感觉。

我们来到了会前村遗址，在这里，谭老师要为我们讲一堂生动有趣的作文课。坐下后，我紧挨老师，老师和我们一起谈了读书、学习和写作。

他说写文章有三种，“记叙文、说明文和议论文，如果要写一篇读后感，应该怎样写？”他开始提问。我第一个发言说：“首先要写出这本书的主要内容，你最喜欢哪个人，最后谈出你的理解和感受。”谭老师拍拍我的肩膀，夸了我。最后谭老师告诉我们：读书、学习、写作，都需要我们做一个有心人，要仔细观察，要留心生活，并告诫我们不能像小猫钓鱼那样三心二意。我们听了不断地点头。

大作家，小作家，一边赏景，一边谈读书，谈写作，满满的收获。

（六年级作品）

整队待发

津津有味地听谭叔叔谈写作

2013 年 10 月 27 日　　　星期日　　　晴

参加少儿双语大赛总决赛

今天是少儿双语大赛总决赛的日子，我也晋级了决赛，所以我要努力争取拿一个好成绩，一大早，我们就早早地来到了位于奥帆中心的心海广场，等待比赛。

将近二十分钟，门终于开了，我们按顺序轮流抽号，没想到我抽了一个四号，太幸运了！开始入场，里面有一个充气的万圣节南瓜，张着大嘴，好像在欢迎我们，头顶上是花形的浮雕，好美呀！入座后，老师上台宣布：比赛正式开始！有两个小主持人上来主持，那一个小男孩说到中间就忘词了，但他小小年纪，时而用英语，时而用普通话，实在是太不简单了。

很快，激烈的比赛开始了，“第一位选手请上台表演！”随着小主持人的报幕，第一位选手大方地走上台，第一句话刚说出口，我们就判断他一定受到过专业的英语特长教育，只见他有着一口流利的英语和普通话，落落大方，举止文雅，讲的故事也很有趣，语气抑扬顿挫，朗诵《中国少年说》时声音洪亮，富有感情，我们应该向他学习。

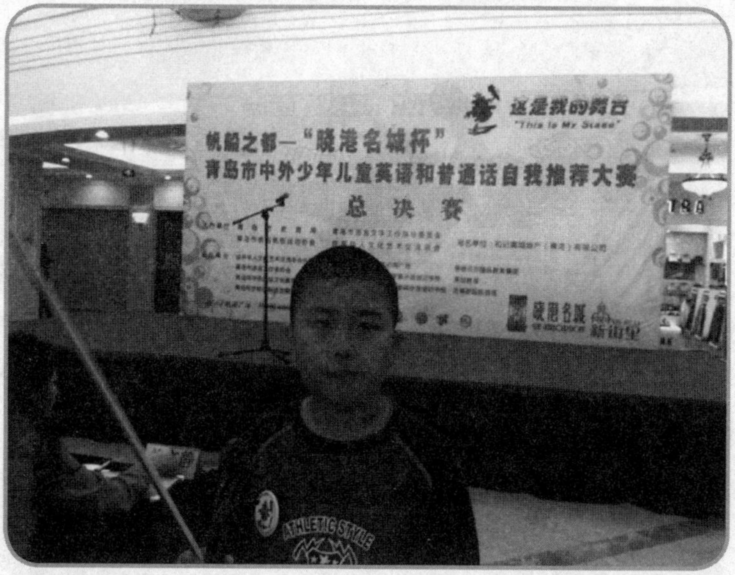

果然，他的分数是目前最高的。轮到我了，我轻松地走上台，站在台上，开始用双语进行自我介绍，一开始心里还有点小紧张，可是我越来越自如了，动作也做得十分出色，接下来是我的才艺展示，我准备的是小提琴曲《渔舟唱晚》。一开始，我就投入了，仿佛看见了夕阳西下，渔民划着小舟在湖面上荡漾。我的表演结束了，虽然没有一号的那么出色，但是我自己已经觉得很不错了，因为我战胜了我自己。

（六年级作品）

2013 年 11 月 2 日　　星期六　　小雨

唐岛湾读书交流会

今天，我们小作家协会来到黄岛市唐岛湾公园，准备在这里举行读书交流会，这次与我们互动的专家是位梦华爷爷。

在赶往黄岛的路上，我们路过跨海大桥，今天正是大雾天气，虽然有雾，但是我们还是能看出跨海大桥宏伟的轮廓来，像一条盘踞在海上的巨龙，望向大海，我发现海面上隐隐约约地有小船。

经过两个小时的苦苦寻找，我们终于来到了黄岛市唐岛湾公园，刚下车，雨丝突然钻进我的衣服里，凉飕飕的，我和弟弟不禁打了几个寒战，正好睡意全无。

我打着协会会旗，会员们站着整齐的队伍，领到了位梦华爷爷亲笔签名的书，大家都很高兴，争先恐后地上前合影。

开始行走了，潘老师找了一位对这儿比较熟悉的家长，和我一起走在最前面，小作家们的大队伍跟在后面。我们一边呼吸着林子里新鲜的空气，一边仔细观察着秋天的足迹。我们来到了一条路两旁都是白桦树的小道，潘老师对我们说："你看白桦树上像不像有很多'眼睛'？"我们仔细观察，只见粗糙的树皮上长着许多花纹，椭圆形的，中间有黑点，果真像眼睛，看来，大自然真的是很神奇！一位家长说："这个公园里的植物园里有一千七百多种植物，当地政府可是投了 7.4 亿来引进这些植物！"听到这位家长的介绍，我们许多小作家嘴巴都张成了 O 型，怪不得规模如此庞大。我们来到了一片红叶铺满的大道，四周都是变黄变红的树叶，十分壮观，小作家们不由得捡起一片又一片，仔细观察，只见红色的叶脉上有着清晰的纹路，法国梧桐的叶子宽大，像一把蒲扇。栎树的叶子则小巧玲珑。

观看完美丽的红叶，我们来到了观景台。小作家们凭栏眺望远处的大海，海风吹来，有心旷神怡之感。潘老师说要考考我们，这里曾发生过一场著名的海战，有谁知道？小作家们都绞尽脑汁，最终还是潘老师为我们揭晓了答案：在古代，南宋皇帝唐太宗为了躲避金兵的追杀，把大本营驻扎在杭州，金兵就想乘胜追击，在长江里训练水师，而宋朝岳飞的部下张宝咽不下这口气，带领三千将士，一百二十艘船，去征战，你想一想，金兵的战斗力光人就十二万，这场战斗的兵力悬殊很大，不过，最后还是宋朝胜利了，因为张宝掌握了两个重要的信息，一个是，金兵里面有许多投降的汉兵，很容易涣散军心；再就是金兵海上作战能力很差，容易晕船。而张宝用的绝妙招数就是火攻，所以火箭一射出去，船上一着火，金兵就乱了，最后，除了主帅逃脱，其他全部丧生大海，这次海战成为少有的以少胜多的战役，真不愧是名将岳飞的部下，我心里暗暗佩服。面临大海，潘老师带领我们诵读《三国演义》开篇词《临江仙》：“滚滚长江东逝水，浪花淘尽英雄……”凭吊历史兴亡。

听完这一个著名的海上战役，走下观景台，我们就来到了一个挡风亭，在这里举行读书交流会，我紧挨着坐在位爷爷的身边。老师问：“位爷爷都有哪些第一次？”一个小女孩说：“位爷爷成为第一个与美国科学家合作考察南极的中国学者！是最先登上南极大陆的少数几个中国人之一。”我高高地举起手，然后自告奋勇回答道：“位爷爷成为第一个与爱斯基摩人交流的中国人！也是第一个与企鹅亲密接触的中国科学家。”位爷爷还是成为第一个率领科学考察队踏上北极点的中国科学家，也是去两极考察次数最多、在北极居住和工作时间最长的科学家……

潘老师朗诵了这部《极地惊心大探险》的几个精彩的片段，位爷爷的描写真是形象逼真、生动有趣呀！老师的朗诵也是绘声绘色、引人入胜，使我们不仅了解到了北极的奇特风光，大自然的无穷奥秘，而且受到了保护环境、珍惜生命的教育，也受到文学的熏陶。小作家们一边发言，一边倾听，完全被吸引住了。

我们真是意犹未尽，但是读书交流会还是在我们的不舍中结束了，真期待下一次的读书交流活动。

认真阅读《极地惊心大探险》，我被吸引住了

（六年级作品）

2013 年 11 月 17 日　　星期日　　晴

要有一颗感恩的心

13 时 20 许，我们《墨城新闻》小记者们来到了位于鹤山路的安利环保公司，参加了一个十分有意义的感恩教育讲座，并与贫困儿童爱心互动。

今天为我们讲课的是王忠诚老师，主题是：把爱带在身边一感恩的人，让每个人学会感恩，懂得感恩，真正感恩。感恩同学，感恩社会，感恩亲人，感恩自然。王老师说，人生三宝是微笑、点头和鼓掌，据心理学家测试，拍十次手就可以多活 0.1 秒。老师说，每天自己都要总结一下：1. 我做了什么？ 2. 我从别人身上学到了什么？ 3. 我努力了多少？ 4. 我改变了什么？还打出了一些对于自己的真情告白，如果做到大屏幕上的几点，那就说明你长大了，老师还为我们朗诵了许多诗歌，随后，我们又大声读出：生活不是因为你能做什么给你回报，生活是因为你做了什么才给你回报，要想得到别人得不到的东西，就要去做别人做不到的事情。为自己托起梦想，生活才有质量。

老师讲了一个十分感人的故事，叫小鹰学飞，有一只小鹰，它生活在妈妈的关怀之下，妈妈每天给它叼虫子吃，因此，它很幸福，当它的羽毛丰满的时候，老鹰让它学飞，老鹰冲向高高的云霄，忽然一松手，小鹰掉了下去，第一次，小鹰特别的害怕，连声尖叫着，在小鹰落地的那一瞬间，老鹰接住了它。不过，老鹰苦口婆心地教导它，说："你要学会飞，像妈妈这样飞，蓝天才是你的家"，于是，小鹰一次次地尝试，在第四次，老鹰再也不去救它了，反而站在悬崖上观看着它的命运，当在小鹰快要落地的时候，它明白了老鹰的含辛茹苦，于是，它展开了翅膀，尽管翅膀在流血，但是小鹰咬紧牙关，拍拍翅膀，飞向了蓝天，它，终于会飞了，因为蓝天是属于它的，因为翅膀是它自己的。

是呀，父母用他们的一生，教我们走路，教我们穿衣，教我们洗脸，教我们梳头……

他们含辛茹苦，教我们那些令他们不厌其烦的东西，但当我们慢慢长大，他们渐渐老去的时候，我们是否如他们照顾我们一样去照顾他们？成长，要懂得感恩。捡垃圾的母亲供出两个大学生，他们却忘了父母的存在；小乌达木《梦中的额吉》催人泪下，他在梦中一次次向天堂里的妈妈倾诉自己的思念……

“感恩的心，感谢有你，伴我一生，让我有勇气做我自己。感恩的心，感谢命运，花开花落，我一样会珍惜……”

感恩是一束阳光，能化解冰雪，让我们怀着一颗感恩的心，去关爱家人，关爱社会！让感恩这束阳光永远照耀大家的心！

（六年级作品）

（原载《半岛都市报》2013年11月19日）

2013 年 12 月 14 日　　星期六　　晴

写诗要学会发现

——听王宜振爷爷讲座有感

今天，我们小作家协会来到了宁夏路第二小学，与著名诗人王宜振一起互动、学习。

早就听说王宜振爷爷的诗写得棒极了，我们二年级的课本上有一篇《真想变成大大的荷叶》就是王宜振爷爷写的。王宜振爷爷是国务院突出贡献专家，享受国务院特殊津贴，是中国作家协会会员，所以，我既兴奋又激动，恨不得马上见到王宜振爷爷。

来到了宁夏路小学，我们在两个小同学的热心帮助下，来到了阶梯教室，随便坐下后，我往前一看，我们的张吉宙校长正和一位年事较高的老者交谈，我瞄了一下那位老者，只见他的眼睛里透出智慧的光芒，稍秃的头顶里似乎藏着许多丰富的知识，我心里想：他可能就是王宜振爷爷了，真像是一位智慧老人。

小作家来齐后，王宜振爷爷就开始讲座啦！这一次讲座的内容是：写诗要学会发现。王宜振爷爷一开口，那充满哲学的声音立刻就把我们给吸引住，沉浸在诗的海洋里。王宜振爷爷要告诉我们的第一点就是在观察中学会发现，只有自己发现、有创意的诗才是好诗，爷爷向我们展示了唐代的贺知章的《咏柳》，并问："古诗里面贺知章发现了什么？"我把手高高地举起，说："二月春风似剪刀！""恭喜你！答对了。"爷爷和蔼地说，我便成为了第一个获得礼品的小作家。接着，爷爷又向我们展示了台湾现代作家林焕彰的《影子》，表现了诗人对影子细致的观察和描写。并说，"你们看，写作文就像玩文字游戏，不过玩游戏也要会玩。你看，影子本来是没有生命的，但在林焕彰的笔下，影子就成了'好朋友'和'小黑狗'，就把影子玩出生命来了"。其实，写作文就是玩文字的游戏：要玩出色彩，玩出声音，玩出味道，玩出生命。

第二点是从联想中学会发现，联想和想象是写作文时两个必不可少的一对翅膀，例如意大利文学家罗大里写的《需要什么》，里面应用了充分的联想，一张桌子需要的是一朵花，我们还从王宜振爷爷的小诗《时间》看出联想真的很重要，里面把白天看成白蛋糕，把黑夜看成黑蛋糕，把太阳看成蛋黄，把月亮看成果仁。哈！真是太有趣了。

第三点是在体验中学会发现，我们都要在体验中去求得真知，热爱生活，做有心人。我们要用发现的眼睛，观察生活；用发现的心灵，感受生活。在"推敲"的故事中，贾岛就是在他的反复体验中得出了千古名句："鸟宿池边树，僧'敲'月下门。"

第四点是在对立中学会发现，在俄罗斯著名诗人日丹诺夫的一首《鸟儿死去的时候》，我体会到了，一颗子弹打死了鸟儿，而这并不是子弹的过错，只能怪开枪的那一个人，因为子弹和鸟儿的希望一样都想飞翔，但是鸟儿不能飞了，子弹也就不能飞了。

最后，王爷爷告诉我们，写诗要学会发现，写作文也要有自己的感受，有自己的发现！

一场耐人寻味的讲座就这样结束了，我们和王宜振爷爷合了影，签了名，就带着不舍离开了教室，我一边走一边低头回味着刚才的课，脑袋里联想着妙趣横生的诗句，想到刚才获得的奖励，心里甜滋滋的。

（六年级作品）

附王宜振爷爷小诗两首：

羡　慕

——王宜振

鸟羡慕树
羡慕树有许多翅膀，
树羡慕鸟
羡慕鸟只有两只翅膀就可以飞翔。

红蜻蜓

——王宜振

我捉住一只红蜻蜓，
放进小小的标本夹。
春天说她丢了一只红脚丫——
想不到春天竟哭了起来。

2014年1月5日 星期日 晴

一堂引人入胜的课

今天，我们小作家协会组织了一堂阅读写作课，我们小作家们从四面八方聚到一起，跟潘老师上了一堂引人入胜的课。

这节课，老师主要从阅读与写作入手，对我们进行针对性的指导。第一篇文章是《一分钟》，在学习这篇文章时，潘老师不仅将许多阅读方法传授给我们，还让我们掌握了许多做阅读题的小窍门。例如：第六小题，你认为青年人从班杰明那里求教到了什么？你从中受到什么启迪？回答问题时不仅要抓要点，而且要抓重点，把答案写得完整，写得很满，这样才会得高分。读文章时，要带着问题仔细阅读，边读书边思考，因为答案往往就藏在文章里。当碰到一个问题比较难时，不要急于动笔去写答案，而是要静下心来，带着这个问题反复读文章，“读书百遍，其义自见”嘛！潘老师耐心讲解，甚至一边讲一边比画着，她的讲解生动有趣，深入浅出，层层推进，我们的思路不由自主地紧紧跟随老师，有的大胆提出疑问，有的说出自己的精彩见解。对大家的疑问，潘老师循循善诱，引导我们仔细读书，自己寻找答案；对小作家们的精彩回答，不时送上真诚的赞美，及时的鼓励。受到鼓舞，小作家们都绞尽脑汁，认真思考，积极互动，课堂气氛热烈、融洽。潘老师给我们插上了想象的翅膀，让我们在知识的海洋中尽情遨游。《最珍贵的礼物》中，我们懂得了妈妈送给孩子明亮的眼睛去观察世界；给了孩子灵敏的耳朵去倾听世界；给了我们一双腿去走遍世界；给了我们一双手去改造世界。最重要的是妈妈还给了我们一颗充满热血的心，那是为了让我们每个人珍惜生活——去热爱这个世界！《大苍老师》教我们写人物不仅从人物品质、个性去体现人物，还必须学会抓住典型事件去体现人物的特点。《慈母情深》不仅仅让我看到一位母亲对儿子读书的支持，读懂了母亲深深的爱，更从中懂得细节描写对表达感情的重要。让我感触最深的还是出自我们小作家协会一位小作家之手的《木舟童年》，文章娓娓道来，带着我们一同回忆起那有木舟串起的童年曲折的故事，酸涩的心路历程，告诉了我们：友情，就像一只木舟，上面坐着童年。读完之后，我久久地沉浸在感动之中。

作文大闯关喽！潘老师根据刚才的阅读材料，为我们讲了各种各样的写作方法，由读学写，水到渠成。特别是《木舟童年》这篇范文，用倒叙的手法让我们回到难忘的童年，文章从开头回忆到结尾，每一章节都有作者不一样的感受，作者从与朋友发生分歧到作者孤单、迷惘到和好如初，整个故事曲折蜿蜒，动人心弦，令人回味。是呀！友情，就像一只木舟，上面坐着童年……

一节课不知不觉过去了，在老师的指导下，在知识的浸润中，不知不觉，我也收获了很多，潘老师的课让人回味无穷！

真是一堂引人入胜的课！

（六年级作品）

2014年1月19日 星期日 晴

台上一分钟，台下十年功

今天是在图书馆参加“墨墨智慧加油站”——才艺展示活动的日子，我早早地就背着琴来到了图书馆。

路上太阳高照，真是一个好日子，不过还是有一点寒风会掠过我的脸颊，“嗖嗖”的，带来了一点寒意。

我一路小跑，来到四楼报告厅，推开门进去，叔叔和蔼地把签到表交给了我，我顺便溜了一下节目单，也有一个拉小提琴的，可以大展我的身手了。

图书馆还特意邀来即墨电视台《少儿气象站》栏目的人员，准备给我们这台节目编排、录制，好上电视。

上半场展示开始了，五花八门的节目呈现在我们的眼前：拉小提琴、快板、唱歌，小选手们个个八仙过海——各显神通。其中，我最喜欢的就是那位小姑娘的快板，看起来她没有多大，但是她在台上的表演实在太精彩了，只见她先抡起快板，打得十分娴熟，一张口，那红通通的樱桃小嘴灵动极了，那脆生生、神气气的声音真叫人喜欢。她说的是《哪吒闹海》，把小哪吒毫不惧怕、活泼的口气模仿得惟妙惟肖，又把老龙王和夜叉凶神恶煞的口气模仿得入木三分，逗得我们哈哈大笑。

中间互动时，我们举行了踢毽子比赛。我自告奋勇上去踢，没想到叔叔老是戏谑地称我是个“小胖子”，把大家又逗笑了，弄得我很没有面子，唯一证明的方法就是自己以后一定要好好锻炼身体，让自己变苗条。

比赛开始了，我们队每一个人都在努力地踢着，可是还是没有对手踢得多，途中，我为了为我们队争荣誉，使用了我独家的踢法——跆拳道式踢法。把大家逗得哈哈大笑。可惜由于我们队一个女孩失误，只踢了一个，我们队还是痛失冠军。

调节完气氛后，我们又开始了下半场的展示，我第一个上场。我微笑着走上台，认真地调弦，深呼吸，抬弓子，开始了演奏，随着悦耳动听的钢琴伴奏响起，我的小提琴像是被施以魔法，发出了柔和的、丝丝入扣的声音，美妙极了。到了乐曲高潮部分时，我的手指变得越发灵动起来，“一把、三把、双音、跳弓”，我在心里默念，泛音也是拉得清楚、到位，悠扬的旋律把人们带到音乐所表达的意境中，就连下面的两个调皮的小朋友都瞪着大眼睛，静静地聆听。他们完全被我的小提琴发出的乐音，特有的激昂澎湃吸引，大家都被我的琴声吸引住了。最后一个音绵长、悠扬，完美地呈现出一片宁静，人们仿佛看到了渔民在落日的余晖下满载而归地回家了，湖面上只留下轻轻的涟漪。演奏完，大家都深深地陶醉了，我向台下鞠了一躬，台下响起了雷鸣的掌声。

“台上一分钟，台下十年功。”我看到了每一个表演者身上的优点，受益匪浅。

（六年级作品）

2014年2月18日 星期二 多云

与爱同行

“以后我们就是好伙伴了,你有什么困难请告诉我,我来帮助你。”“以后,我们就是好伙伴了,有什么悄悄话,咱们一起说……”送上心愿礼物,小伙伴们热情相拥,相互鼓励。一幅多么温馨感人的画面,让不少在场的大人都感动得湿润了双眼。

我永远也难忘记这次小记者与贫困儿童结对子,实现微心愿,为贫困儿童圆梦的公益活动。

当知道《墨城新闻》与团市委联手安利公司共同启动“与爱同行,共铸希望”活动后,我早就积极报名,领到了小伙伴的心愿卡,精心准备好了礼物。

清楚地记得暑假末的一天,我早早地来到安利公司,听指导老师说,来自灵山镇、龙泉镇和高新开发区的三十位贫困家庭的孩子已在二楼会议室等待。当得知今天将有一位小朋友和自己结成小伙伴儿,我们大家都很兴奋,也很好奇自己的小伙伴会是什么样子。

所有小记者到齐后,我们在老师的带领下,拿着自己精心准备的礼物,怀着激动的心情走入会议室,找到了自己的座位,我们终于见到了“手拉手”的小伙伴。简单的自我介绍后,大家就相互认识了,通过交流,共同的爱好,一些相似的难忘的事情和经历,让小伙伴们很,快成了好朋友。

交换礼物的环节开始了。大家拿出书本、文具、毛绒玩具……亲手递到小伙伴手中。“谢谢你的礼物。”“谢谢,这是我盼望已久的书包。”小伙伴们接过一份份沉甸甸的礼物,真诚地道谢,有的已经泪流满面。我的小伙伴是一位眼有残疾的小姑娘,她告诉我她的家里很穷,很少有新衣服,所以平时总穿着校服上学。我注意到她今天也穿着的校服,干干净净,红领巾戴得整整齐齐,很整洁。看到她有些自卑的样子,想到她那简单的“微心愿”——只想要一个铅笔盒。我的鼻子酸酸的,真后悔只准备了笔袋和几本书,没有再为她多准备一些礼物。“以后我们就是好伙伴了，你有什么困难请告诉我，我来帮助你。”我把笔袋和书本递给她，真诚地说。“这个笔袋真漂亮，书我也很喜欢，但妈妈从没给我买，谢谢你的礼物。”她开心得都哭了。想想自己平日里的幸福，看看这些小伙伴，我的眼眶不由得红了。当一位长得矮小的小姑娘将自己亲手叠的千纸鹤送给我们的时候，大家都感动得哭了。

我们又一起去了葡萄园，观美景，学知识，吃葡萄，玩游戏，度过了快乐而难忘的时光，虽然仅有短暂相处，但我们已经建立了深厚的友谊。

爱，像一汪清泉，滋润着你我的心田；爱，像缕缕春风，穿梭于人与人之间；爱心传递正能量，让我们与爱同行。

（六年级作品）

2014 年 4 月 5 日　　星期六　　天气：晴

探寻清明文化　追悼烈士墓前

——青岛山游记

今天是清明节，我们小作家协会的小作家们来到青岛山，一起探寻清明文化，共同踏春郊游；追悼烈士，缅怀历史。

“战神队”

在山脚下，我们集合签到。为保证登山的安全与纪律，我们一、二、三报数分成三个小组，每个小组选出队长，我们互相自我介绍认识后，就开始为自己的小组命名，并想出自己的口号。我首当其冲，第一个想出我们的名称“战神队”，征询了队友们的意见，我们喊出自己的口号：战神！战神！战无不胜！第二小队讨论了半天也没有个结果，当老师问时，他们有个队员揶揄道：“敢死队！”“哈哈哈……”大家都笑了起来。站在一旁的一个阿姨建议：“就叫腾飞队吧！腾飞，腾飞，展翅高飞！”每个小组都有自己独特的创意。当我们喊完口号，潘老师夸数我们“战神队”口号响亮，声音整齐而洪亮，一下子鼓舞起我们每一个队员的士气。

开始登山了，我带领我的“战神队”，浩浩荡荡地进发了。一路上，我们赏春景、谈历史，好不热闹。我一边提醒队员不要乱跑，一边告诫他们沿着山路内侧行走，这样登山才安全，当三名队员不守纪律，沿着小斜坡追逐时，我及时地制止他们，老师表扬了我。山路虽陡，但磨灭不了我们的意志，大家相互鼓励，一步一步坚持不懈地向上爬去。不一会儿，我们来到一座清代古炮台遗址——光绪十七年（1891 年）6 月 14 日，清政府颁发上谕，胶澳设防。翌年登州镇总兵章高元率部驻防，在青岛山修筑工事，添置大炮，以固海防。此为九节连环万斤大将军炮。当然，此时的大炮是复制品。看着这门清代的九节连环炮，虽然是复制品，但我们依然感觉到了它的磅礴与无情。据说，这个地点可是一个军事要塞，是总督李鸿章看中的地方。

“战神队”的每一个队员都走过来抚摸这门大炮，“战神！战神！战无不胜！”我们再一次响亮地喊出我们的口号。

烈士墓前

离开炮台遗址，继续往上走，我们渐渐有些体力不支了，为不让队员们掉队，我们“战神队”自告奋勇，和潘老师断后，一边督促其他队员跟上大队伍，一边听潘老师讲解，收获颇多。

转过一个山头，我们来到伦克忠烈士的陵前。老师为我们讲述了伦克忠烈士一生的革命奋斗历程和他生命走到尽头，被捕惨死的那一刻。让我们一起走进英雄，走进那个革命战争时代：伦克忠，山东章丘埠村人，1894年生，幼贫失学，后入辽阳南满工厂为学徒，天性灵敏，在邓恩铭、李慰农的领导下，曾多次组织罢工斗争，震惊中外，成为早期四方机厂即胶济铁路工会主要领导人之一。1925年9月6日被亲日派反动军阀张宗昌逮捕于北京、枪杀于济南，时年三十一岁。英雄就义前，曾被鞭打四百余鞭，浑身上下血肉模糊，但却毫不屈服，视死如归。此时此刻，我们都被震撼了，既为反动派的暴行和残忍感到愤慨，也由衷地佩服我们的烈士能够大义凛然，为国捐躯。是呀，为了祖国和人民，多少革命烈士献出自己宝贵的生命，多少英雄抛头颅，洒热血，换来今天的幸福美好生活。如今我们生活在阳光下，生活在幸福里，还有什么理由不好好珍惜？作为革命传统的接班人，我们应该发扬革命精神，继承先烈遗志，将祖国建设得更加强大，让烈士们安息。

我们站在烈士墓前，追悼烈士，缅怀历史，不由得感慨万千。最后，我代表所有的小作家协会会员，为伦克忠烈士献上鲜花，大家摘下帽子，默哀三分钟，以表达我们对烈士的崇敬和悼念。

“听”德军地下指挥所

扫墓之后，我们整顿队伍，重新出发，我们要去的地方是德军地下指挥所。这一段山路很陡，我们走得气喘吁吁。可惜，到了目的地，因为修缮工作，并不对外开放。我们虽满心希望能够参观，但也无可奈何，只好沿着一段极陡峭的山路向上攀爬。山路太陡了，有时候不得不俯下身子，手脚并用。有的队员蹲下身子，不敢爬了；有的拽着一棵小树，停在半山腰歇息；有的一不小心又滑回了原点。有一个小姑娘年龄太小，帽子掉了，吓得膝盖跪在地上，两手满是泥土，大声呼救。旁边的妈妈赶紧扶起她，拉着她的小手，一步一步把她送上山。在这里，我们小作家们发扬团队精神，你在前面拉我一把，我在后面推你一下，老师和家长志愿者在山脚、山腰和山坡顶上，搭成一支护送梯队，帮助所有的队员攀爬成功。我赶紧帮老师清点人数，检查是否有人受伤。转到山坡另一侧，潘老师指着围墙内的一块碑说：“大家看，那儿立着一块碑。”顺着老师指的方向，我看到了一块高高耸立的碑石，上面有只和平鸽展翅欲飞，碑上刻着橄榄枝的图案。潘老师说：“碑的旁边下面是德军地下指挥所，上面是瞭望塔，我们现在看不到了。图片里面有这个介绍，大家可以看一看。现在我要讲的是：我们所在的这个青岛山的位置，地下是德军指挥部，这个指挥部目前是全国范围内规模最大、保存最完整的指挥部。它一共分为上、中、下三层，是五百个中国劳工，耗时六年修建的。它的地下面积接近两千平方米，分成四十六个房间，包括指挥区，工作区、生活区，装修豪华，墙壁上贴着绒布，地上铺着优质木板，当时的规模和装修号称亚洲第一、世界第二，是目前保存最完整的指挥所，没有遭到战争的破坏。刚才爬山之前，那是它的入口，这个地下指挥所和海洋大学德军的一个俾斯麦军营相通（这是前些日子刚刚发现的），青岛山德军占领以前不叫青岛山，它叫俾斯麦山，为什么叫俾斯麦呢？那是因为德国有个首相叫俾斯麦，它是用德国首相的名字来命名的。海洋大学那边的俾斯麦军营和这边的地道是通着的，如果遇到什么战事，德军所有的指挥将领，都会聚集到这个地下指挥所，在这里他们可以直接接受德澳督军和德国皇帝的命令。”

这么有规模、豪华和保存完整的地下指挥所，我们真想一睹为快，可是因为修缮工作，今天只能“听”德军地下指挥所，也不虚此行，希望以后我们能有机会再来参观。

炮台遗址

没想到，刚刚大家还遗憾没有进去参观德军地下指挥所，可是往前继续行走，因为地势高，山风大，送来阵阵松涛入耳。站在山顶，俯瞰青岛全貌，一目了然。

不由得几句词溜到嘴边：山风大，吹着松涛吼，小草动；站在高处望，可观岛城全貌，览无余。

正陶醉于视野的开阔，山顶风景的美丽时，右首边一看，我们惊喜极了，因为山顶之上，赫然出现一门大炮，坐南背北。这门大炮铁亮铁亮，黑得出奇，有的地方也有斑驳的铁锈。炮口直指苍穹，很有气势，这正是甲午战争闻名全世的德国克虏伯大炮。站在炮前，潘老师为我们讲述着小鱼山炮台、青岛山炮台遗址和这门大炮的来历。老师告诉我们，这门大炮也是复制品，真炮已经被德军摧毁。那是因为德国和日军争夺青岛这块地盘发生了战争，在这场争夺战中，德国战败，怕把这些东西留给日本，在离去之前把它摧毁。关于这门大炮还有一段历史：这个大炮最初是清政府 1898 年从国外买的两门大炮，花白银 12 万两，一开始大炮在天津大沽台，后来八国联军入侵缴获了这两门大炮，占领青岛市，德军作为战利品又从天津把这两门大炮运回到青岛山做防务，这门大炮在青岛山作为陆防，还有一门大炮在小鱼山作为海防。这两门大炮是由德国克虏伯军工厂生产的，在小鱼山那枚是海防大炮，重 50 多吨，射程 12 公里，在青岛山这枚是陆防大炮，重 39.9 吨，射程 8 公里。在青岛山炮台，德军为何如此看重青岛山，是因为这里的地理位置最为重要，它是青岛市内第二高山，海拔 128 米，在青岛山德军眼里，这里是最重要的战略要地，它占据的这个位置面朝大海，那边的贮水山炮台、青岛山炮台和那边的太平山炮台，连成一体，成为一条海上防务线，正对着海上的要塞，然后可以直接监督、瞭望海上军情，监视着海上来往的军舰，如果一旦发现敌情，消息马上传到德军地下指挥所。它那个地上瞭望台可以旋转 360 度，瞭望海上的情况一目了然。

听完潘老师的介绍，我们纷纷拥向前去，有的摸摸大炮，有的拍照留念，其中有一个调皮的小作家竟然爬到了大炮的身上。最后，我们拉着“诗画童年”的横幅，留下美好的瞬间。

诵诗会

参观完炮台，我们又来到那边小亭子的空地进行青岛市小作家协会“边走边诵诗画童年”诵诗会。小作家们有的坐在台阶上，有的站在小亭子里，准备开始今天的清明诵诗会。我赶紧帮着老师把材料发下去，坐在阶前，认认真真地读起来。我们先了解清明节的由来、习俗和介子推的传说，再诵读关于清明的几首诗词，然后在老师的带领下抢答、诵读，古诗意境深远，每一首都精妙绝伦；小作家们都绞尽脑汁，积极抢答，回答都很精彩；诵读时，大家饱含真情，声音洪亮，就连旁边的家长也都沉浸在浓浓的诗韵、诗香之中了。

附四首诗词与你共享：

清明

——唐　杜牧

清明时节雨纷纷，
路上行人欲断魂。
借问酒家何处有？
牧童遥指杏花村。

寒食

——唐　韩翃

春城无处不飞花，
寒食东风御柳斜。
日暮汉宫传蜡烛，
轻烟散入五侯家。

郊行即事

——宋　程颐

芳原绿野恣行时，春入遥山碧四围。
兴逐乱红穿柳巷，困临流水坐苔矶。
莫辞盏酒十分劝，只恐风花一片飞。
况是清明好天气，不妨游衍莫忘归。

江城子

——宋　苏轼

十年生死两茫茫，不思量，自难忘。千里孤坟，无处话凄凉。纵使相逢应不识，尘满面，鬓如霜。

夜来幽梦忽还乡，小轩窗，正梳妆。相顾无言，惟有泪千行。

料得年年断肠处，明月夜，短松冈。

这些诗词有写清明、寒食的;有写郊行踏春的;也有抒情、思念亲人的。诵诗会上,我们跟随老师的讲解一起走进诗的意境,不难体会到当时的情景和作者的心情。

参观青岛炮台遗址展览馆

下山时,我们踏着轻快的脚步,沿着鹅卵石小路顺道而下,路边的小野花盛开,树木冒出绿芽,玉兰花含苞待放,满目春色,真是愉快极了。

来到山脚下,最后一站就是参观青岛炮台遗址展览馆。

一进到馆内,当看到大量的历史图片,战争文物陈列于眼前,小作家们都肃然起敬,少了打闹的身影,大家跟随着讲解员叔叔,一边参观,一边听着介绍,了解了青岛的百年历史。这颗东方明珠,从一个小渔村发展起来的后起之秀,遭受过侵略者铁蹄的践踏,经历过多少风雨飘摇。展馆从胶澳设防、苦难与抗争、日德青岛之战等六个方面为我们重现了青岛近代百年历史。叔叔告诉我们,1922 年 12 月 10 日,青岛被北洋政府正式收回,真正解放是 1949 年 6 月 2 日,他提醒大家要记住这些重要的日子。因为历史告诉我们:软弱就要被侵略,落后就要挨打!中国从来不在侵略者面前低头,维护民族尊严,捍卫国家主权。对侵略者无比痛恨,对民族败类无比鄙视,对爱国志士无比崇敬,已经成为中华民族的宝贵品格。

叔叔最后还激励我们要不忘国耻,要勇敢接过烈士手中的枪,把爱国之志化为报国之行。好好学习,长大之后建设祖国,报效祖国,让我们的祖国永远自强于东方,自立于世界。

驻足青岛山,背依闹市,面临大海,在这岛城的最佳观景台,您可享受人生的美好;驰目遗址处,追思历史,缅怀先烈,在这青岛百年历史展览馆,您可感受青岛的百年沧桑。

“清明踏春,缅怀历史。”烈士们回肠荡气的英雄事迹还在耳边,家乡的百年耻辱亦牢记于心,它激励起我们的拳拳爱国之心。

(六年级作品)

2014年6月2日 星期日 雨

“破茧成蝶”

今天，我参加了天泰少年交响乐团的考试。

来考试的人真多啊！各种管乐、弦乐，在一楼的大厅里，很多管乐的选手已经迫不及待地练习起来。这些乐器和我们小提琴比起来，可真是个大嗓门啊！有位老师带我们小提琴选手到那一侧的三楼报名签到。签到的小提琴手有近二十个，成绩表上有自选曲目和试奏两道考题，还有舞台，分三部分内容，走廊上、签到室这些跃跃欲试的选手们。”有的在看谱子，有的在调试琴弦，看来我们将进行大 PK 了，不知能录取其中的多少个，我们的心里有些忐忑。

……

好消息传来，我被乐团录取了，这个周末就要开始排练了。

我和妈妈都非常高兴，妈妈赶紧把好消息告诉了正在广州出差的爸爸，爸爸也替我高兴。

高兴之余，我心里也开始有了压力，因为进了乐团，不仅对拉琴的要求很高，而且练习曲的难度也会增加不少。他对每一位乐手的要求极其严格，音准、节奏、持弓、运弓都要整齐划不能有丝毫的疏漏。看来，要加油了啊！我暗暗地告诫自己。这时我想起了爸爸微信里发来的照片：“致远养的蚕破茧成蝶了，期待致远‘破茧成蝶’的那一天……”语言简短，饱含深情与期待，我一下子明白爸爸、妈妈和我的辛苦付出，全是等待这一天的到来。

夏练三伏，冬练三九，耐心等待，破茧成蝶。

（六年级作品）

2014 年 6 月 5 日　　星期三　　雨

认真练琴

今天本想疯狂地玩一下，但一想到自己已经考入天泰少年交响乐团，马上要进行紧张的排练了，今天回家这么晚，没得话说，赶紧拿出琴来练习。就连刚才放学路上好朋友姜承坤约我出去玩，我也推掉了。

认认真真地练了一个小时的琴，先跟林耀基老师学克莱采尔 35 课，下子被老师的激情打动，反反复复进行练习，音准、节奏、行军的激情，演奏得像模像样；又让妈妈帮忙找出《匈牙利舞曲》第五号演奏视频，尝试着跟了跟谱子，找找感觉，因为这个周末的排练就有这首曲子，而我以前从没有练过这首曲子，心里一点底都没有。要知道《匈牙利舞曲》第五号是勃拉姆斯的作品。勃拉姆斯的全部匈牙利舞曲都可归为世界名曲，尤以前十首最受世人的青睐。其中《匈牙利舞曲》第五号，升 f 小调，这是勃拉姆斯全部作品中最广为世人所知的乐曲，不但到处被演奏，而且被改编成各种不同形式的器乐曲。作品于 1852 年创作，《匈牙利舞曲》第五号因其旋律优美，在卓别林的喜剧电影《大独裁者》中作为插曲出现。理发师按此音乐的节奏为顾客刮胡子的片段，成为电影史上的经典片段。有人评论说勃拉姆斯的音乐中四部交响曲有很深的音乐造诣，但晦涩难懂，唯有《匈牙利舞曲》第五号是雅俗共赏的作品。

想到我就要走近这首乐曲，我的心里既兴奋又有些担心。

（六年级作品）

2014 年 6 月 8 日 星期日 晴

第一次排练

当我坐进乐团的排练厅，我才知道这是真的！

当一个潇洒的身影出现在我们眼前时，哈！原来是上次新年音乐会我给献花的美籍华人指挥家张椿和先生。太有缘了，看着我面前的这位大指挥家，我不禁高声欢呼："yeah！"

开场前，张老师先和大家说了一声："同学们，晚上好！"我们随即爆出了一片雷鸣般的掌声，张老师先肯定我们的掌声很热情，然后说："大家要说晚上好，如果我说早上好 Goodmoning！你们就要回应早上好！OK，我再说一遍，大家晚上好！"这时，我突然心血来潮，便说了一声："Goodevening！"把大家都给逗笑了，张老师和我们一个小小的互动，不仅活跃了现场的气氛，而且还拉近了我们师生间的距离。

排练正式开始，乐团老师先给我们发下了谱曲，张老师让我们各自练习了一分钟，然后他拿起指挥棒，说："现在我们要一起工作了，来，试一试。"口里说着一、二，小棒一挥，我们便开始了合作，直到这时，我才知道在乐团里指挥是多么的重要。起初，我们拉的都乱了套，各拉各的，经老师的指点，我们有了很大的提高。管乐又是另一番景象，刚开始，五花八门的声音不绝于耳，有的噼里啪啦的，有的叮叮当当的，张老师开玩笑地说："哎呀！你们这是打到阿富汗去了，我们演奏的可是一首和平壮丽的曲子。"我在下面悄悄地嘀咕："和平的话，那是阿联酋！"单簧管试奏时，状况又出现了，老师笑着说："嗯？怎么发出了鬼哭狼嚎的声音？"我们再一次被张老师的幽默、平易近人、认真温和打动。

管乐真是个大嗓门，只 K 了一小段，我们都觉得真好听。有个小乐手的声音又单个冒了出来，很刺耳的一声，大家"哄"地笑了。张老师幽默地说："乐团里有个冒坏的小子，想试试指挥的耳朵灵不灵，你看，故意弄错了音。当然了，那是很久以前的乐团。"张老师的潜台词显然是：我们不是那个坏小子。多么善意的提醒和批评，我们一下子感受到了老师对我们的爱。

虽然张老师在向我们开玩笑，但他笑过之后，马上正色说："我们乐队进行演出，是要把精彩的表现献给观众，给人以艺术上的享受，而不能有微瑕。你们将是未来的希望之星，我们的演出是要接受别人的赞美的，记住：任何东西都不能应付，只有有准备才能把事情做好。"

是呀，任何事情都不能应付，只有有准备才能把事情做好。一次小小的排练，却给我们上了人生中的重要一课。

（六年级作品）

2014年6月27日 星期五 晴

音乐 梦想 感恩

今天是一个重要的日子，我们要在青岛大剧院演出，面对这一天，我既兴奋又激动，这么大的舞台，我还是第一次上呀！

我和小伙伴万晓坐在爸爸的车上，看着窗外的美景，我心里想：我们俩真是幸运啊！一定要抓住这个机会，好好争取，努力展现自己。

当我换上演出服时，我才发现我实在是太胖了，该好好减减肥了。走到大剧院门前，宏伟的景象令我们吃惊极了，不由得脱口而出："这一栋剧院是薄壳结构的。"抬头一看，只见弯曲的屋顶上面立着无数线条，多像座头鲸的肚皮！

进到排练厅后，我们和蔼可亲的张椿和指挥引导我们坐下排练，当我们几个小提琴手与老师们的乐团合作时，我才知道那是多么的优美，乐团里少不了人与人之间的合作。张指挥一遍又一遍地为我们排练，直到我们拉得很好为止。

令人期待的"音乐梦想感恩"音乐会终于开始了，第一首曲子是约翰·施特劳斯的《蝙蝠序曲》，这首曲子激烈而又雄壮，长号与小号奏出的小二度震撼人心，巴松与贝斯的连环三连音在小提琴与大提琴的衬托下，显得龄和谐。

说说我们吧！在主持人的报幕下，我们上场了，张老师小棒一挥，我们拉起了《新春乐》，欢乐的琴音在大剧院里回响，现在，我们拉得格外自如，一曲落，观众席上掌声雷动，我与指挥握了手，突然发现指挥的手是那么的粗糙，原来这都是练出来的！原本指挥把手一挥，是让我们下台，没想到右二的一位小朋友连忙和指挥握了握手，全场哄笑起来。

下一个曲子是我们少儿乐团排练的《康康舞曲》。在不同乐器的协奏下，一首完美的曲子展现出来了，台下的掌声、欢呼声不绝于耳。灯光、掌声、鲜花，我只感到我的双眼模糊了，泪眼中，我向台下张望，没有看到爸爸和妈妈，但我分明感觉到他们欣慰、期许的目光。我的脑海中浮现出2009年12月26日，那个难忘的星期六晚上——狂欢之夜，那个令我陶醉的音乐会……也许就在那一刻，我的音乐梦想在心中埋下了种子。

今天，我的首次演出成功了。它不仅使我受到了舞台上的锻炼，也会让我更加坚定地在音乐这条道路上走得更远！

（六年级作品）

天泰少年交响乐团启动仪式上的演出

演出后感言

小提琴，我成长路上的亲密伙伴

感谢妈妈，在我很小的时候，送我一把小提琴，让我认识了一个愿意终生相伴的“朋友”；感谢爸爸，让我在他结实的臂弯中，像躺在舒适的摇篮里，在他温暖的怀抱中，静静聆听着《军港之夜》入梦……

当耳边响起“小猪胖胖，盖座新房……”的童谣和《军港之夜》的优美旋律时，我就任思绪飞驰，仿佛又回到歌声萦绕的童年……

记得四岁那年，妈妈把一把小提琴放到我的面前，我不由得瞪大了双眼：呵！这个乐器多么有趣！像个葫芦，从小就迷恋葫芦娃的我，一下子就喜欢上了这个像葫芦一样的乐器。

刚开始学习不久，我就渐渐迷上了它。无数个夏夜里，总会响起悠扬的琴声，直到星星困得睁不开眼。

秋雨绵绵，弹奏着一支小舞曲。我背着琴盒，快乐地和秋雨戏耍。有时故意把伞一偏，让雨滴到脸上、头上；有时踏进水洼，使劲跺着脚，溅起朵朵“浪花”。

走在学琴的路上，感到了冬的气息，我情不自禁地缩了缩脖子，把衣服帽子扣到了头上。路上，铺了一层薄薄的积雪，风儿吹过，雪被风卷起，飘向路边的小沟里。

哦！小提琴就像我的一个亲密伙伴，陪伴着我风里来、雨里去，走过春夏、走过秋冬。尽管有时我也会像同龄孩子一样贪玩，可我从来都不肯放弃小提琴的学习，因为，我已深深喜欢上了我的“小伙伴”。

九岁，我参加了山东省艺术考级“青少年音乐大赛”。PK 的选手是青岛师范大学音乐系的大学生。“初生牛犊不怕虎”，我大大方方走上台，向评委老师鞠了一躬，便拿起我心爱的小提琴，拉起了悠扬、迷人的《海滨音诗》。大家都被我这个“小不点儿”震撼了，评委向我投来赞许的目光。虽然，我获得的只是二等奖，但却给了我莫大的鼓舞，让我以后一次又一次自信地站在舞台上。

难过时，拉拉提琴，悲伤从跃动的指尖流走；开心时，奏支曲子，快乐的心情伴随着灵动的音符，亦在琴弦上舞动；节日里，来一下才艺展示，自信便由心底升腾。慢慢地，小提琴成了我的“知心爱人”，我哭，它哭；我笑，它笑；成长路上的酸甜苦辣，我们一起品尝。

难忘啊！天泰少年交响乐团启动仪式上，拉起心爱的小提琴，我满怀感恩之心，沉浸在美妙的音乐声中。台下的掌声、欢呼声告诉我，我们的首次演出成功了！

灯光闪烁、鲜花飘香，我只感到自己的双眼模糊了。泪眼中，我向台下张望，没有看到爸爸和妈妈，但我分明感觉到他们欣慰、期许的目光。抚摸着手中的提琴，我将它轻轻地贴在脸庞，让“小伙伴”一起感受我的喜悦和幸福。也许就在这一刻，我已深剛埋下我俩共同的音乐梦想。

小提琴啊！我亲爱的小伙伴，我的生命之中已不能没有你。

（六年级作品）

第八辑

童话篇

嗨！大家好！我是一只精灵鼠，大家都叫我小鼠贝克。世界对我来说很大很大，我不知道天底下到底有多少自己未知的东西。

但我就是我，小鼠贝克，我安逸于眼前的和伙伴们在一起的幸福生活。

介绍一下我的伙伴们：

亨利：一只有哲学思想的老猫

小灰鼠那非：我最最亲爱的老弟

黑须儿：一只会唱歌、会拉琴的蟋蟀

大狗鲁特：性格温和

小花栗鼠哈莉：幽默、胆小，但是可爱

小黑熊笨笨：勇敢、善良

小山雀肥肥：我们的新伙伴

（一）贝克和伙伴们的幸福生活

1. 点心派对

今天，亨利带回一盒点心，我打开一闻，真香啊！我高兴极了，把它们放进我们自制的烤箱里——一个被我用电线导上电的铜盒子，拉上电线一抽，由于磨出火花，烤箱“轰”地响了起来，成功了！我高兴得又蹦又跳，不一会儿，香味就从烤箱里窜了出来，直钻我的鼻孔，啊！草莓味、香蕉味、苹果味、奶油味……真是太棒了！

“要不我们举行一个点心派对吧！”亨利说。

“好啊！好啊！太棒啦！”我惊喜地叫了起来。

黑须儿立刻跳出去，来召集大家一起参加点心派对。不一会儿，小伙伴们都来了，看起来他们对点心派对充满期待，我透过烤箱的玻璃往里看，只见点心已经被烤得焦黄，还散发出阵阵香气，我都快流口水了。又过了一会儿，我把烤箱电线给撤了，然后打开烤箱门，顿时，一阵香气在空中弥漫开来，大伙都张开鼻子使劲地吸着，边吸边说：“香、香！”

我连忙端出来让大家享受着美食，见我十分慷慨，大伙儿也迫不及待狼吞虎咽地吃了起来，看见大伙儿吃得十分开心，我就心满意足了，也和老伙计亨利一起美美地吃了起来。

这真是一次快乐的点心盛宴，幸福生活就是不要辜负这样的美食。

2. 划船比赛

早晨，我和亨利来到小溪边取水的时候，发现今天阳光真好，小溪里的水清澈见底，河里的鱼虾悠闲地晒着太阳，我把手伸进溪水里一试，啊！清凉无比，惬意得很。

这时，我看到蚂蚁兄弟正坐在他们自制的“树叶船”上，悠闲自得地漂向对岸。我心头一亮，一个好主意计上心来，掉头就追已经走远的亨利，追上以后，上气不接下气地对亨利说：“亨利……亨利……我的老伙计，我们也举行一场划船比赛吧！”亨利一边用爪子拍我的背，一边回答：“好好好，伙计，我举双手赞成，你倒是慢点说啊！看把你急的！小心别让唾沫给呛着！”

回到家，我把这个消息告诉了黑须儿，没想到他居然也对我的计划大加赞成，我高兴地跳了起来，紧紧地抱住我这个知心朋友。吃完早餐，我四处翻找，想找出造船的工具和材料，黑须儿出去约朋友一起来参加这场比赛。我和亨利便干了起来，要先找两块木板作为舢板，我立刻翻找起来，“哦！这里，亨利！这两块木板好沉，快来帮帮我！”亨利立刻跑过来，用爪子用力一挑，哈！那两块木板就被我们抬到后面，再造螺丝刀，我把一根细铁丝扭弯，一个简易螺丝刀就做成了，亨利用了用，嘿！很好使。我们把两块木板钉在一起，再弄出船帆，啊哈！我们有简易帆船喽！高兴的笑声回荡在郊外。不一会儿，大家都聚集在小溪边，我四处看看，嘻！他们的帆船都没有我们的好，乌龟大爷当裁判，一声令下，各个选手都奋力划了起来，我在船头掌舵，亨利则在后面挥起大桨使劲划，划呀，划呀，激起一片片水花，水花在船头、船尾飞溅，仿佛唱起欢快的歌儿。我朝后看了看，啊哈！其他赛手都被我们远远地甩在后面，我心里一阵兴奋，于是加快马力，快马加鞭，我们的帆船如一条大鱼，劈风斩浪，后面激起了一片片更高的水浪，太爽了！呀呼！我们来到了漩涡水深处，我紧紧抓住船舵，亨利则用船桨使劲撑住溪堤，我们在水中玩起了激流勇进，一会儿向上，一会儿向下，时而俯冲，时而飞起。

我开心地对亨利说：“啊哈！亨利，咱们造的船不错吧！”

“那还用说！”只见亨利悠闲地跷着二郎腿坐在船尾，顺着浪尖儿玩起了惊险。

我提醒亨利，“喂！小心，前面是暗礁处，赶紧撑着桨，别让帆船触礁！”

“明白！”亨利用桨在水里用力一划，“嗖！”在水的推力下，我们的帆船像离弦的箭一样冲了出去，到暗礁处了，我东转船舵，亨利右划大桨，我们配合得自然协调，暗礁被我们躲开了，这时前面出现了一块巨大暗礁，我惊出一身冷汗，亨利却信心满满地把船桨一撑，还说：“坐稳了，贝克。”

我吓得双眼一闭，只觉得身体腾空飞起，当再睁开眼一看时，哇！亨利竟然稳稳地飞了过去。“哺，亨利，想当年你是划船比赛的冠军，没想到你还留了这么一手！英姿不减当年啊！”我佩服得拍拍他的肩头。

终于到终点了，我和亨利光荣地走向领奖台，摘取了“桂冠”！

“哦！我们赢了……”

3. 贝克的生日

今天，我翻了翻日历，看到了一个十分令人高兴的日——我的生日。

“耶！”我连忙叫醒正在呼呼大睡的亨利，“嘿嘿，老伙计亨利，今天是我的生日耶！喂喂！醒醒！”我使劲摇晃着老猫。

“今天邀请所有草原小镇上的居民来过生日吧。”

“嗯，有好吃的？”亨利一个打滚儿，坐了起来，叫道：“今天是你的生日呀！”随即紧紧地抱住我，说：“祝你生日快乐，贝克！”

我也激动得连声说：“谢谢！老伙计。”

亨利立即豪爽地说：“走！我给你买礼物去，要什么我就给买什么，我们赶紧出发！”

我和亨利开着小车，来到了礼品城，亨利亲自下车为我挑选礼品，你们猜我要了什么？

嘘……暂时保密。

从小到大，这个生日最让我难忘，大家肯定也想知道伙伴们怎样为我过的生日吧！嘿嘿！吊吊你们的胃口，且容我独自好好地回忆，等到《小鼠贝克》的续集《贝克历险记》里再与大家一起分享吧！

总之，这个生日过得既开心，又有创意，当然也经历了一场刺激的、有惊无险的历险，我非常非常感谢伙伴们对我的深情厚谊。

4. 大丰收

——菜园小记

啊！昨天的划船比赛可真酷！

今天我们就要精心经营我们的小菜园了。

一大清早，我随手戴了一顶柳叶帽，和老伙计亨利一起来到我们的小菜园。跟你说个小秘密，我们小菜园里的蔬菜、水果应有尽有，想要啥水果、蔬菜就有啥！

今天可是我们菜园丰收的日子。我们拉着三辆小车，带着两个大箩筐，一路上一边开心地哼着小曲儿，一边欣赏醉人的美景。绚丽、灿烂的秋天到了，阵阵凉风拂来，吹在我俩身上凉丝丝的。红色、黄色的树叶从树上纷纷飘落下来了，河边的芦苇也是飞满了芦花。高粱红了、稻子熟了，小动物们喜悦地收割庄稼。秋风给人们带来了丰收的喜悦。

到了小菜园，满目是新鲜而又喜人的蔬菜：油光水亮的茄子，一个个紫盈盈的惹人喜爱；小灯笼似的青椒在微风的吹拂下摇摇坠坠，一个个绿油油、胖乎乎的，让人爱不释手；红红的番茄像一个个笑红脸的娃娃，坠下枝头，上面还有清凉、晶莹的露珠；黄瓜有着碧绿的、小巧玲珑的身姿，加上一顶黄花帽就更加漂亮了；圆嘟嘟的土豆像一个个胖娃娃，蹲在田地里撒欢；小辣椒挺着小胸脯，去迎接太阳伯伯亲切的关照……我们一边高兴地唱着丰收歌，一边忙碌着收菜。

“哇！看啊！贝克！我这儿有一个青椒王！”亨利惊叹起来。

“嘿呦呦！还真不小，但你看我的，这才是真正的青椒王呢！”我高举着我的战利品，只见我的那青椒王个头足有亨利的两倍。

“嘻嘻！发财了，卖出去一定值很多钱。”我小声嘟囔着，心里偷偷做着发财梦。

看见亨利在偷偷瞟我，好像在说：“你可别骄傲啊！谁是最后的赢家还不一定呢！”

我不服输，干咳两声，然后埋头继续搜索“大家伙”，继续收。

“嗬！好大的胡萝卜呀，鲜红鲜红的，真不错！”亨利这次可是捡到宝了，兴奋地欢呼起来。

“采摘了这么多天然蔬菜，够我们吃上几天的了！呀呼！”我开心地打了个呼哨，和亨利相视一笑，心满意足地打道回府。

回去的路上，我们迎着秋风，贪婪地呼吸着丰收的气息：稻谷的清香，麦芽的香甜，还有手中各种蔬菜的味道……

5. 贝克亨利烧烤小吃店

为了多挣点钱，我和亨利提议出资建一个“贝克亨利烧烤小吃店”。

于是，我和亨利分头去干。我去买食材并且去郊外采集蘑菇、摘木耳，捉鲜鱼。亨利则在家里造店，进行装修。采集完食材，我又来到烧烤市场，买了一个烤炉，又买了一点煤炭，接着买了各种调料——孜然、胡椒、烧烤酱、辣椒酱、海鲜酱、山菇酱……然后买几个调料瓶，叫卖主钻上小洞。再买两把蒲扇和其他各种食材，好了，大功告成！该回去找亨利了。

我健步如飞，一溜烟儿直奔家门。回去的时候，亨利已经开始刷漆了，只见他刷得又快又好，整个烧烤小棚是乳白色的。巧手亨利做了一个招牌，挂在棚顶，外面还有几把遮阳伞，遮阳伞下面是一个个小方桌，周围是椅子。

一进家门，我放下各种材料，赶紧从家里拖出一个以前捡来的饮料自售机，检查一下，嘿！还好使，于是我和亨利去超级市场买了许多饮料，放在自售机中，嘻哈！太好了，现在才是早晨八点半，看看店里，似乎还有些空间，我们可以再往里添加什么呢？对了！把电视机搬进去。多亏我们现在有两台了，我把一台搬进烧烤店，再把烤炉安装好，加两块煤炭点起了火，哈！可以开张了，我拿出我那积攒的十个大红鞭炮，把芯子缠在一起，然后用火点燃，“嘶……砰砰、轰隆、啪啪！！！”炸得可真响，亨利一边大声喊，“贝克亨利小吃烧烤店开业了，大家快来看看啊！”一边摆出已经烤好的肉串。

不一会儿，烧烤店门口就聚集着好多小动物了，“咱们进去尝尝鲜吧！”“只要是贝克和亨利开的店我都喜欢！”于是，大家都一拥而进。我和亨利一起招呼客人，一起去做小吃和烧烤，先烤羊肉串，再烤鱼，各来四十份，接着炸鸡腿、烤鸡脖、酱烧山菇……，忙得不亦乐乎。

“快！多来点！”我指挥亨利一样又一样的烧烤，然后由我送到客人面前，客人要饮料的话，我让肥肥去替他们取，大家都夸我们服务周到、待人热情。

我趁机说：“大家可以办会员卡，会员可以享受买一送三的优惠，有时候可以得到会员大礼包，还可以领取积分领奖品！”

“啊，真是实惠呀！给我们办一张！”大家开心地说。

6. 新来的小伙伴

一天，小店打烊了，客人们都走了。

月亮升上树梢，星星困得眨眼，我打了一个哈欠，亨利则捶了捶自己累得酸疼的腰，然后坐到椅子上，倒上美味的奶茶，来了几块美味的软酪，啊！真享受呀，喝了奶茶以后，我和亨利都恢复了一点精神，坐在月光下的椅子上，一边聊天一边吃软酪。

我有点忧郁地说：“要是我们有一个新的小伙伴就好了，自从黑须儿去度假以后，我们俩就没人来陪我们玩，所以觉得很孤独。”

亨利也不开心地说：“要是黑须儿能回来就好了！他和我们一起的日子真是美好呀，我真是怀念，嘿嘿！”

突然，“嘀哩……”树顶上传来声音。

“咦？有人在偷听？”

“谁？”亨利竖起耳朵，眯着眼抬头看。

树冠上，浓密的绿叶间不知何时有了个鸟巢，一个小脑袋顽皮地伸了出来。

“嘀哩……”原来是它。

“嘿，小家伙，下来玩一会儿。”

亨利将手中的软酪渣撒在石桌上。

“交个朋友吧，新来的邻居。”我也热情地召唤。

“呼”的一下，一只小山雀从树叶间落了下来，它圆滚滚的身子，像个小毛球，先低头在石桌上吃了几粒软酪渣，然后蹦蹦跳跳地来到我俩中间。

原来，是一只刚刚离开妈妈的小山雀，它把新窝搭在我们小吃店门前的大树上。就这样，小山雀成了我们的新朋友，我们叫它肥肥。

7. 糖球会

今天，我们一起去参加了第二十三届美食街糖球会，可热闹了，好多动物都来参加。

“嘻嘻！亨利，你知不知道这次糖球会的规定，告诉你，所有的糖球你随便吃，爱吃多少就吃多少，不用花钱，吃得最多的还可以得到超级糖球神秘大礼包！不知道里面装的是什么……”

“哦？爱吃多少就吃多少？”亨利难以置信地问。

“嗯！”我使劲地点了点头。

“哇，那这岂不是成了糖球狂欢节了！太好了！我要使劲地吃，吃不完打包带走，对了，你说的什么礼包我一定配合你拿，这次冠军我们要定了！”亨利说完，使劲眨了眨眼睛，好像心有疑虑，一副不相信的神态。

我二话不说，拉起他就走，“快点吧！老伙计，难道我会骗你不成？”

“是的！是的！贝克没有骗你，千载难逢的好机会！”一旁的小山雀肥肥也跟着点点头，然后迅速飞起，在前面带路，我和亨利向糖球会那条美食街出发，走喽！

不一会儿，我们就到了美食街，然后领了监视计数器，走进糖球会会场，只见他们第一轮比赛开始了，管理员撒下数万根糖球，大家也都跟着吃了起来，我和亨利一边吃一边往大口袋里塞，我发挥自己最高水平，一口一个，亨利更不用说，拿起大口袋就往嘴里倒……第一名已经产生了，管理员大声宣布，“是……三十六号和四十号选手，让我们祝贺他们！”我们真不相信会是我们，我和亨利兴奋地走上领奖台。

“耶！我们赢了”我和亨利异口同声地大叫，小山雀肥肥拍打着双翅，仿佛在为我俩祝贺。

接下来，我和亨利都上台领奖，各得了一份超级大礼包，心里甜滋滋的！我俩商量，回去马上开一个派对，和好朋友们一起分享。

8. 我们有新电视喽!

今天，亨利从外面带回一个奇怪的“盒子”，放在桌上。

我认真看了看，咦？怎么上面有根天线，而且还有遥控器，我觉得还有点眼熟，好像在车站见过，对了，电视！就是电视！我以前好想弄回一台来的，这下真的实现愿望了！

我高兴地在地上打滚儿，连忙找到亨利，说：“亨利，你那台电视机是从哪弄来的？”

亨利笑眯眯地说：“我是从林边那栋小木屋里找到的，一会儿小山雀肥肥就来了，它还帮我叼着机顶盒呢！”

我赶紧跑出门外一看，嘿！真的来了，我连忙把小山雀肥肥迎进屋，接过机顶盒，把插头接上。

“滋滋……滋滋……”电视响了起来，不一会儿就能听到声音和看出画面来了，还是彩色的呢！我连忙操控遥控器。

“嘻嘻！动画片，太好了！”亨利说，“这是动画片《中华小子》，我最爱看的片子了！”于是我们一边看起了《中华小子》，一边喝起了下午茶，甭提有多舒服了。

渐渐地，我们屋里的小动物越来越多，房子的空间也越来越小，我们说着、笑着，看着、闹着，似乎已经忘记了时间。

不一会儿，月上树梢，星星眨着疲倦的睡眼，已经是深夜了，小动物们各自回了家。我则和亨利一边看电视，一边吃宵夜，舒舒服服地过了一个不眠之夜。

9. 过冬

太好了，再过两天就是冬天了，我们就可以邀请小动物一起来过冬了。

“如果下一场大雪就太好喽！”我和亨利都异口同声地说。我们盼呀盼呀，终于盼到了这一天。

早晨起来，推门一看，“哇！外面下起了大雪，小动物们一定冻得不轻，我真盼望他们早点来。”我一边抱着小暖炉，一边喝着咖啡说。“啪啪”，有人在敲门。真灵验！第一位客人马上就来了。我开门一看，哦！是小金花鼠！我见他冻得瑟瑟发抖，便一把把他拉进门，把小暖炉递给他，为他倒上一杯热咖啡。小金花鼠感激地说："谢谢！"喝完之后他马上不冷了，接着，他又从鼓鼓的背囊里，拿出许多干果和蘑菇，串在一起，放在火里烤了烤，立刻，蘑菇变得又脆又香，散发出诱人的香味。小金花鼠分了我和亨利各一串，我们一起津津有味地吃了起来。

哇！真香，太美味了！我和亨利从仓库里又拿出许多蘑菇，和小金花鼠一起分享起来。

不一会儿，第二位访客来了，是小浣熊，只见他抖了抖身上的雪，也和我们一起取暖。我立刻从仓库里拿出干鱼片和巧克力给小浣熊吃，小浣熊吃得不亦乐乎，虽然满嘴都是鱼刺，说话都不清楚了，还夸赞我的巧克力香。我说："这巧克力可是我自己做的，专门磨可可的石磨，把可可磨成浆，再烘烤成可可酱，然后把可可酱卡成模型，最后加工就好了。"

"咚咚咚！"这时传来一阵沉闷的敲门声，我开门一看，呵！小熊托尼也来了，只见他一边抱着一罐蜂蜜一边走，步子摇摇晃晃的，一屁股坐在沙发上，打开蜂蜜罐子，伸出小舌头，傻乎乎地舔了起来。我赶紧拿了几块面包给他加餐，他感激地朝我点点头，就迫不及待地把蜂蜜涂在面包上，大口大口香甜地吃了起来。等到吃饱了，不觉得冷了，他从口袋里拿出几条鲑鱼，一一分给我们，放在火上烤。只一会儿，鲑鱼就变得香喷喷了，我们都大口吃了起来。

过了一会儿，又有人来敲门了。我上前开门一看，嘻嘻！是小穴兔，他啃着胡萝卜，蠕动的三瓣嘴，胡须一撅一撅的，一屁股坐在小板凳上，和我们一起守着暖炉取暖，一起围着烤炉吃大餐。

多温暖的家呀！多温暖的冬天！

10. 过年喽

今天是大年三十，我和亨利要和动物们一起过年。

大清早，动物们都提着年货早早地来到了我们家。我一边忙活招待客人，一边为客人拿出干果和糖。亨利则在一边做大馒头，一边热情地邀请大家看电视。最近，我们的电视还换新的了呢！是一台平板大彩电，为了看动物春晚用的。

亨利显得心满意足，在一旁笑呵呵地说："就是好呀！以后看电视就可以看3D和5D的了，真是太棒了！”墙面都铺置了地暖，整个墙看起来就暖洋洋的，小房子内温馨极了。亨利又忙着去做大馒头了。噢！对了,我们还有鞭炮没买呢！我叫上肥肥赶紧去商店买了两个礼花、挂鞭、一些小鞭炮和一些烟花，晚上足够放的了。想想有那么多的小伙伴一起过年，我又买了水果、零食、肉干，把所有东西都买齐以后，才心满意足地回家。

回到家，所有动物朋友们也都来齐了。我就泡上咖啡、奶茶和牛奶味可可，拿出许多零食，打开电视，请朋友们享受。亨利已经在那里剁鱼，准备年夜饭。呵呵！年糕、鲜鱼汤、饺子、腊肠、土豆炖午餐肉、海鲜、黄金狮子头……好丰盛的年夜饭啊！

“啊哈！太棒了！小耗子！快找几个帮手来包饺子吧！”我开心地大叫起来。连忙叫上花栗鼠哈莉、小灰鼠那非，小熊托尼、小狗萨姆、小花猫三宝及笑猫来帮忙。首先，先请力气最大的小熊托尼揉面，不一会儿，小熊托尼就把面揉得软软的、热乎乎的一大团。三宝、笑猫帮亨利一起切面，三宝不愧当过搜救猫，对准面，爪子一挥，一块不大不小的面就出现在眼前；小狗萨姆在一旁擀面，只见他把一个个不大不小的面团擀成一个个小面饼,然后快速递给花栗鼠哈莉,哈莉快速装上饺子馅，灵巧地一捏，转身把一个个胖嘟嘟的饺子递给我。我接过来，放进小煎锅里，“滋滋”！锅底溅起了油，我熟练地把煎锅一颠，饺子往天上一抛，又顺利地落回锅中，嘿嘿！我可是大厨中的高手，每次煎饺的时候我总是最厉害的一个，速度可快了。瞧，第一锅煎饺出锅，煎得焦黄、喷香。就这样又接过几个，放进去，煎烤，出锅……最后，又独出心裁，煎上几个圆圆的汤包，让人看了就想吃。

我端出去美味的煎饺和汤包，亨利摆上丰盛的年夜饭，大伙儿们很快就被奇香吸引，一起围拢过来，一边品尝，一边看春晚。

美味的大年三十，幸福的大年三十。

11. 团圆饭与放鞭炮

夜深了，我们要吃团圆饭，今天晚上的团圆饭可丰盛了：椒香琵琶腿、美味杂鱼、鲜香蟹饼、小汤炖鱼丸、秘制红烧肉……色香俱全，香味扑鼻，令小动物们垂涎三尺，因为太好吃了！大家都吃得不亦乐乎。

“啊哈！太棒了，我最喜欢这些美味了。”小熊托尼大声喊道。

“哇！真是太美味了，我最喜欢椒香琵琶腿啦！实在是太美味了！”亨利头也不抬，只顾埋头吃了起来。

“噼里啪啦……”转眼间，放鞭炮的时刻来到了。过年放鞭炮是必不可少的一个习俗，这更成了我们的乐趣。

大年初一，我们都跑了出来，手里拿着各式各样的花炮。三个一群，五个一伙。大家高兴得又蹦又跳，看着手里的鞭炮，互相对比谁的鞭炮更有特色，谁带的更多，那鞭炮便成了大家在一起炫耀的资本。“扑哧哧……”火柴点着了，炮芯点燃了，春节的好戏也该开始了！今天早晨，我也和亨利拿着一盒子鞭炮出来了，兴高采烈地从盒子里拿出几盒花炮放起来。

花栗鼠哈莉放起了“喷炮”，手舞足蹈的他，在那里兴高采烈地跑来跑去，五彩的纸花飘来飘去，看起来很炫。

“嘣嘣！”小熊托尼的大礼花花炮点着以后，在天空出现了“2012……”龙的字样，成为了一道亮丽的风景。亨利也放了一个大礼花，比小熊托尼的更好看。小猪放起了最近流行的臭气弹，一点燃，气体跑出，一股难闻的气味便扑面而来。有的小动物根本不畏惧，放起了“三层楼”“小鞭炮”“双响炮”。“三层楼”流光熠熠，似珍珠落下人间，鞭炮噼噼啪啪，给春节又增添一份红火；“双响炮”震耳欲聋，驱走了一切邪气，又迎来了新的一年！最后我放起了万花平，刹那间，万花平喷出了绚丽的火焰，预示着一年万事平安，小动物们被吸引住了，都朝我这边看过来。

太美丽了，一簇簇、一层层，耀眼的礼花像喷泉一样喷涌出来，绚丽无比，绽放在夜空。

12. 森林新年音乐会

过了新年，森林里一年一度的音乐会就要开幕了，小动物们都在家里忙着准备，谁都想争当今年的音乐会冠军。

贝克和亨利也不例外，在音乐会开幕的前三天，我们来参加音乐会。小仓鼠想当冠军，坐在大树旁边吱吱吱地叫了起来，他也想比别人唱歌唱得好，在树下叫个没完没了。麻雀飞来了，他站在一棵大树的树枝上，津津有味地唱了起来，他被自己的歌声陶醉了，“叽叽叽”地叫个不停，嘻！

小麻雀也想争当冠军。小牛慢吞吞地走了过来，站在地上“哞哞”地唱起来男低音，他的歌声那全是一个音调，他也想当冠军，让别人羡慕他。贝克和亨利准备了电吉他，配了摇滚乐，准备要唱一首摇滚舞曲。转眼间，动物们期盼已久的音乐会终于在森林里开幕了，“今年的冠军会是谁呢？”大家都在高兴地议论着。

百兽之王狮子发话了：“今天，我们请来了全森林里的著名歌唱家喜鹊先生，我们请他当裁判。”随后，狮子吼了两声，刚才还议论纷纷的动物们都不说话了，会场一下子安静了下来。

音乐会开始了！首先一号选手小猫上场了，他先叫了两声，才正式开始了，“喵喵喵，喵喵喵”，他的歌声优美，音调有高有低，小猫已经认为自己是最好的。

喜鹊说：“你的歌声的确非常动听，但是声音小了，请回家多练习。”小猫听了，垂头丧气地走到了旁边。

二号选手小牛上场了，小牛开始唱了起来，“哞哞哞，哞哞哞，”小牛已经觉得自己唱得最好了。

喜鹊裁判听了，说：“你的声音非常大，你也有你的特点，就是缺少音调的高低，总体来说很好。”小牛走下了台。

三号选手小狗萨姆上台了，他停了一会儿，就开始“汪汪汪”地叫了起来，“汪汪汪……”他唱完了后，喜鹊说：“你唱得很好，以后多加努力。”小狗萨姆兴冲冲地走下了台。

最后出场的选手是贝克和亨利，只见我们摆上电吉他，唱起了摇滚舞曲，亨利在后面跟着跳舞，迈克尔.杰克逊的《彩虹之舞》太空步，引来大家一阵喝彩，太棒了！连喜鹊评委也连声叫好，“他们展示的是今年最流行的摇滚乐，唱歌加上舞蹈，有创意，真不错真不错！”

一曲结束后，雷鸣般的掌声响起，冠军非贝克和亨利莫属。

13. 美食街

“听说最近郊外那边有一个美食街开业了，今天晚上让伙伴们都去尝尝鲜，怎么样？”小山雀肥肥飞过来说。一听到吃，我立马来了精神，把我最近最爱玩的掌上游戏机放入小口袋里，让小山雀肥肥去找伙伴们，自己和亨利在家里整理东西，不一会儿，伙伴们就浩浩荡荡地来了，我定睛一看，哦！都是一些小动物，花栗鼠哈莉、小蚱蜢、小穴兔、小刺猬兄弟、鼹鼠太太和她的小宝宝……他们背上都背着一个大口袋，似乎想要大饱口福，我点点人数，够了！

出发！我和亨利走在前面，大伙都走在后面，我们率领“大部队”快速地前进，路过一条公路，小山雀肥肥飞到前面望望，高兴地说：“大伙们，加油！从前面再左拐就到了。”于是我们更加卖力了，走到前面，到拐角处一看，哇！好繁华，整条街张灯结彩，一个又一个小店连在一起，招牌花花绿绿，让你看都看不过来。这时，我们来到一处自助式快餐机，上面说明只要从硬币孔里投进两美元，就可以任选一份套餐，太好了！我高兴地从包裹里拿出四美元，投了进去，马上出来了两份套餐，我点了美味肉汁餐，亨利点了中国美食餐，我打开我的一看，哇！太实惠了，有香辣猪肉条、炸猪排、黄金虾球、脆皮紫菜、汉堡肉饼、鸡肉串之黑白配、五香肉松、奶油玉米笋、梅菜扣肉、鸡柳（三种口味）外带饮料两瓶，亨利走过来一看，羡慕地说：“哇！你的真实惠，不过我的也不错，看看吧！”哇！有鸡汤馄饨、烤肉串（鱿鱼）、小红楼牛肉灌汤包、煎饼果子、美味琵琶腿、南京灌汤包外加银耳清凉汤。

伙伴们都一拥而上冲进美食街，大吃特吃起来。

“嗯！鸡排味道不错！”

“烤鱼更好吃！”

“鱼丸汤！大家都快来尝呀！”

“好吃！吧唧吧唧！”

“这个味道也不错！呼噜呼噜！”

“麻辣烫也不错！”

“嘶！刺溜，嘶！刺溜，啊！好辣！”

快乐美食街，欢乐总动员……

天色已晚，皓月当空，银色的月光倾泻下来，笼罩着一切，天地间沐浴在如水的月色中，一切都那么美好，令人流连忘返。我们只好在美食街住下，闻着美食的香味，不知不觉地进入梦乡，在梦里，我们依然梦到我们在大吃大喝……

14. 滑冰比赛

星期六，我和亨利刚吃完早饭，哈莉就给我打电话，说它在动物世纪广场滑冰，让我们也去一起滑，我十分高兴，和亨利穿上高速滑冰鞋，向广场奔去。

我们飞快地来到广场，和小动物们在广场上自由地滑了起来。滑了一会儿，我对动物们提议说："要不我们来一场滑冰比赛吧！规则是：先设一个起点和终点，从起点出发，谁先滑到终点就算赢。"动物们纷纷响应，欣然答应了。

比赛开始了，我和亨利一马当先，抢到前面，使出浑身力气，奋不顾身地向前冲去。过了一会儿，感觉自己已经远远地超过了其他动物们，便偷偷地回头看了一下，不好，小猴跳跳追上来了，我又使劲滑了起来，我们两个实力相当，不分上下。显然，他是我最强的对手。这时，亨利也追上来了，他矫健的身姿在跑道上移来移去，玩起了大漂移。我也拿出吃奶的力气，奋不顾身地滑，一路上，过关斩将，眼看到了最后一圈，到了冲刺的时刻了。这时我已经筋疲力尽了，我急得直冒汗，还是没办法，眼睁睁地看着小猴子超过我。我不甘心，拼尽全身力气，向前冲去，就在我们两个并肩的时候。突然，我右脚一蹬，全力以赴，"呼"的一声，以迅雷不及掩耳之势，快速地追了上去，亨利也快撞线了，我要加油呀！我再次使出浑身力气飞跃障碍，身体腾空而起，一下子撞了线。

啊！我们又赢啦！观众席上掌声雷动。

15. 星之卡比游戏软件

最近这几天，我和亨利准备开发游戏软件，说起玩游戏，我们俩可算是高手中的高手。

我们先开发了现在最火的星之卡比软件，这种游戏很好玩，最近大家都爱玩。游戏主题是：小卡比的草莓蛋糕没有了，然后他怀疑是大力王干的好事，于是便踏上了征程，打败大力王以后，才知道大力王没偷他的蛋糕，而是一群名叫"呐喊团"的老鼠偷去了。知道真相的小卡比很气愤，便发誓要打败"呐喊团"。每个技能都有自己的技能卷轴，一共有 46 个技能，例如：车轮、地鼠、旋风，还有剑士、石头、泡泡飞镖等。

“我们的设计可好了，这么多功能，这么多的游戏花样，小动物们一定很爱玩。”我信心满满地说。

“我想那是当然的！不看看设计者是谁？”亨利也自信地说，“可是每个游戏总该有一个规则吧！”

“对呀，我们就自己设计一个吧。”我立刻赞成。

“对呀，我们应该马上设计一个规则。”

亨利眯着眼想了想，摸了摸他的长胡须，陷入了沉思。

于是，我们立刻设计了游戏规则。

控制一个规则，攻击一个规则。

是的，游戏必须遵守规则。

16.F2 赛车大赛

今天，我和亨利为了试一下我们新创的 F2 赛车，大清早，我和亨利就准备起来，要到草原上试验我们的赛车。

我们发动了赛车，“嗡嗡！”随着一声巨响，赛车强力启动，我们用的可是 160 兆帕斯卡的空气压缩发动机，可炫了！一眨眼，我们已经来到了草原。

春天的草原可真美丽呀！绿油油的草地映衬着美丽的蓝天，上面还有几朵飘悠悠的白云，悠闲安然。草原上还有许多不知名的野花，花花绿绿，像是一层巨大的花地毯。小溪旁，有一些昆虫在吸取清晨的露水，溪水波光粼粼，映出蓝天、白云，美丽极了。我和亨利一边欣赏着美丽的景色，一边准备试验我们的赛车。这时，我看到蚂蚁兄弟也在这里试验赛车，便想在一起举行一次赛车比赛。蚂蚁兄弟说：“对了！哈莉也在试验赛车，据说他的赛车也是很厉害，反正和我的赛车有一拼。”我连忙连线邀请哈莉加入我们的比赛。不一会儿，哈莉也开着他崭新的赛车，冲了过来，看起来他的确比较得意，因为，他的赛车是真的不错，橙黄色的车身，配上蓝色的座位，很得当的对比色。

“嘿！贝克，袋鼠也在试验耶，需不需要叫上她？”

“好呀！叫上她吧，反正人越多越好，我们可以好好赛一次了吧！”

于是，蚂蚁兄弟和哈莉把草原上所有有赛车的居民全都叫了过来，准备举行一场轰轰烈烈的赛车比赛。

“啊！快看，好多颜色的赛车，跑道变得一片绚丽。”有人大声喊道。

“可好啦！会是一场激烈的比赛。”有人附和。

我们都十分高兴！聚集在一起讨论着怎么个赛法。

“嘿，要不我们从草原湖开始，然后到白桦树林停止。”有人提议。

“真是一个不错的主意。”我赞同地说。

于是，我们规定出比赛规则，然后调整好赛车，该加油的加油，该修发动机的修发动机，该抹润滑油的抹润滑油，一切严阵以待。

最令人期待的时刻到了。我们各自发动好赛车，乌龟一声令下，比赛开始了，我们箭一样地射了出去，在跑道上飙车。

“快！右转！”我向正在驾驶的亨利说。亨利点点头，连忙右转，然后又行驶在平稳的跑道上，我们一会儿狂飙，一会儿急转弯，好尽兴。在急速行驶的车道边，我们还看到好多野花，五颜六色，它们极速后退，划出一道道美丽的弧线。

“真是太美丽了！感觉太酷了！”亨利大喊，他握紧方向盘，猛踩油门，“冠军非我们莫属！”

“阿斯顿”号疯狂地在田野上奔驰，我们的激情赛过了飙车的速度。

不一会儿，我们就看见一辆在我们前面的赛车，眼看就要奔上岔道，我对亨利说：“快！超过他的机会来了！”亨利突然来了个急刹车，防滑轮胎被磨得“吱吱”直响，方向盘一打，然后亨利猛地一踩油门，“嗖”的一声，赛车抢得先机，擦肩而过。“轰”的一声，再踩油门，车屁股后“突突”冒出两股黑烟，助力赛车腾空而起，当稳稳落在地面上时，已是遥遥领先。

呵！挑战成功！

17. 美味的小吃

星期天，我和亨利又光顾了美食街，周日里没有好吃的小吃怎么能行呢？

转悠了半天，找到了一个老字号店，店牌上写着：北京烤鸭。北京烤鸭以色、香而著名。我们如果点上一道北京烤鸭，那么你只是闻到它的香味就垂涎欲滴，更别说咬上一口了，那真是美哉、妙哉呀！

站在店门口，就闻到老字号店特有的香味，我和亨利都流口水了，赶紧走了进去要了一只烤鸭，不一会儿大师傅就端上来香喷喷、油亮亮的烤鸭，切烤鸭时，他动作娴熟，技术一流，为我们奉上精彩的刀工展示。不愧是老字号店的烤鸭，烤鸭的味道真是鲜美呀，吃完后，来两杯冰镇饮料，消消油腻，惬意地休息了一会儿，我们又去逛街。

我和亨利走到街上，看到了有卖糖葫芦的，便走上去，要了两串瓜子仁糖葫芦，上好的山楂一个串一个，浇上甜甜的冰糖，撒上美味、喷香的瓜子仁，倒有几分可爱。吃上一口，又酸又甜，像跳动在舌尖上的音符，打开你的味蕾弹奏出美味的小曲。我和亨利一边吃一边走，就当糖葫芦是饭后甜点吧！

傍晚，我们终于逛遍了整条街，又累又饿，忽然闻到一股奇香，抬头一看，原来是来到了一个飘满香辣酥麻味的小店，走进去一看，果然是不可辜负的美食——美味的川菜，亨利更是高兴得上蹿下跳，我们点了一盘麻婆豆腐，点了两碗麻辣水煮鱼，再来了几个炒干辣椒，上菜后，我们看到美味的麻婆豆腐，鲜红的辣酱配上美味的酱汁，下面是嫩嫩雪白的豆腐，冒着袅袅热气，肚子毫不客气地“咕噜、咕噜”直叫，可把我们俩馋坏了，一个屁股蹲坐下，就像小猪一样“唏里呼噜”，不顾一切地埋头吃了起来。

吃宵夜时，我们又去尝了重庆的辣烤面筋和美味的烧烤，真是快乐幸福的一天！

月亮渐渐升起，洒下温柔的清辉，显得朦胧而有诗意，我和亨利哼着小曲，找到我们的好伙伴——小灰鼠小胖，找了一个温暖的洞，一起分享着买回来的蛋卷、炒饭，酒足饭饱之后，然后美美地进入了梦乡。

18. 肯德基和美味蟹黄堡

好久没有吃肯德基，今天，亨利带我去吃了一次。

我们要了一个全家桶，好大好大的一桶，里面有什么呢？我连忙瞧了瞧，嗬！里面竟然有两个鲜虾堡，两个新奥尔良烤鸡腿堡，三个香辣田园脆鸡堡，还有三根奶油玉米，两个香辣鸡翅，五个香酥鸡腿，两个圣代！真是太棒啦！亨利还要了两大杯可乐，两份香酥鸡排饭。

“小耗子！嘿嘿！最近没有肉吃，可憋坏了吧？这下大吃一顿吧！”

“谢谢！知我者，亨利也！”我感激地点点头，开始大快朵颐，香香的鸡排点缀着香菇，美味的芝士酱点缀在鲜虾堡之中，圣代凉爽无比，可乐里面还加了冰块呢！新奥尔良烤翅的味道真是香呀！辣味烤鸡堡可真是香辣无比，吃得我直打饱嗝。炸鸡腿有一股山椒的味道，圣代还加了果酱呢！奶油玉米棒弥漫着一股奶油的甜香，那一粒粒饱满的玉米粒都煮爆了，黄澄澄的，有的甚至裂开淌出黏黏的汁水了！

亨利见我还是意犹未尽的，便又点了两份牛排，里面还有鸡蛋、比萨、通心粉、香肠，牛肉正好是八分熟，泛着淡淡的油光，还在那里“滋滋”作响呢！我和亨利连忙拿起刀叉，把牛排风卷残云了。

真是一场痛快的“肯德基大战”，最后，我们终于吃饱了，我高兴地抹抹嘴，和亨利哼着小曲儿回家了。

第二天，亨利又带我到海底潜水，顺便尝一样美食，我们用快速滑翔器滑到海底，然后去找了美食店，没想到竟然跟动画片里的人物一样，海绵宝宝、章鱼哥、蟹老板……他们热情地招待我们。

大家一边吃着汉堡，喝着可乐，一边欣赏海底的美景，度过一次开心的“海底之旅”。

19. 动物园

今天，我和亨利、哈莉相约到动物园玩。

到了动物园门口，买完票我们顺利地就进去了，刚进去时感觉动物园就像千亩植物园一样大。

走了很远才到了我最喜欢的猴馆，一眼看去没看见什么东西，仔细一看，木头上趴着一个猴子，再定睛一看，不远处还蹲着一个猴子，它也在盯着我，好像正在说：“嘻嘻，没看见我吧。”这时，亨利大声喊道：“快看，那个猴子在挖坑呢！”猴子的手真灵巧啊，和人的手一模一样，我还看到了它尖尖的指甲呢。

再往前走就是爬行馆，里面很闷热、潮湿，有好多种蛇，但是不用怕，它们都在玻璃柜中关着呢，玻璃柜没有门，我怀疑它们是硬塞进去的。有的蛇柜里还放着小鸡和小白鼠，也许是蛇们的食物吧？我觉得这太残忍了，刚出生的小生命就这么成了蛇的美餐，我不忍心看，赶紧走出去。外面就是鳄鱼池，鳄鱼们大都在水里，它们很凶猛，有个兔子管理员正在喂鳄鱼，他把一个鱼头系在绳子上，就像钓竿一样，鳄鱼们见了都张着大嘴巴想吃，那个兔子管理员用鱼碰了碰鳄鱼鼻子，鳄鱼已经等不及了，鱼头刚晃到嘴那儿，鳄鱼就“呼”的一下猛地闭上了嘴巴，想把鱼头一口咬在嘴里，可是没咬住，只好再来一次。

走出爬行馆，门口有卖木头做的恐龙、蛇和鳄鱼玩具，也有各种漂亮的花伞，是卖给游人留作纪念的。

又走了好久，我们去了象馆。大象好高好大啊，身体好像一座小山一样，两只大耳朵蒲扇一样大，四条腿赛过柱子粗，还有长长的鼻子，可以当我们玩耍的滑梯啦！有的大象正用鼻子卷草吃，它的鼻子可灵巧了，吃食物、搬运东西、喷水洗澡，样样能干，无所不能。

从象馆里出来，我们又去了鸟馆，看到了鹦鹉、巨嘴鸟等好多种漂亮的鸟，我和亨利还用蛋糕喂鸵鸟呢，它吃得可香了。

最后，我们又去了狮虎谷、熊谷，观看了威猛的狮子、雄壮的老虎和憨厚的熊等动物，后来又看了一会儿驯兽表演就出来了。

今天，看到了这么多可爱的动物，真是很快乐的一天。

20. 小黑熊笨笨

我们今天在草原那一边的森林里去玩，结果发现一只小黑熊。

“哇！小耗子快来！”亨利大叫了起来。

“真是太可爱了！”我也大叫起来。只见一只小黑熊正摇摇晃晃地从远处走来，他实在太小了，走路的步子都不稳，走到近前一看，黑溜溜的眼睛像两颗黑珍珠，满身的绒毛油亮亮的，胖胖的身子真像一个小绒球。我们趴下来，静静地守着他，小黑熊也不怕生，憨憨地看着我们，也许是和妈妈走散了吧！可怜的小家伙儿。我们把他带回了家，给他肉松加面包吃，再来两块咸鱼干，最后奖励他一罐蜂蜜，小黑熊终于吃饱了，他安静地舔着嘴唇，傻傻地看着我们。

我们见他吃饱了，就问：“你愿意做我们的好朋友吗？”小黑熊连忙点头，我和亨利高兴极了，我们得给他起一个名字，看他憨憨的：就叫笨笨怎么样？

21. 小黑熊的奇遇

我们把走丢了的小黑熊救回来，等他吃饱喝足后，就问他：“你的妈妈呢？”

小黑熊可怜巴巴地说道："我妈妈她被动物园的人给抓走了！呜呜……"说完，小黑熊竟然伤心地哭了起来。

我连忙安慰他，"我们可以把你的妈妈救回来"。说着目光还向亨利瞟了瞟，"是呀，是呀，有我们在，笨笨你别担心"。亨利附和着，使劲点了点头。

这时，花栗鼠哈莉和灰鼠那非齐声说："笨笨这么小，竟逃出敌手，是了不起的大英雄啊！那你给我们讲一讲你的奇遇吧！"

"好呀！"听到夸他是大英雄，笨笨破涕为笑，"一天早晨，我从朦胧的睡梦中醒来的时候，发现妈妈不见了，我连忙爬起身子，往洞外挪，却听见洞外有人的说话声，我一开始以为是妈妈在跟我开玩笑，我的妈妈可会模仿人的声音啦！但是我刚要笑着跑出洞，一阵嘹亮的熊吼传来，紧接着就是人的咒骂声，关铁笼的巨响和发动汽车的声音。"

"啊！这是真的，妈妈被人类抓走了。我等了好几天，可是妈妈再也没有回来，我饿坏了，伤心地逃到了你们草原的森林里，正在找吃的，你们就发现了我，把我救了回来。"

"呜呜……"小黑熊开始想妈妈了，又委屈地哭起来。我们连忙安慰小黑熊，答应一起想办法救他的妈妈。

22. 智救小笨笨的妈妈

今天是一个重要的日子，我们要和小黑熊笨笨一起去营救熊妈妈，经肥肥提前打探确定，小笨笨的妈妈就被囚禁在动物园。

为了救笨笨的妈妈，我们全体成员策划了一个完美的营救计划。

没有想到，我们还是付出了惨痛的代价。

伤心……

伤心……

伤心的我不想再去回忆这段经历，就让它随时间的消逝忘掉吧。

救回熊妈妈后，我们又多了新的伙伴，幸福生活照旧有条不紊地进行，亨利就要和我一起筹办动物啤酒节了。

23. 啤酒节

今天就是啤酒节，我和亨利一起筹备的东西有：啤酒大棚、桌椅条凳、烧烤炉、烧烤用品等。每个小动物都有自己酿的特色啤酒，有哈利的奥古特黑啤酒，小猪的扎啤，我和亨利的青岛啤酒和崂山啤酒等。

我们把帐篷搭在河边，把烧烤木炭、垃圾桶和烤架拿了出来，还搭了一个舞台，小动物们来到啤酒节现场，首先映入眼帘的是绚丽多彩的霓虹灯大门，高高的仿真大啤酒桶耸立在大门中央。大家啧啧赞叹，要知道这可是我和亨利的功劳呢！

在大门，是一条宽敞笔直的步行街，步行街的两旁布满了形色各异的啤酒大棚。

再往前走，小动物们仿佛一下穿越到了古代。四周都是古香古色的建筑，青砖、灰瓦、木格窗。每个房门前都挂着一对大红灯笼，门的两旁都蹲着两只威武的石狮子。路的两边有怪石、假山、凉亭和青青的竹林，这个设计可使我和亨利费尽了一番苦心呀！

哈莉、那非、笨笨和熊妈妈也来到了现场，搭起了啤酒自制区，这里有熊妈妈自制的果酒、哈莉自制的黑米酒和那非的威士忌。

晚上，河边灯火通明，大家一边喝着啤酒，一边品尝美食，好开心呀！但是，这只是一个开幕式而已，更热闹的啤酒节盛会在后头呢！我和亨利心里想想接下来的盛会，举起杯子，会心地碰了杯，一饮而尽。

动物啤酒节就这样开幕了，下一幕就是酒王争霸赛，敬请期待！

24. “酒王”争霸赛

今天是啤酒节的第二天，我们将要举行酒王争霸赛，全草原的小动物都可以参加，只要你能喝啤酒，随时可以锻炼锻炼，准备参赛，只是千万不要猛喝，这样迟早会喝坏身体。

突然，震耳欲聋的歌声响起来了，看来是快比赛了。现场立刻沸腾起来，整个场地被围得水泄不通。

我们先举行了第一组的比赛。第一组是由小兔子、小河马、精灵鼠小弟组成的。大家纷纷抱着啤酒桶大口地喝了起来。我猜，本轮小河马应该能获胜，因为看看就知道，小河马把两瓶啤酒同时卡在牙上，就准备一声令下，就咕嘟咕嘟地往嘴里倒。

正当我注意力分散的时候，突然听裁判员一声令下，原来，第一场比赛“吹得响亮”开始了，只见小河马立刻举起两瓶600毫升的青岛啤酒，很快，就把它们一饮而尽，你猜，这个很快就是几秒，你想不到吧，只是用了6.3秒。但是又有一个你想不到的状况发生了，由于一个瓶中剩下的酒量多于5毫升，所以，成绩无效，唉，太遗憾了，小河马挑战失败了，无缘酒王了。

该轮到别人来挑战了。挑战者共六人，挑战的人是小花蛇、小松鼠、小黑熊笨笨，小蛇成绩无效，小松鼠用了十几秒钟，小黑熊只用了3秒就喝完了，真是好厉害呀！

小黑熊笨笨晋级了。第二场比赛开始了，叫“大海无量”，是在1分钟内看谁用吸管吸的啤酒多，谁就赢了。酒王豪猪来了，他大约喝了2000多毫升的酒，小黑熊也上场了，他喝完后，看样子也不错，但粗略目测不能决定胜负，还要拿到后台用专用仪器测量才能下结论。

第三场比赛是“一气呵成”，要喝1500毫升的酒，看谁用的时间最短，而且瓶中剩酒不多于5毫升。看！上一届的老酒王豪猪爸爸又来了，肚子圆鼓鼓的，可以装得下好多好多啤酒呀！真是名副其实的啤酒肚。这次，他用8.1秒就喝完了，而且，杯中酒不多于5毫升，应该不算是滴酒不剩吧！虽然成绩是有效的，但是，我注意到，在即将喝完的瞬间，他故意用爪子拍了一下桌子，瓶子就掉到地上，就算有比较多的酒，也倒光了，这也太赖皮了吧，比赛是要遵守规则的。小黑熊笨笨上场了，只见小黑熊一个鲸吞，一瓶酒瞬间就没了，惊得老酒王豪猪一下子躺在地上，不甘心，直打滚儿，主持人上台宣布：“今年的酒王是小黑熊笨笨！”说完，高高举起小黑熊笨笨的手，郑重地为他挂上酒王的奖牌。

热烈的掌声响起来了，大家连忙围了上来，迎接我们的好伙伴——新酒王笨笨。

25. 郊外运动大会

今天是开郊外运动大会的日子，我和亨利申请了运动权，然后信心满满地回家准备。

比赛开始了，我们准时来到了运动场地，当时我和亨利在做俯卧撑，准备参加引体向上比赛，然后裁判给我们分了组，我们在两组，对手是小白兔姐妹。

“哼哼！小耗子，这次我们赢定了！”第一个上场的是我们，我和亨利吸了一口气，跳！我灵活地向上跳去，翻转，引体向上360°，漂亮！评委都给我们打了满分，我们高兴地对视一眼，我们又赢了！该小白兔姐妹了！小白兔姐妹也是灵活一跳，好高！结果落下来的时候没抓住单杠，一下子跌了一个屁股蹲儿。

“嘿嘿！亨利，你的话很灵验。”说完，我就和亨利去参加下一个项目。

下一个项目是跑步，我和亨利来到跑道上，准备就绪，裁判一声令下，我和亨利、梅花鹿、小灰兔一起撒开腿跑了起来，哇！梅花鹿跑得好快呀，只见他迈动矫健的四肢，第一个冲在前头，亨利也不甘示弱，像猎豹一样迈开大步，跳跃着向前跑，没想到他平时脚下的肉垫还真起了作用，像袋鼠一样轻快地跳跃着，亨利马上超过了梅花鹿，最后，我们又获得了跑步冠军。

接下来是乒乓球比赛，我和亨利平常最主要的运动就是乒乓球，这个比赛我们一定赢，我和亨利默契地望了望，比赛开始了，我和亨利一起打双打，对手是小毛猴兄弟，裁判提醒我们，小毛猴兄弟已经获得了上届乒乓球大赛的冠军，所以要小心，我点点头。

比赛开始了，小毛猴兄弟不愧为上一届的冠军，果然不名虚传，他们一开始就给我们发了一个上旋球，亨利眼疾手快，一个搓球，嘿！搓过去了，他们又发了一个大力球，被我眼疾手快地给挡了过去，他们怎么也没想到，我们反应会这么灵敏，结果措手不及，失了一个球，我们赢了一个球。“太棒了！”我们高兴地喊道。

“别得意得太早！”猴兄脸色十分不好看，然后给我们发了一个超高球，并且还是下旋球，我突然想到了一个好办法，“亨利！叠罗汉！”亨利一个马步扎好。我连忙蹦到亨利腿上，海底捞月！我一个捞拍，“啪！”乒乓球打着旋儿飞了出去，猴兄弟措手不及，一个踉跄，跌倒在球桌上。

“耶！我们赢了！”我和亨利互相抱在一起。

下一场比赛是足球比赛，我、亨利和花栗鼠哈莉，还有小灰鼠那非和小熊笨笨分为一组，比赛开始！裁判一声令下，我们飞快地去抢球，小灰鼠那非和亨利当前锋，我和花栗鼠哈莉当中尉，小熊笨笨则当守门员和后卫。

“快！小耗子！我抢到了一个球！”亨利脚下带球跑过来。

“我来了！”我一声大叫，迎上前来，派花栗鼠哈莉冲过去协助亨利和那非，自己和小熊笨笨一起守门，亨利矫健的身姿带球奔跑在球场，哈莉则灵活地上奔下跳地打掩护，小那非以惊人的速度和灵活小巧的身躯蹿过来蹿过去，做好接应工作，最后，我们以 108 ∶ 100 的好成绩夺得了桂冠！

最后，我和亨利因为配合默契，获得团体总分第一名！也获得了全运会“最佳搭档”的美称。

26. 大丰收

秋天的风赎来了。

它是凉爽的，也是诱人的。

清晨，我和亨利站在菜园子里，看着我们的西红柿一个个又大又圆，一大片柿子地一眼望不到边，足足够吃上一个秋天的了。黄瓜上还有着晶莹的露珠，顶花带刺儿，青翠欲滴，看起来味道一定很不错。茄子紫中透亮，长的茄子，圆溜溜的茄子，肥美无比。覆盖着田间的一垄垄，那是什么？挖出来一看，是一个个硕大的土豆，看起来用来做土豆泥和炸薯条应该不错！应该挖个地窖，储藏起来好过冬。

其他的小伙伴们在农田里收获：红红的高粱一穗穗，沉甸甸地压弯了腰，酿上美美的高粱酒，足够我们喝上一个冬天的了；金灿灿的玉米收获了一堆又一堆，这是精灵鼠家族的最爱；香喷喷的花生、胖乎乎的红薯……

我和亨利带领着小伙伴们不亦乐乎地收获着，想到未来的日子里大家有吃不完的粮食和蔬菜，我们惬意地哼起了小曲，直到太阳西斜。

我们有丰富的粮仓和温暖的地窖，所以我们要储备足够多的粮食和蔬菜，我们会用自己的劳动让它们收获满满，准备过冬。

冬天会是漫长的，但它又是安闲的，我们会和伙伴们聚在温暖的火炉边，叙说我们的幸福生活，讲那些有趣的故事，回忆那些曾经的快乐与美好。

夕阳挂在遥远的天边，那红红的脸庞，将我俩的身影拉得好长好长……

（未完待续）

第九辑

北京篇

北京之行，开启我的文学梦

暑假里，我经历了一次难忘的文学之旅——北京文学夏令营。于是这个夏天，因为不一样的磨砺，变得充实而又美丽。

满怀文学梦，中国梦！我们整装待发！一路北上的列车上，我心里默默地说："我是青岛的一名小作家！北京，我来了！"

啊！终于踏上了六大古都之一——北京的土地。当我一下列车，胸中有说不出的激动；当漫步在北京的大街上，心里又有难以名状的喜悦。在这里，就连那风都带着浓重的历史味道，它们向我讲述着流传千古的故事；那一幢幢古香古色、雕梁画栋的古代建筑，向我展示了建筑艺术的美轮美奂……哦！历史古都，文化名城，千言万语也难以描述您的底蕴和内涵。

在接下来的六天五夜的夏令营活动中，我们过得忙碌而充实。

走近中少总社，我们参观了《儿童文学》《中国少年报》《中学生》编辑部，体验当编辑的感觉；走进阅读大世界，看书、买书，痛痛快快过了一把读书瘾。

来到世界上最大的城市广场——天安门广场。在北京市中心，这个可容纳一百万人的盛大集会的广场上，我们参观人民大会堂、毛主席纪念堂、人民英雄纪念碑，瞻仰了伟人的遗容，缅怀了先烈的英雄事迹，观看了庄严肃穆的升旗仪式，与伟大的祖国同呼吸、共命运，爱国之情油然而生。走进南锣鼓巷，一座座青瓦灰砖的四合小院，一条条胡同或正南正北，或正东正西，我们一边玩，一边吃，真正领略到老北京的风韵。徜徉在博物馆，我们增长了知识，开阔了眼界；登八达岭长城，体验"不到长城非好汉"的豪迈；访清华、北大，听高考状元讲励志故事。潘老师告诉我们，雅菲姐姐从当年的北大状元已经成为中少总社的著名编辑，她的成长激励着小作家们，心中也树立下了自己远大的理想。

难忘啊！在这次文学夏令营中，那么多著名的大作家与我们面对面地交流，给我们签名、赠书，和我们合影留念，给大家留下了许多许多珍贵的回忆。金波爷爷向我们谈起自己小时候的写作故事，他对我们说："兴趣是最好的老师，只要有鼓励，就会有自信，有兴趣。但是，如果你喜欢一样东西，就必须要坚持下去。一个有兴趣，有坚持的人一定能获得成功。"金波爷爷教我们写诗的秘诀：大眼睛亮起来，发现独特意义；灵头脑动起来，联想相关事情；巧嘴巴说出来，找到一句最精彩的诗句做诗眼。他的教诲像涓涓细流，渗入了我的心田。90后新锐作家陈曦哥哥，和我们探讨怎样读书，同我们一起分享读书的快乐，他鼓励我要多读书，读好书。最让我感动的是，曹文轩教授刚从蒙古那场重要的文学会议回到北京，顾不上休息，就匆匆赶过来，为我们上了难忘的一课。在"大作家与小作家同台创作"的诗歌竞赛中，我竟然拿到了金奖，这给了我莫大的鼓舞。它像河面上泛起的一朵小小的浪花，让我鼓起自信的风帆，驶向辽阔的大海，驶向我梦想的远方……

北京之行，满载收获和感动。它为我们播下了一粒文学的种子，开启了我的文学梦。

（七年级作品）

大作家与小作家

2014年7月7日　　星期一　　晴

北京之行·小记

(一)一路北上

今天真是好兴奋呀！因为我们小作家协会组织的北京夏令营的活动，今天就要出发了。

一大早，我趴在窗台上，偶尔一声蝉鸣给寂静的夜带来一丝丝神秘，东方，深蓝色的天空慢慢泛起一丝鱼肚白，静悄悄的凌晨中，几声鸟鸣带给我几分欣喜，我终于迎来了令我盼望已久的北京之行。

凌晨5：30，我们准时来到了青岛火车总站的东广场，带着喜悦和兴奋，我们坐上了去往北京的动车“和谐号”，一辆辆蓝白相间的动车组映入眼帘，一位位微笑着的乘务员，令我们心情舒畅。

动车开了，所有的景物都似乎长了脚，飞快地往后“跑”，站台离我们越来越远了，一丝丝阳光从车窗里探进来，暖洋洋的，我望了望车窗外，哇！好美，绿树红花在飞快向后移动时成了两道艳丽的风景线，白云好像找不到家了，在天上东飘西飘，像个流浪的孩子，太阳公公一直跟着我们跑，可能，我们走到哪里，它就会跟到哪里吧！看，绿油油的农田多像一个个方格，边陇上还有着红瓦灰墙的小房子，背面靠着一座座青山，真是一块风水宝地呀！

终于到站了，一下动车，一股热浪迎面而来，令我十分受不了，赶紧上了空调大巴，准备去酒店入住，在去酒店的路上，我有一个新发现，那些北京房屋的房顶，都是古代样式的，不愧是我们中国的文化之都。领到了房卡，我开心极了，连忙跑到房间，休息好，准备晚上听金波爷爷的讲座。

晚上，我们来到会议室，听金波老师讲座，老师授课的内容是怎样写好诗，课上，老师讲得声情并茂，告诉我们写诗的三大要点：大眼睛亮起来，发现独特意义；灵头脑动起来，联想相关事情；巧嘴巴说出来，找到一句最精彩的诗句做诗眼。

这三句话，让我们受益匪浅，可能会在我们的文学之路上载着我们远航！

（二）快乐花絮

快乐早餐

上午，在一阵阵起床铃的叫唤中，我从温暖的被窝里爬起来，揉了揉睡眼惺忪的眼睛，穿好衣服，拿着房卡，摇摇晃晃地向八楼走去。一到八楼，我就扑向了自助餐的殿堂，洁白的盘子，红红的西瓜，清香的哈密瓜，鲜嫩可口的烤培根，还有美味的炒饭……都是我爱吃的，我拿着餐盘，四处“扫荡”。

开营仪式

早餐之后，我们要乘车去中少总社，准备在那里举行开营仪式。我心里带着一丝兴奋，踏上了大巴。

在中少总社门口，一位和蔼可亲的老爷爷在门口迎接我们，经过询问，我才知道，这竟然是儿童诗人樊发稼爷爷，我欣喜极了，连忙上去与爷爷交谈，在交谈过程中，爷爷夸我是一个好同学，他鼓励我好好学习，坚持写作。我也默默地在心里说：爷爷，我一定不会辜负您的期望。

开始了，开营仪式开始了，我激动地坐到座位上，看着一位位入座的大作家，心里可是无比的喜悦。张之路、吴翠兰、金本、金波、安武林、樊发稼等好多大作家亲临现场，他们与我们一起开心互动，系红领巾，颁发青岛明信片，优秀学员颁奖，在这些精彩的活动中，当然少不了我和弟弟的身影，在舞台上，我们大展身手，展示了震撼人心的《赛马》与激情澎湃的《庆丰收》，激昂的乐曲，灵动的音符，寓意在于要我们小作家们勇往直前，芝麻开花一节节高。

开营仪式后，我们听了金波爷爷的讲座，金波爷爷向我们谈了自己小时候的写作故事，着重论述了兴趣是我们最好的老师，只要有鼓励，就会有自信，有兴趣，但是，如果你喜欢一样东西，就必须要坚持。金波爷爷向我们介绍了一位名叫刘倩倩的女孩，她写的诗篇受到了金波爷爷的赞赏，她的诗美妙极了，这是为什么呢？原因在于，这是她自己亲身经历过的事，所以写起来真的很容易，不一会儿就从心里流淌出来了，她的幻想里，带着一丝爱心，也许是受当作家的爸爸的影响与当护士的妈妈的熏陶吧！

金波爷爷对我们说，有兴趣，有爱好，有思考的人一定能获得成功，一个喜欢写作的孩子会终生受益：1. 热爱生活。2. 关心别人。3. 有一双善于观察的眼睛。写作能让人变得目光敏锐，发现别人看不到的东西。一堂生动的文学课点燃了我的文学梦想，也许，这个讲座将使我受益终生。

我特别喜欢金波爷爷的赠言，他说："我为什么写作？有可能是兴趣、爱好、理想，也可能只是一个自我修炼的过程。"

大会在一片雷鸣般的掌声中完美闭幕，我们吃了丰盛的午餐，参观了少儿编辑部，和编辑部的老师们交流，顿时眼界大开。

（三）参观自然博物馆

下午，我们就坐着大巴来到了目的地——北京自然博物馆，一座雄伟的建筑矗立在我们眼前，灰色的墙壁，三根顶天立地的大石柱，中间的一根上写着"自然博物馆"五个大字，我心里的兴奋便抑制不住了，迫不及待地想进去看一看。

一进展厅，几只巨兽的骨架便吸引了我的眼球，那长长的尾椎骨上闪着奇异的光泽，巨大的颅骨上有着几道很深的划痕，这是梁龙的尾椎骨化石和史前猛犸的头颅化石，那双没有眼睛的眼窝闪着幽幽的绿光，仿佛在向我们诉说什么，猛犯那巨大而又锋利的长牙令我们望而生畏。

在生物的起源展厅，我们看到了大象的祖先：始祖象，它长得真是奇怪，没有长牙，没有长鼻子，不过四肢较长，我们又看到了在以前草原上的霸主：恐颌猪，它长着一个不是一般大的嘴巴，两颗巨齿突在嘴外。可怕极了！原来，猪的祖先是吃肉的。

随着奇蹄类的演化，古生物开始有了新的变化，此刻，老弟站在一个长长的头颅前发呆，一边喃喃地嘀咕："雷兽到底是什么玩意儿？"我凑过去一看，哦！原来是犀牛的祖先，这种雷兽力大无比，头上那磨得发亮的角令史前动物们害怕无比，只不过现在变成了犀牛，我和弟弟相视一笑，然后走向了史前植物展区。

哈！原来植物也是那么好玩，只见展厅里的植物化石各种各样，有蕨类等，不一会儿，我们走到了海洋展厅，只见，一面墙上，有着许多似头颅的贝壳，黑黑的，油亮亮的，好看极了。海洋展厅主要向我们讲述了海洋从古至今的生物进化与变迁，几次生命大爆发，我们看到了各种各样的海洋生物的化石，从中懂得了一开始海洋的霸主是奇虾，它长着两只大螯，可怕极了。后期海洋主要是平滑侧齿龙，蛇颈龙，鱼龙所主宰的世界，到了人类时代，新的霸主是鲨鱼了。看着神奇的海洋，我不禁啧啧赞叹大自然的无奇不有。

观光了几个有趣神奇的展厅后，我们来到非洲展厅！参观了好多栩栩如生的动物蜡像，看！那树丛中，几只红毛猩猩在朝我们窥探，大山猫则虎视眈眈地盯着一只小野兔，草原之王狮子站在一块高高的岩石上，居高临下，尽显王者风范，它面前的一堆骨架上，停着四五只秃鹰，用尖利的嘴巴啄食骨架上的残渣，右侧，一只高大的鸵鸟正在驱赶几只偷蛋的狒狒，只见狒狒带着恐惧，连滚带爬，狼狈极了。暗处，一只金钱豹正瞪着绿幽幽的眼睛，龇着牙，与几只非洲野狗对峙着，那眼光略含冷意，令我也不禁打了一个寒战。

在今天的观看中，我学到了很多自然知识，非常开心，啊！大自然真是我们的老师，它让我们懂得许多来自于大自然的启示，也诠释着时代的变迁。

（四）广场日

今天是天安门广场日，我们怀着无比崇敬的心情，首先参观了人民大会堂。

一踏进大会堂，我就被它雄伟壮观的气势震住了：亮晶晶的大理石地面，金碧辉煌的水晶吊灯，大红色的地毯，真的非常庄严、豪华！此时，我们正走在国家领导人走过的红毯上，心里的激动可想而知。

顺着高大的楼梯走上二层，一幅幅菊花展现在眼前，大字龙飞凤舞；水墨画五彩斑斓；山水画气势磅礴，典雅、大气，让人徜徉在艺术殿堂一般。

“上海厅”“广州厅”……我们从一个个大厅门前走过，眼前仿佛看到了来自全国各地的人大代表，会集到这里隆重聚会，商议国家的大事，筹划经济的发展，诞生一个个国民发展的重大决策，令人肃然起敬。

当我们排着长长的队伍，在天安门广场迂回行走近十里之遥，人们买来花束，静静地、缓缓地进入毛主席纪念堂，怀着无比崇敬与怀念之情，瞻仰了毛主席遗容，缅怀了伟人光辉的一生。回首望望广场的排队人一拨拨，宛若长龙游动，大家都想看一看我们伟大的领袖毛主席，这位永远活在人民心中的大救星。

走在英雄纪念碑前，看着底座上的浮雕，仿佛在深情叙述英雄的感人事迹。人民英雄永垂不朽，金光闪闪的大字遒劲有力，熠熠生辉，它喊出了我们内心深处的呼声，享受着今天的幸福生活，我们又怎能忘记前赴后继、为国捐躯的英雄先烈们?

参观国家博物馆，我们感受到的是历史的厚重。我们先看了崔如琢的画展:指墨江山，林峦碎雪;暮雪天一色，飞洒满江平;芳树无人花自落，一径幽深落叶轻，千嶂远横秋色里。那一幅幅精美绝伦的山水画卷，不仅让我深深地感受到画家的功力如此之深，而且更深切地感受到画家是一位热爱生活、热爱自然之人。三楼是汉代出土的文物。各种各样的青铜器，每一件都是中华民族至高无上的瑰宝，无不透出历史的厚重，它们记载着历史，显示着古代人民的智慧。我们徜徉其间，或浏览，或凝视，目中饱含的是钦佩与赞叹，心中流淌着是骄傲与自豪。

电影博物馆为我们呈现了电影百年历程，电影历史如此辉煌，同样让我们大开眼界。

（五）清华北大我来啦!

今天，我们要去参观清华与北大，这两座孕育着无数莘莘学子的大学，我早盼望已久了，今天终于要目睹它们的真容，心里的激动可想而知。

我们先参观清华大学，这是一座历史悠久的大学。我们先跟随清华状元——一位大哥哥，来到清华大学的新校区——清华科技园。这里大厦耸立，到处都是绿油油的草坪，美丽极了。这位清华理科状元为我们带路，一边讲述清华新校区的建立，一边回忆自己的成长之路。他告诉我们许多学习的方法和窍门，希望大家能够铭记在心，从现在开始发奋努力，向着自己的目标，迈出坚实的第一步。走在校园里，恍惚间，我有一种莫名的激动，哥哥一直在鼓励我们要坚持自己的梦想，一定要付出努力，清华在等着你。

参观完新校区，我们乘车来到了清华大学老校区，这是所有清华学子的学习之地，也是我梦寐以求的学府。来到大门口，抬头仰望，白色的大理石门框，最上方写着：清华园。

一进入清华园，那种静谧，令人心旷神怡，几棵高大的古树将烈阳遮住，不留一点缝隙，在树荫下，凉风习习，吹在脸上凉飕飕的。在铺满落花的大道，两边是一幢又一幢青瓦小屋，也许是受了清华文化的熏陶吧！只见小屋的青瓦在一闪一闪的，灵动、有趣，为小屋又增了几分色彩。

再往里走，几个清华学子骑着自行车一闪而过，有的抱着书，有的背着双肩包，可能是因为学习很紧的原因，也可能是为了早点赶往图书馆，真是分秒必争呀！顺着甬路一直前行，发现有些学子三五成群坐在树影下，正孜孜不倦地读书，读得入了迷，还有一些学生竟然趴在石凳上匆匆地写些什么。

在清华园里，曲径通幽，景色别致，我被陶醉了，一个人不知不觉走向树林深处忽然发现了一个荷塘，一座小瀑布正源源不断地往荷塘里输送着水，水尤清冽，荷叶田田，荷香浓浓，真是一个幽静的、美丽的去处，我想，这就是“文学泰斗”季羡林笔下的荷塘吧？

从清华大学的门口走了出来，我又不舍地回望了一眼，默默地想：我一定朝上这所大学——清华！你等我！

（七年级作品）

校园门口听当年高考状元雅菲姐姐讲心得　清华，等着我！

（六）升国旗

凌晨三点，我正在香甜的睡梦中轻轻地呢喃着，“丁零零！”一阵刺耳的铃声骤然响起，一下子把我从梦中惊醒，“好困啊！”我睁开了惺忪的睡眼，不耐烦地看看表，三点！这一个数字，使我浑身一颤，突然想起老师昨天嘱咐的，今天要去天安门广场看升国旗，三点集合领餐。再也顾不上抱怨，我一骨碌爬了起来，三下五除二穿上了衣服，连滚带爬地背上小包，朝八楼大厅跑去。

还好，没有迟到，我领了一份早餐，开心地坐电梯下楼，朝大巴跑去。此时夜色朦胧依旧，白天的暑气终于退尽了，凉风习习，吹到脸上是那么舒服。天空显得那样的神秘、深邃，深蓝中带着略微的一丝亮色，朵朵流云在天空上彷徨着，显得是那么的不安，柏油马路被路灯照得油亮油亮的，树叶在莹莹灯光下透出些许金色。路上，几辆汽车正在穿梭着，几位行人寂寞地在人行道上徘徊着，北京这座城市在天空的曙光的召唤下，渐渐地苏醒。

坐在大巴上，颠簸许久，天安门广场的轮廓渐渐显现出来，心里的激动可想而知，看着雄伟壮观的天安门，在霞光的映衬下，显得格外神圣。

广场上，看升旗的人，人山人海，一个挨着一个，有一些还叫着：“挤死了！”我稍有厌恶地想：如果大家都排队的话，那就不会出现这样的状况。没办法，看升旗的人实在太多了，有交警的指挥也无济于事，我顺着如潮水般的人流向前挪动着，拥挤的时候都快要喘不过气了，不一会儿就大汗淋漓了。虽然老师提前告诫大家要跟紧队伍，队长举着大旗，我们也时不时挥动着小旗相呼应，但我们的人仍被冲得四分五散，没办法只好硬着头皮往前闯，等到广场上再集合吧。

升旗终于开始了，红旗鲜艳的一角在天安门正前方缓缓升起，七彩的霞光衬托着红旗的一角，广场上好像是来到了另一个世界，无声而又庄严，只有那雄壮的音乐在响。我们目送着那红旗缓缓升空，风儿好像有意要这样做，将红旗吹得上下摆动，好似灵动火焰正在燃烧着永不熄灭的生命之火。的确，这红旗是我们中华民族革命烈士用鲜血染成的，他们用生命铸就永恒，为我们的国家争得一片幸福与安宁。

当升旗仪式结束时，我回头望向东方，东边出现了一片鱼肚白，朵朵云儿像是蓝天的眼睛，一闪一闪的。蓝得透明的天，像层层薄纱罩在头顶上。不一会儿，鱼肚白变成了淡黄，接着又变成了橘黄，然后变成了橙黄，最后又变成了金黄，只见那金黄色慢慢地扩大，不一会儿变成了金红金红的一大片，贴近地平线的地方，愈来愈亮，愈来愈亮，我知道，红日就要喷薄而出，霞光已给流云镶上了金边，天空变得多彩、妩媚起来。那似火的朝阳预示着新的一天的开始，果然，当我恋恋不舍地离开广场，再回首的一瞬间，半个太阳正涌出地平线，好像半个火球在一个大盘儿里滚动着、滚动着，亮得你不敢再看第二眼。又过了一会儿，整个红日徐徐升上蓝天，它是那么圆、那么红、那么亮、那么可爱，空中的红霞都镶上金边，天红了，地也红了，天地之间，红旗迎风飘扬，一只鹰在云端盘旋。

难忘的升旗仪式！

（七年级作品）

（七）不到长城非好汉

最激动人心的活动开始了，我们开始了旅程中的难忘的一次活动——爬长城！

我们坐着大巴车，大约一个小时车程，就来到了八达岭长城景区。

人们常说，不到长城非好汉。今年暑假，我又一次登上了长城，光荣地成为一名好汉。

站在长城脚下，抬头仰望，左右两段长城蜿蜒而上，成“V”字形，如同盘卧在山坡上的两条巨龙，再向长城最高处看，猛一仰头，不由得闭上了眼睛——长城太高了，天气又分外晴朗，炙烈的阳光刺得我无法睁眼，只好手搭凉棚，眯起眼睛来向远处观看。

当我站在长城的台阶上时，才知道为什么叫“爬长城”——一个台阶就有我的膝盖那么高。但面对左右两边昂首冲天的巨龙，我们仍然选择了更高更陡的右边的长城。我用手抓紧作为扶手的钢管，脚尽量抬高，踩上前面的台阶，再手脚并用，一拉一收，才能上一阶，真是不容易。刚爬了三分之一，我们都累得气喘吁吁，不得不席地而坐，休息一会儿。望着高处陡峭的巨龙，我都有点退缩了，但是一想到我要爬到长城第三

登上长城——不到长城非好汉

个垛口，所以就更加起劲儿了。

只见陡峭的远山上，一座座烽火台，连着古老的长城，那长城筑在陡峭的山岩上，像一只沉睡的巨龙，俯视着大地，云雾在高高的山峰那儿缭绕。立在宽阔的城垣上，极目远眺，在广阔的天宇下，这古老的砖墙随着群山万壑绵延伸展，跌宕起伏。那高大的城堡，有的像奋起的勇士，傲视长空；有的像沉思的巨人，默对苍穹。我脑海里浮现的是伟大、雄浑。多么难忘的画面啊！那是我们伟大祖国的形象第一次在我心灵的胶片上感光。

我用尽了力气向上攀爬，烈日当空，烤得我头冒大汗，直喘粗气，因为我的努力，已经遥遥领先，终于到达了第四个垛口。站在烽火台上，我十分开心、自豪，因为我登上了长城，望着远处美丽的风景，远眺蜿蜒在崇山峻岭之间的“巨龙”，我不由得伸开双臂，开心地呼喊起来。此时此刻我的心仿佛也跟着飞了起来，“我是登上长城的好汉了！”站在巨石顶端，以蓝天、远山、长城为背景，“咔嚓、咔嚓”几个连拍，“好汉”形象瞬间定格。

为留个纪念，下了长城后，姑姑为我和弟弟每人刻了一枚“金牌”，上面留下我们的大名和登城的时间，我俩戴好“金牌”，昂头挺胸，在同小作家们一起合影留念时，真的就像是得了冠军一样的自豪。

（七年级作品）

夏令营，我收获了友情

一个多姿多彩的暑假，就像火车上看景色一般，转瞬即逝。北京文学夏令营，虽然只是短暂的六天，我却收获到一份别样的景致，那就是珍贵的友情。

暑假里，我参加了青岛市小作家协会组织的一次难忘的文学之旅——北京文学夏令营。于是这个夏天，因为这次磨炼变得充实而又美丽。

动车一路北上，载上我们的快乐心情。终于到站了，我又激动又开心，连忙拖着行李下车。"嗯！好沉！"因为带了很多书，在炎炎烈日下，我的大号行李箱让我远远地落在后面。我多么想变成"大力水手"，像"拎小鸡"一样拽起那个笨重的家伙，飞快地跑到队伍前面啊！可惜，夹在往前涌动的人流中，体型有些稍胖的我，似乎要喘不过气来了。一会儿坐电梯，一会儿过安检，累得我汗流浃背，气喘吁吁，眼看就要跟不上大队伍了，这越发让我手忙脚乱起来。正当我心里惶惶、感到无助时，"江致远，快点儿！"一个矫健的身影一边大声呼喊，一边逆着人流而来。发现我之后，他一个箭步冲了过来，啊！是范振宁。"人太多了，赶紧跟上。"没等我说什么，他接过我肩上沉甸甸的背包，拉起行李箱就走。好不容易挤到他的行李跟前，他弯腰拉起他那个小巧行李箱，毫不犹豫地说："我的轻快，换换吧。"背包也不再还给我，而是驮在了他高大的后背上，拉起我的那个"大家伙"，他大踏步地往前走。刚刚认识的小伙伴，就已经向我伸出热情的双手，我心里感动不已，鼻子一酸，双眼瞬间模糊了，泪水混着汗水流至嘴角，是咸咸的味道，也带着甜甜的心情，为了这绽放在盛夏里的友情我永远都不会忘记，就是这珍贵的友情，让我们这些来自不同学校、不同年龄的小作家们，手拉手，一起征服了长城。

难忘啊！那是夏令营的最后一天，我们凌晨三点起床，在天安门广场参加升旗仪式。之后就出发，进军八达岭长城。

七月的北京，正值炎炎酷暑。来到长城脚下，顶着烈日，开始攀登，不一会儿，有一些营员受不了这煎熬，开始停在城墙边，大口大口地喘气。每当这时，经过的营员就会递上水壶，或是送上一块巧克力，拍拍肩膀说："加油！坚持到底就是胜利！"攀登了三个垛口，路开始变得陡峭起来，年龄小的营员明显体力不支，不管是谁，前面的营员都会回过头来，拉他一把；后到的营员也会向他们伸出双手，从后面推一推，助他一臂之力。大家一边鼓励，一边喊着加油，关爱之情溢于言表，声音之大，足以振奋每一个人的精神。爬长城的人们都停住脚，回头观望这支整齐的队伍。我们每个小作家戴着小红帽，队长手执小黄旗，最前面——青岛市小作家协会的会旗迎风招展。迎着山风，尽显我们的壮志豪情，大家不由得浑身充满了力量。终于，近百名的大团队，陆陆续续爬上我们预先指定的目的地——那个最高的垛口。

“不到长城非好汉。”如今大家都登上了好汉坡，有的营员高兴地欢呼起来；有的站在大石头上，举起双臂留影。我站在山顶，远望连绵起伏的长城，那份激动无法用语言来描述。路过那几个“小不点儿”身边，我看到了他们坚强而又勇敢的目光。是呀！不抛弃，不放弃。这次爬长城的经历，体现出我们所有营员团结一心、坚持不懈的精神。友情像一根纽带，将来自各地的我们串连在一起，不分你我，无论远近，大家都为自己的努力而自豪，为我们的成功而骄傲。此刻，我不得不在心里感叹：这就是友情的力量！

北京之行，满载收获和感动，在这个炎热而又愉快的夏天，闪烁着金子般耀眼光芒的那道风景，便是在我们汗水和泪水中结下的珍贵的友情。

（七年级作品）

2014 年 8 月 16 日　　星期六　　晴

致陈曦哥哥的一封信

陈曦哥哥：

您好！

我是青岛市小作家协会的江致远，时常想起北京文学夏令营，想起我们待在一起的那段美好时光。您为我们讲课，和我们一起分享读书的快乐；您和我们一起留影，把难忘的回忆瞬间定格，永远珍藏在心底；您和我们一起创作诗歌，朗读诗歌，激起我们文学的梦想。

陈曦哥哥，知道吗？在夏令营闭营式上，我们颁奖、联欢，度过了一个难忘的夜晚。我们朗读了金本爷爷和您的诗歌《红蜻蜓》，心中不由得充满了敬佩之情；您和金本爷爷也朗读了我们小作家创作的诗歌，大家都沉浸在喜悦和自豪之中。最让我难忘的是，在这次大小作家同台诗歌创作的竞赛中，我得到了金奖，站在领奖台上，我激动得满脸通红，你拍着我的肩膀给我鼓励，给了我莫大的鼓舞。它像河面上泛起的一朵小小的浪花，让我鼓起自信的风帆，驶向辽阔的大海，驶向我梦想的远方……

陈曦哥哥，您是 90 后新锐作家，现在又是著名的编辑，我打心眼里佩服您，更是向往您在文学天地里自由驰骋的那种快乐。我是个快乐的男孩，从小喜欢阅读，也坚持写日记。这次夏令营，当知道我一直坚持写日记时，您鼓励我一定要坚持写下去。每当看到您写给我的赠言，我的心中就充满了温馨，盈满了感动。

陈曦哥哥，离开北京前夕，您曾经鼓励过我一定要坚持写作，也希望我能够不断努力，或许有一天也会发表自己的作品。从那一刻起，我心底就有了小小的愿望：好好学习，坚持写作，努力提高自己，总有一天自己的文学梦想也能够成真。我现在刚刚小学毕业，马上就要进入中学了，这个假期里很想写文章投稿试一试，但又不知道该如何去做。我知道您学习很忙，工作也很忙，想咨询一下又不敢打扰，还是写封信吧，希望您能在百忙之中给我一些指导，让我能有学习的榜样，有努力的方向。

陈曦哥哥，新的学习生活就要开始了，一想到自己马上就要踏入中学时代，我满怀信心，也充满期待，希望自己有机会，能够再一次在写作方面得到您的指导和帮助，期待有机会再相会！

此致

敬礼！

江致远

2014 年 8 月 16 日

（七年级作品）

我和陈曦哥哥

2014 年 6 月 1 日　　星期日　　大雨

小小少年　没有烦恼

——致青春男孩

今天是六一儿童节，这是我们从小就喜欢的节日：可以穿漂亮的盛装，可以买喜欢的玩具，想怎样玩就怎样玩……虽然有雨，但是一点也不影响我们的快乐心情。

可是，这也将是我们的最后一个儿童节了，全家人准备好好为我和弟弟庆祝一番，作为和童年的一个告别。

爸爸早就为我和弟弟买回节日的礼物——两辆漂亮的山地车。

星期天，大家聚在一起，一场丰盛的晚宴为我俩庆祝节日。姑父的红包里盛满的是深深的爱意；妈妈赠我们的书本里饱含的是殷殷的期盼；大哥给我们讲了自己青春年少时的棋事，说起自己对童年的怀念；二哥向我们谈了初中学习时的憾事，叮嘱我们切莫步他的后尘。其实哥哥们挺聪明，挺优秀的，只是成长的路上有过无知，有过猖狂，也有过困惑和彷徨，他们的成长足迹中记录下从幼稚到成熟的蜕变之中，有着锥心刺骨的疼，但痛过后才会化茧成蝶，蝶在自己的挣扎、蜕变中终于绽开了美丽的翅膀。

全家人的祝福将爱意浓浓地包裹着我们俩，我和弟弟激动得小脸通红，弟弟还有些晕晕乎乎的，直喊房间里太热。

吃大餐、演节目、许心愿、赠礼物……也许几年后，会有两个更优秀的小男子汉，他们还会记起当年的傻、儿时的乐；还能想起家庭的温馨，家人的关爱和长辈的期待；还会在梦中再次回到快乐的儿童节，重温儿时的美好与幸福。

我的内心独白：

进入青春期的男孩，随着知识的不断积累，生活经验的不断丰富和心理素质的不断提升，我们的需要、动机、兴趣、能力、气质等人格特点也在不断地发生着变化。我们开始学会了关注、分析、反思；开始以怀疑、警觉的态度认识、评价每一个人、每一件事；开始有了“初生牛犊不怕虎”的气势；开始有了“欲与天公试比高”的志向……与此同时，我们也开始有了自己的小秘密，藏在内心深处，不愿别人知晓；而且时不时顶撞父母，不再像过去那么听话了，甚至会公开地向父母叫板：“别管我，将来有没有出息是我自己的事！”我们的自我意识迅速发展，独立意识越来越强，我们觉得自己已经成熟，已经长大，有能力独立地处理一些事情了。我们渴望别人把我们看作大人，当成朋友，尊重我们、理解我们，希望父母给予我们足够宽松与自由的空间。然而，爸爸、妈妈却不一定理解我们，所以，我们开始叛逆了，跟爸爸、妈妈较劲了、疏远了，可是，我们的内心还有自卑、虚荣与嫉妒，也有那么一些不开心，不痛快。

“小小少年，没有烦恼……”我们既想回到无忧无虑的快乐童年，又盼望自己快快长大，长成个子高高、身材魁梧、能够独立的“男子汉”。

最后一个六一儿童节——妈妈送给我和弟弟的礼物

来吧，我们已经准备好了，无论经历什么风雨，我们将展开我们雄鹰的翅膀，在高空中自由飞翔。因为我们知道：雄鹰不会待在温暖的巢里，更不会像母鸡翅膀下护的小鸡崽；因为我们知道，蛹蛾只有经过痛苦的挣扎，才会绽开美丽的双翅；因为我们知道，不经历过风雨，怎能见彩虹？

（六年级作品）

（我想用这篇文章结束我的童年时光，以后的日子也许会青涩，也许会多愁善感，会有偏执的想法吗？会有狂热的激情和行动吗？哪个少年不梦幻？哪段青春不靓丽？我相信：青春少年，一定有无数美丽的梦在前方等着我们。我想用自己手中的笔，书写这一段美好、难忘的年华，带大家一起走进飞扬的青春）

指导老师：宋秀蕾

江致远作品发表情况列表

作品篇名	字数（诗歌行数）	出版单位及报刊名称	发表时间	备注
《童年那些事儿》作品集	30.2 万字	中国文联出版社	2018 年 11 月	高一
《从读者，到十佳小作家》	800 字	《中学生·青春悦读》	2017 年 12 月 1 日	高一
《又是桂花飘香时》	1000 字	《即墨教育报》	2017 年 11 月 27 日	高一
《记忆深处的花朵》	1200 字	《即墨教育报》	2017 年 2 月 20 日	初三
《笑花校草》	500 字	《中学生·青春悦读》	2017 年 1 月 1 日	初三
《我的老班郑老师》	600 字	《中学生·青春悦读》	2016 年 12 月 1 日	初三
《姥姥那个小山村》	1000 字	《中学生·初中作文》	2016 年 10 月 20 日	初三
《潘老师和他的管乐队》	600 字	《中学生·青春悦读》	2016 年 8 月 1 日	初二
《捉知了猴》	1000 字	《中学生·初中作文》	2016 年 7 月 20 日	初二
校园话题《作业君，求放过！》	260 字	《中学生·青春悦读》	2016 年 4 月 1 日	初二
《我生长的这座城》之人文派	300 字	《中学生·青春悦读》	2016 年 3 月 1 日	初二
《故乡的“年”》	1000 字	《中学生·初中作文》	2016 年 2 月 20 日	初二
《我和大沽河有个约定》	1000 字	《半岛都市报·墨城新闻》	2015 年 7 月 6 日	初一
《北京之行开启我的文学梦》	1200 字	“中国小作家杯”征文《花儿开了》	2015 年 6 月	初一
《漫话年夜饭》	1200 字	《课堂内外》（初中版）第 24 期	2016 年 2 月 7 日	初中
《参观风筝博物馆》	1200 字	《课堂内外》（初中版）第 26 期	2016 年 2 月 26 日	初中
《童年那些事儿》	1200 字	《课堂内外》（高中版）第 30 期	2016 年 5 月 6 日	高中

续表

作品篇名	字数（诗歌行数）	出版单位及报刊名称	发表时间	备注
《岁月青葱青春飞扬》	1200字	《课堂内外》（初中版）第33期	2016年5月13日	初中
《夏天的风景》	1000字	《课堂内外》（高中版）第39期	2016年7月13日	高中
《舌尖上的思念》	1200字	《课堂内外》（初中版）第45期	2016年9月19日	初中
《即墨古城》	1200字	《课堂内外》（高中版）第47期	2016年10月11日	高中
《花之荡》	1200字	《课堂内外》（高中版）第48期	2016年10月20日	高中
《掌声送我去远行》	1200字	《课堂内外》（高中版）第49期	2016年11月7日	高中
《久违了的雪》	1200字	《课堂内外》（初中版）第49期	2016年11月17日	初中
《姥姥门前看大戏》	1200字	《课堂内外》（高中版）第51期	2016年12月12日	高中
《南方雪北方雨》	1000字	《课堂内外》（高中版）第53期	2017年1月5日	高中
《马山，你还好吗》	1200字	《课堂内外》（高中版）第55期	2017年1月31日	高中
《哦，童年》	800字	《课堂内外》（小学版）第56期	2017年3月5日	小学
《记忆深处的花朵》	1200字	《即墨教育报》	2017年3月20日	初中
《游中华牡丹园》	1200字	《课堂内外》（高中版）第59期	2017年3月30日	高中
《老屋门前那棵桂花树》	1200字	《课堂内外》（高中版）第60期	2017年4月16日	高中
《那一刻，我的心里很温暖》	1000字	《课堂内外》（小学版）采用	2017年4月	小学
《难忘的童年》	800字	“中国小作家杯”主题征文《花儿开了》	2014年6月	六年级
《秋风里行走》	1000字	《中华小作家》	2014年4月	六年级

续表

作品篇名	字数（诗歌行数）	出版单位及报刊名称	发表时间	备注
《要有一颗感恩的心》	800字	《半岛都市报·墨城新闻》	2013年11月19日	六年级
《快乐的高尔夫之旅》	600字	《半岛都市报·墨城新闻》	2013年9月24日	六年级
《走！我们一起滑草去》	500字	《半岛都市报·墨城新闻》	2013年6月21日	五年级
《举起相机跟着老师学龄》	600字	《半岛都市报·墨城新闻》	2013年5月15日	五年级
《和墨城新闻一起成长》	报道	《半岛都市报·墨城新闻》	2013年5月17日	五年级
《掌握消防常识筑牢安全防线》	800字	《半岛都市报·墨城新闻》	2013年4月23日	五年级
《做蛋糕过把瘾》	500字	《半岛都市报·墨城新闻》	2013年3月5日	五年级
《晚霞》	800字	《全国优秀作文选》	2013年1—2月	五年级
《秋游鹤山》	900字	《全国优秀作文选》	2013年1—2月	五年级
《参加百变饺子秀有感》	1000字	《半岛都市报·墨城新闻》	2013年1月23日	五年级
《我深知肩上的重任》	600字	《半岛都市报·墨城新闻》	2013年1月7日	五年级
《我是墨城小画家》	500字	《半岛都市报·墨城新闻》	2012年6月	四年级
《晨雾》	600字	《即墨教育报》	2012年5月	四年级
《赶海》	600字	《当代小学生》（快乐作文）	2010年12月	二年级
《雷锋叔叔并未走远》	1200字	《崇德行善主题教育获奖征文汇编》	2017年11月	高一
《因为保护 所以存在》	1000字	《即墨教育报》	2018年5月	高一
《童年那些事儿》	1200字	《中学生·初中作文》	2018年6月	高一

续表

作品篇名	字数（诗歌行数）	出版单位及报刊名称	发表时间	备注
《梦里成长》	2200 字	《中学生·新作文》	2019 年 12 月	高三
《大山里的青春》	2600 字	《全国大学生网络文化节》	2021 年 3 月	大一
《爱上古诗词 做有根的中国人》	1800 字	“Ta 改变了我”主题征文荣登山东学习平台“强国征文”专栏	2022 年 2 月	大二

江致远获奖作品一览表

续表

获奖作品	获奖名称及奖励等级	发证单位	获奖时间
《我与图书馆》	即墨市“我与图书馆”主题征文比赛三等奖	即墨市图书馆	2011 年 3 月 30 日
《读<历史的选择>有感》	第十八届全国青少年爱国主义读书活动优秀奖	全国青少年爱国主义读书教育活动组织委员会	2011 年 7 月
《提着灯笼上路》	青岛市小学生“交运·温馨巴士杯”安全知识有奖征文比赛三等奖	青岛市教育局	2013 年 1 月 30 日
《给老人一个幸福的晚年吧》	青岛市“孝亲”征文一等奖	青岛市教育局	2013 年 7 月
《图书馆—我成长路上的亲密伙伴》	即墨市“我与图书馆”主题征文比赛一等奖	即墨市图书馆	2013 年 8 月 30 日
《乡间小路》	第十四届“雨花奖”全国中小学生作文大赛	江苏教育出版社	2016 年 12 月 1 日
《红蜻蜓》	北京文学夏令营“大作家与小作家同台文学创作“诗歌竞赛金奖	青岛市小作家协会	2014 年 7 月
《岁月无痕 墨香有声》	即墨市“相约读书季共抒阅读梦”征文比赛一等奖	即墨市图书馆	2016 年 7 月
《爱与恨是一张交错的网》	第十四届“叶圣陶杯”全国中学生新作文大赛决赛一等奖	中国少年儿童新闻出版总社、中国当代文学研究会校园文学委员会、中学生杂志社、叶圣陶杯全国中学生新作文大赛组委会	2016 年 7 月
《遇见古诗文》	第十三届全国中小学生创新作文大赛初赛一等奖	中国语文创新教育研究中心、北京三爱创新教育科技中心、中国校园文学杂志社、作文新视界编辑部、全国创新作文大赛组委会	2017 年 4 月

续表

获奖作品	获奖名称及奖励等级	发证单位	获奖时间
《岸的邪恶造成水的伤痕》	第十三届全国中小学生创新作文大赛复赛三等奖	中国语文创新教育研究中心、北京三爱创新教育科技中心、中国校园文学杂志社、作文新视界编辑部、全国创新作文大赛组委会	2017年5月
《荒岛历险》	第四届“北大培文杯”全国青少年创意写作大赛初赛二等奖	“北大培文杯”全国青少年创意写作大赛组委会	2017年6月
《雪一化就有路了》	第四届“北大培文杯”全国青少年创意写作大赛复赛一等奖	“北大培文杯”全国青少年创意写作大赛组委会	2017年7月
《“度”的故事》	第四届“北大培文杯”全国青少年创意写作大赛决赛三等奖	“北大培文杯”全国青少年创意写作大赛组委会	2017年8月
《勇敢坚强，面对生活》	青岛市读书征文比赛一等奖	青岛市教育局	2017年12月
《雷锋叔叔并未走远》	“崇德向善 从我做起”主题教育征文一等奖	青岛市即墨区关工委即墨区慈善总会	2017年11月
《岁月留声》	第十六届“叶圣陶杯”全国中学生新作文大赛初赛一等奖	青岛市即墨区关工委即墨区慈善总会	2018年5月
《落日惊鸿》	第五届“北大培文杯”全国青少年创意写作大赛二等奖	“北大培文杯”全国青少年创意写作大赛组委会	2018年6月
《重生》	第十一届“文化雕龙杯”全国校园文学艺术大赛二等奖	中国当代文学研究会、“文化雕龙杯”全国校园文学艺术大赛组委会	2018年7月
《化蝶》	“少年文学家”活动高中组优秀奖	“少年文学家”活动组委会	2018年8月
《江湖》	“少年文学家”活动	“少年文学家”活动组委会	2018年8月

续表

获奖作品	获奖名称及奖励等级	发证单位	获奖时间
《青山绿水就是金山银山》	“保护大自然 建设美丽家园”主题征文一等奖	青岛市即墨区关心下一代工作委员会，青岛市生态环境局即墨分局	2019年5月
《粉末烟云 梦里长生》	第十七届“叶圣陶杯”全国中学生新作文大赛初赛一等奖	中国少年儿童新闻出版总社、中国当代文学研究会校园文学委员会、中学生杂志社、叶圣陶杯全国中学生新作文大赛组委会	2019年8月
《远行如诗》	第十七届“叶圣陶杯”全国中学生新作文大赛决赛一等奖	中国少年儿童新闻出版总社、中国当代文学研究会校园文学委员会、中学生杂志社、叶圣陶杯全国中学生新作文大赛组委会	2019年11月
《爱上古诗词 做有根的中国人》	“Ta改变了我”主题征文一等奖	中共青岛市即墨区委宣传部、青岛市即墨区教育和体育局	2022年2月

后　记

想起还在一年级时，同学们正在认真地听老师讲课，不知什么时候，从窗外飘进来一些“小毛球”，毛茸茸，雪白雪白的，它们轻轻地落在书本上。

咦？这是什么呀？我十分好奇，伸手接住一个“小毛球”，是蒲公英的种子吗？兰老师告诉我们：“这是柳絮。”真有趣呀！柳絮飞呀飞，有的落在课桌上，和我们一起学习；有的落在肩膀上，仿佛在和我们说悄悄话。

风儿一吹，柳絮飞呀飞，飞出窗外，飞向校园。我想对它说：“小柳絮，你明年再来到我们教室里，和我们一起玩耍、一起学习。”当这篇《柳絮飞呀飞》的小文章交上去后，兰老师在文后批注：你的想象力真丰富，运用了生动的比喻、拟人，把小柳絮写得富有生机、富有灵气！呵！我心里仿佛吃了蜜糖一般。

姥姥家的小黑子，在我的眼里，是那么可爱；夹豆子比赛，弄得大家手忙脚乱，却妙趣横生；捉蝌蚪，给我带来乐趣的同时，也增长了知识；而第一次学游泳，我收获到了快乐和勇敢……童年里那么多美好的回忆，在我稚嫩的笔触中自然流淌，总是受到老师的鼓励和肯定，它像是一束阳光，照到了深埋在心底的种子。

记得我的一篇题为《晨雾》的作文，被老师当范文在课堂上讲读，之后又在《即墨教育报》上发表，受到同学们赞叹与羡慕，燃起了我写作的兴趣之火。

八岁那年，在老师的鼓励下，我尝试着把自己的两篇作文投寄出去，日子像小河的流水哗哗流淌，在不经意间慢慢滑过，直到有一天，宋老师手举着一张汇款单，一踏进教室，就大声地喊："江致远，你的作文发表了，编辑部给你寄来了稿费。"当我脸儿红红、无比惊喜地从老师的手中接过稿费通知单，兴奋之情从我的心底流过，从此我开始喜欢上了写作。

记日记，编故事，创作动漫　　用笔记录下自己生活中的点点滴滴，也收藏了自己成长之路上的喜怒哀乐，时光荏苒，小学六年的时光伴随着许多缤纷的梦想，幻成一幅幅美丽而又难忘的画卷，我用手中的笔，在这长长的画卷上，尽情描画，随意抒发。每一次写作，都会给我最奇妙的感受。我任由那些灵动的文字在我的笔尖快乐地流淌；仿佛是看着充满馨香的婴孩儿从我的手中降落；手捧着自己的集子，默默读过，我仿佛是走在通往自己心灵的小路上，在那些雪落无声的冬日，在那些柔和宁静的夏夜，在那些风和日丽的春日，在那些瓜果飘香的秋季，我清晰地听到了大自然无比美妙的声音……我知道，我已经渐渐地爱上了写作。

当我自己背着包，攀过十八盘，登上玉皇顶那一刻，我才真正地理解"会当凌绝顶，一览众山小"。苍山、云海、怪石、日出……雄伟壮观的泰山以其"奇、美、险"的魅力被冠以"五岳之尊"的美誉，让我亲近大自然之心油然而生。之后，游鹤山，我领略到"风声鹤鸣""水鸣天梯"的神奇；

登石门坊，观满目红叶，和诗人杜牧同有"霜叶红于二月花"的感慨；爬蒙山，置身于青山林海中，感受到远山连绵，莽莽苍苍的凝重；登天游峰，九曲漂流，深感梦幻武夷，宛若仙境，让我沉浸在碧波丹山之中……

伴随我的，不仅仅是这一次次开心之旅，而是记录我成长足迹的一篇篇文章，被印成铅印的字之后的那份兴奋，一篇《读〈历史的选择〉有感》在第十八届全国青少年爱国主义读书教育活动中荣获优秀奖，给了我莫大的激励和鼓舞。在老师的指导帮助下，如今，我的文章有的获奖，有的发表，而最让我自豪的是被《全国优秀作文选》评为2013年第一个文曲星。

2014年，我加入了青岛市小作家协会，遇见了张吉宙主席，他是我的文学阅读点灯人，也是我人生中的贵人。当年夏天，我就坐列车一路北上，参加了北京文学夏令营，与那么多著名的大作家面对面地交流，留下很多难忘的回忆。在“大小作家同台创作”的诗歌竞赛中，竟然拿到了金奖，又一次给了我莫大的鼓舞。2016年，因为怀有共同的文学梦想，我们再次相约北京，在全国十佳小作家的决赛现场，我自信地站在台上，讲述自己与写作的故事，受到评委老师的一致好评；现场作文大赛中，畅谈自己对爱与恨的感悟，没想到又一次让自己惊喜——捧回“全国十佳”的奖杯。2017年，我又一次坐上去往北京的动车，一路向北，终于进入我梦寐以求的校园——北京大学，与那么多怀有文学梦想的同学一起参加“北大培文杯”全国青少年创意写作大赛，虽然只拿到一个三等奖，但在颁奖典礼上，听到谢冕教授“写作是自由心灵的表达”和曹文轩教授“写作是一个人的美德”的讲话，备受鼓舞，这让我更加坚定了自己的文学梦想……

我知道我已经深深地爱上了写作。

如今，我的小学和初中生活已经结束，我期盼的高中生活已经掀开新的篇章。我将自己成长路上的点点滴滴，生活中的喜怒哀乐一一记录了下来，有的文章一气呵成，没有时间修改，所以它们可能并不是最好的。不加修饰的文章没有华丽的词藻，也没有过多的点缀，但它们却是最真实的，这让我更加真实地审视自己，也更加真实地看世界。

感谢爸爸妈妈，感谢你们从小到大的陪伴；感谢老师，感谢你们的谆谆教诲；感谢帮助过我的同学和伙伴，感谢你们的包容与支持；感谢一直以来陪我一起走过的所有人。

满怀着感恩之心，将所有的文字，献给你们！

江致远

2017年10月